Filosofia contemporânea e história da filosofia
Volume 3

Visualização nas Ciências Formais

Volume 1
Van Orman Quine: Epistemologia, Semântica e Ontologia
Sofia Inês Albornoz Stein

Volume 2
Critérios de Realidade e Outros Ensaios
Claudio F. Costa

Volume 3
Visualização nas Ciências Formais
Abel Lassalle Casanave e Frank Thomas Sautter, eds.

Filosofia contemporânea e história da filosofia

Series Editor: Daniel Vanderveken   Daniel.Vanderveken@uqtr.ca

Visualização nas Ciências Formais

Abel Lassalle Casanave

e

Frank Thomas Sautter,
Editores

© Individual author and College Publications 2012. All rights reserved.

ISBN 978-1-84890-069-1

College Publications
Scientific Director: Dov Gabbay
Managing Director: Jane Spurr
Department of Computer Science
King's College London, Strand, London WC2R 2LS, UK

http://www.collegepublications.co.uk

Original cover design by orchid creative   www.orchidcreative.co.uk
Printed by Lightning Source, Milton Keynes, UK

All rights reserved. No part of this publication may be reproduced, stored in a retrieval system or transmitted in any form, or by any means, electronic, mechanical, photocopying, recording or otherwise without prior permission, in writing, from the publisher.

Sumário

Nota sobre Contribuidores — vi

Apresentação — vii

1 O Visível e o Invisível — 1

2 Razonamiento Diagramático en Leibniz — 33

3 Demostraciones *catholicas* y *ectheticas* — 47

4 Diagramas e Demonstração — 59

5 ¿Son Dispensables los Diagramas? — 79

6 Visualizar y Manipular — 89

7 Provas como Figuras e Figuras como Provas em Wittgenstein — 105

8 Enunciar e Mostrar — 125

9 Linear K — 145

10 Alegrias e Tristezas da Visualização — 163

Nota sobre Contribuidores

Abel Lassalle Casanave é professor na Universidade Federal da Bahia (Brasil) e bolsista de produtividade em pesquisa do CNPq (Brasil).

Camila R. Jourdan é professora na Universidade do Estado do Rio de Janeiro (Brasil).

Frank Th. Sautter é professor na Universidade Federal de Santa Maria (Brasil) e bolsista de produtividade em pesquisa do CNPq (Brasil).

Javier Legris é professor na Universidad de Buenos Aires (Argentina) e investigador do CONICET (Argentina).

Jorge A. Molina é professor na Universidade Estadual do Rio Grande do Sul (Brasil) e na Universidade de Santa Cruz do Sul (Brasil).

José C. Seoane é professor na Universidad de La Republica (Uruguai) e investigador do SNI (Uruguai).

Luiz Carlos P. D. Pereira é professor na Pontifícia Universidade Católica do Rio de Janeiro (Brasil) e na Universidade Estadual do Rio de Janeiro (Brasil), e bolsista de produtividade em pesquisa do CNPq (Brasil).

Oscar M. Esquisabel é professor na Universidad Nacional de La Plata (Argentina) e investigador do CONICET (Argentina).

Paolo Mancosu é professor no College of Letters and Science da University of California at Berkeley (Estados Unidos).

Paula M. Veloso é professora da Universidade Federal de Minas Gerais (Brasil).

Paulo A. S. Veloso é professor da Universidade Federal do Rio de Janeiro (Brasil) e bolsista de produtividade em pesquisa do CNPq (Brasil).

Sheila R. M. Veloso é professora da Universidade do Estado do Rio de Janeiro (Brasil).

Wagner Sanz é professor na Universidade Federal de Goiás (Brasil).

Apresentação

Abel Lassalle Casanave
Frank Thomas Sautter

De diferentes perspectivas que vão da filosofia da lógica e da matemática até a inteligência artificial, as ciências cognitivas e inclusive o ensino da lógica e da matemática, do fim do século XX em diante o interesse pelos tópicos *visualização* e *raciocínio diagramático* só tem-se incrementado. No âmbito propriamente filosófico, são prova do interesse mais recente as coletâneas *Visualization, Explanation and Reasoning Styles in Mathematics* de 2005, organizada por Mancosu, Jørgensen e Pedersen, e *Philosophy of Mathematical Practice* de 2008, organizada por Paolo Mancosu. O presente volume *Visualização nas Ciências Formais* testemunha esse interesse no âmbito da filosofia das ciências formais em Brasil, Uruguai e Argentina.

Com efeito, os trabalhos aqui reunidos foram originalmente apresentados no XIII Colóquio Conesul de Filosofia das Ciências Formais *Visualização*, realizado 2008. Desde 1997, os Colóquios reúnem um grupo estável de pesquisadores de filosofia da lógica e da matemática de Brasil, Argentina e Uruguai, juntamente com convidados especiais de outros países. O leitor encontrará nas páginas que seguem desde análises conceituais e/ou estudos históricos dos problemas envolvidos na representação diagramática até estudos técnicos de sistemas diagramáticos. Ora, embora independentes, a sequência em que são apresentados não é aleatória.

O trabalho de Paolo Mancosu, que inicia este volume, O *Visível e o Invisível*, poderia servir como uma extraordinária introdução para os problemas filosóficos vinculados com o conceito de visualização em ciências formais e alhures. Não se surpreenderá, portanto, o leitor quando em vários dos trabalhos de esta coletânea reapareçam muitos dos autores (Platão, Leibniz, Peirce, Wittgenstein) e / ou tópicos (Semelhança, Iconicidade, Representação Subrogatoria Estrutural) tratados por Mancosu.

Por um lado, na primeira das duas partes do trabalho, Mancosu examina, com farta erudição histórica, as diferentes estratégias que intentam explicar a relação entre diagramas e entidades matemáticas, desde aquelas que postulam alguma forma de semelhança imitativa entre eles até as que uma semelhança de natureza estrutural (isomórfica ou homomórfica). Na segunda parte se aboca ao exame da relação entre visível e invisível de uma perspectiva diferente, porém intimamente vinculada, a saber, considerando, com não menos farta erudição, o uso de elementos ideais em matemáticas em dois casos paradigmáticos: a geometria projetiva e a análise infinitesimal.

Os três trabalhos que seguem giram em torno das idéias de Leibniz, o mais contemporâneo dos filósofos modernos se considerarmos o assunto em questão. Ora, dado o amplo conceito de visualização de Leibniz, que inclui não somente diagramas, mas também a linguagem simbólica e inclusive a linguagem natural, com Leibniz nos defrontamos por primeira vez com o amplamente debatido problema da distinção mesma entre diagramático e lingüístico.

Poder-se-ia dizer que em Leibniz há duas concepções básicas da função semiótica: uma delas puramente referencial ou denotativa, enquanto que a outra é representacional e se fundamenta no conceito de semelhança estrutural. No quadro de tal teoria estrutural da representação, o conceito de *signo* é suplantado pela noção de *caractere*, na qual predomina em geral a metáfora da escritura ou, em geral, do gráfico. Assim, através da noção de caractere, o gráfico adquire, por via do conceito de representação, uma relevância cognitiva universal. Assim, em estes trabalhos, em conexão com o *leit motiv* lebniziano da visualização do pensamento, aparece, além da noção de representação estrutural, a noção de cálculo.

Em *Razonamiento diagramático en Leibniz*, Oscar Miguel Esquisabel se concentra no rol da visualização como representação estrutural antes que no do cálculo no pensamento de Leibniz; em *Demostraciones catholicas y ectheticas* Abel Lassalle Casanave visa distinguir entre diferentes tipos de demonstrações em conexão com o problema da distinção diagramático-linguístico; Jorge Alberto Molina, em *Diagramas e demonstração. O projeto leibniziano de construção da característica geométrica*, atenta para o projeto leibniziano de um simbolismo geométrico e sua conexão com a geometria sintética e grega e a geometria cartesiana.

A tese de Esquisabel é que nas reflexões leibnizianas se acaba apagando as diferenças entre fórmula e diagrama, assumindo este último conceito uma generalidade que subsume a natureza da fórmula e do cálculo e inclusive, eventualmente, apagando também a diferença entre regra de cálculo e operação diagramática. Daí que o ideal do cálculo com fórmulas seja somente mais um aspecto da importância que Leibniz lhe concede às representações visuais, o qual se evidencia na sua alta valoração de toda forma de apresentação figurativa, já seja de quadros, emblemas, modelos, tábuas e esquemas diagramáticos. A título de exemplificação da concepção leibniziana sobre visualização, Esquisabel inclui na parte final de seu trabalho a apresentação de um projeto de Leibniz de esquemas diagramáticos para a silogística.

Em *Demostraciones catholicas y ectheticas*, Lassalle Casanave se propõe, acompanhando a Leibniz, distinguir, em primeiro lugar, entre demonstrações em linguagem natural, *catholicas*, que são por *designação de conceitos*, das demonstrações em linguagem artificial, *ectheticas*, por *exposição de conceitos*. A forma de representação *ecthetica* exibe ou expõe, através da composição simbólica, os conceitos envolvidos, coisa que a escritura fonética não faz. Por isso podemos calcular com (alguns) linguagens artificiais, mas não com a linguagem natural. Lassalle Casanave conjectura que é essa mesma forma de representação que está por detrás do uso de figuras em geometria ou em diagramas como os de Venn, como condição para os respectivos cálculos, o qual aproximaria (alguns) diagramas a escrituras analíticas.

O trabalho de Molina enfoca os esboços sucessivos de Leibniz de diferentes sistemas de cálculos para expressar conceitos e relações geométricas que a geometria sintética dos gregos representara visualmente e a geometria analítica cartesiana por meio de equações. Por meio desses cálculos Leibniz pretendia expressar a posição e o movimento, sem o auxílio das figuras nem da Álgebra. Ora, embora Leibniz não conseguisse desenvolver a característica universal que era seu projeto mais ambicioso, ele esboçou projetos de características parciais, por exemplo, para a Geometria. Em seu trabalho Molina apresenta esquematicamente a Característica Geométrica de Leibniz, juntamente com as vantagens que para Leibniz esta tinha em relação com a geometria sintética grega e a cartesiana.

Um segundo grupo de três trabalhos diz genericamente respeito à debatida questão da legitimidade mesma da inferência diagramática. Como bem conhecido, de fins de século XIX em diante foi mais um dogma que uma tese argumentada que o uso de diagramas se restringe a sua utilidade heurística, mas que as demonstrações propriamente ditas são entidades lingüísticas, que excluem por definição recursos diagramáticos. Assim os diagramas seriam dispensáveis. Ora, a dispensabilidade pode ser de fato –não se necessita recorrer a diagramas- ou de direito – não se deve por ilegítimo recorrer a diagramas.

Assim, face o renovado interesse em tais recursos, cabem diferentes estratégias: desde incorporar os mencionados recursos diagramáticos em sistemas formais mais adequados ou reformular a noção de sistema formal para incluir operações diagramáticas até salientar desde diferentes perspectivas que as provas formais são elas próprias em algum sentido diagramáticas. Em seu trabalho, *¿Son Dispensables los Diagramas?*, José Seoane examina criticamente um dos raros argumentos, devido a Tennant, em prol da dispensabilidade de diagramas. Distinguindo entre um conceito formal e outro pré-formal de demonstração, Seoane mostra que o argumento de Tennant depende da formalização completa das demonstrações que chama de pré-formais assim como de uma concepção estreita de sistema formal.

O trabalho de Javier Legris, *Visualizar y Manipular*, se ocupa de duas questões centrais para uma teoria lógica que admita deduções diagramáticas: (1) a construção de cálculos formais com diagramas, (2) uma definição de dedução que se aplique a diagramas. As duas questões são discutidas considerando o caso dos grafos existenciais de Peirce, porém o conceito peirciano de ícone será o fundamental em conexão com a segunda delas. Legris mostra como para Pierce os ícones se caracterizam não somente por serem semelhantes aos seus objetos, mas também por serem manipulado com o fim de extrair informação acerca deles. Assim, conclui Legris, a dedução consiste na construção de um ícone ou diagrama cujas relações correspondem às existentes no "objeto do pensamento".

O trabalho em co-autoria de Luiz Carlos Pereira e Camila Jourdan, *Provas como figuras e figuras como provas em Wittgenstein*, propõe-se a inverter os termos do problema da relação entre o uso de figuras e demonstrações como sequências de fórmulas: a justificação do uso de inferências diagramáticas é de menor importância, e, ao invés disso, trata-se de mostrar que a concepção padrão de demonstração comporta elementos diagramáticos. Luiz Carlos Pereira e Camila Jourdan, com declarada inspiração na obra do segundo Wittgenstein, mostram não somente que as figuras são elementos essenciais em demonstrações, mas que, em geral, as demonstrações devem ser consideradas elas mesmas da perspectiva do uso das figuras. Completa o trabalho uma análise de duas teses de Wittgenstein sobre a distinção fatual/em princípio e sobre o uso de hipóteses, com especial referência às demonstrações por absurdo.

Finalmente, em três trabalhos de natureza mais técnica, *Enunciar e mostrar: derivações em teoria da prova*, *Linear K* e *Alegrias e tristezas da visualização: estudo de casos de diagramas para negação*, o primeiro de Wagner Sanz, o segundo de Frank Sautter, e o terceiro de Paulo Veloso em co-autoria com Sheila Veloso e com Paula Veloso, debruçam-se sobre sistemas diagramáticos específicos, que permitem ilustrar com o exame de casos concretos teses tanto acerca da distinção visual-lingüístico, como acerca do raciocínio diagramático em particular e da função dos diagramas.

Em seu trabalho, Wagner Sanz delineia um quadro sob o qual se pretende sejam interpretados os formalismos de Dedução Natural (DN) e Cálculo de Sequentes (CS), na forma em que foram definidos por Gentzen em 1935. Esse quadro assume o ponto de vista de que as representações das derivações, em ambos os cálculos, devem ser entendidas como diagramas, cuja visualização na prova dos metateoremas, em teoria da prova, desempenha um papel similar ao dos diagramas geométricos na prova das proposições geométricas. Esse quadro também contém distinções quanto à natureza e os propósitos de DN e CS, segundo dicotomias paralelas de clivagem: enunciar/mostrar e notação/diagrama.

No trabalho *Linear K*, Frank Sautter discute a distinção entre métodos gráficos e métodos não-gráficos de decisão a partir de um procedimento de "linearização". Esse procedimento, cujos antecedentes podem ser encontrados na obra de Peirce, consiste na transformação de um método gráfico em um método não-gráfico, de tal modo a preservar, no resultante método não-gráfico, as propriedades topológicas do método gráfico imprescindíveis para o teste de validade. Duas "linearizações" de métodos gráficos para a silogística aristotélica são propostas: uma delas utiliza somente termos positivos e a outra utiliza termos positivos e termos negativos. Sautter destaca o papel simplificador do emprego de termos negativos.

O trabalho em co-autoria de Paulo, Sheila e Paula Veloso consiste em um estudo de caso do comportamento lógico da negação clássica, de uma negação trivalente, e da negação intuicionista, no qual os diagramas e figuras exercem um papel fundamental, seja como instrumentos de cálculo, seja como elementos heurísticos, seja como meios para a generalização de resultados. Após uma seção inicial, na qual são apresentadas as razões, os lugares, os modos e as finalidades vinculadas ao emprego de diagramas e figuras, os autores analisam a negação clássica a partir das transformações de Piaget. A apresentação das relações entre tais transformações, por intermédio de diagramas e figuras, fornece os recursos para a aplicação das transformações de Piaget a uma negação trivalente e à negação intuicionista. O trabalho culmina com a elaboração de um método para construir e analisar estruturas de transformação, guiado por considerações diagramáticas.

Agradecemos ao CNPq, a CAPES, e à FAPERGS o apoio financeiro às sucessivas edições do Colóquio Conesul de Filosofia das Ciências Formais.

Esta obra é dedicada a Oswaldo Chateaubriand Filho.

1

O Visível e o Invisível: reflexões sobre a representação matemática

Paolo Mancosu

> Mais je vous avertis qu'outre ce Monde naturel qui tombe sous la connoissance des sens, il y a un autre invisible, & que c'est dans celuy-là que vous pouvez atteindre à la plus haute science...Sçachez que c'est dans ce Monde invisible & d'une étenduë infinie, qu'on peut découvrir les raisons et les principes des choses, les veritez les plus caches, les convenances, les justesses, les proportions, les vraix originaux, & les parfaites idées de tout ce qu'on cherche. Lettera del Cavaliere de Méré a Blaise Pascal[1]

> [T]here is in space a certain individual Something, circular in shape, which though it lies in a plane not only at infinite distance but also in that unseen, inward region of space of which our universe is but the rind, is yet in intimate relation with everything we see, and cuts at two points even the smallest circle that can be drawn around any point...This Something is a short cut to the solution of innumerable practical problems. C. S. Peirce, "Obituary of Arthur Cayley" (1895)[2]

Introdução

O visível é aquilo que pode ser visto, enquanto que o invisível é aquilo que não pode ser visto. Todavia, o verbo "ver" é polissêmico e isto se manifesta ao exibir ao menos três diferentes acepções em relação às quais podemos falar de visibilidade e invisibilidade:

(1) Pode-se ver com o pensamento ("vejo bem aquilo que entendi");
(2) Pode-se ver com o olho da mente ("visualização");
(3) Pode-se ver com o sentido da vista.

---

[1] Publicado no volume *Lettres de Monsieur Le Chevalier de Méré, Suite de la partie 1*, 1682, D. Thierry et C. Barbin, Paris, 124-126.
[2] Citado em T. Crilly, *Arthur Cayley*, Johns Hopkins University Press, 2006, p. 236.

Visualização nas Ciências Formais.
Abel Lassalle Casanave & Frank Thomas Sautter (eds.).
Copyright © 2012.

Pode-se aplicar à matemática cada uma dessas acepções de "ver", mas a problemática que me interessa desenvolver aqui concerne às acepções 2) e 3). Na minha acepção do termo, "visualização" inclui seja processos de representação mental – o ver com o olho da mente – seja processos de representação com suporte físico – diagramas, imagens na tela de um computador etc. (veja-se Mancosu 2005).

O trabalho se divide em duas partes. Na primeira parte, discuto o problema das relações entre diagramas e entidades matemáticas. Na segunda parte a oposição visível/invisível é abordada do ponto de vista metodológico através da análise do uso de elementos ideais em geometria projetiva e na análise infinitesimal.

I A representação diagramática

I.1 Platão e Berkeley

Acerca da questão da invisibilidade perceptiva ou, ao menos, da invisibilidade das entidades matemáticas, há posições filosóficas diferentes. Menciono aqui somente duas delas, que estão, por assim dizer, em extremos opostos. Todavia, apresso-me a acrescentar que há posições que negam a existência de objetos matemáticos, e que nesse caso a questão da sua visibilidade ou invisibilidade não se aplica.

A primeira posição que me interessa mencionar é o platonismo[3]. Na *República* (510d) Platão discute como os estudantes da geometria e da aritmética usam as figuras visíveis como imagens das entidades matemáticas, que, acrescenta, "não se podem ver senão pelo pensamento." Nesse ponto da discussão, Platão está apresentando quatro níveis epistemológicos: compreensão, razão, opinião e imaginação. A distinção importante é aquela entre compreensão e razão, que podem acessar a realidade inteligível, e opinião e imaginação que são ligadas à realidade visível. À distinção entre as quatro faculdades epistêmicas corresponde uma distinção análoga, em nível ontológico, entre os objetos e suas imagens. No nível mais baixo, correspondente à esfera do visível, temos os objetos ordinários da percepção, que constituem o objeto da opinião, e suas imagens (sombras, reflexos etc.) que constituem o objeto da imaginação. No nível da realidade inteligível temos os entes matemáticos, que são os objetos do raciocínio, e as formas, que correspondem à

---

[3] A discussão parte de Platão e, ainda que o platonismo contemporâneo não seja aquele de Platão, minhas reflexões se aplicam a ambas as versões. A discussão contemporânea, naturalmente, não se limita à invisibilidade dos objetos abstratos, e trata esta última como uma de suas muitas características, que derivam da caracterização dos objetos abstratos como não tendo uma posição espaço-temporal e como causalmente inertes.

compreensão. O interessante nessa descrição platônica da prática matemática é que, segundo Platão, os matemáticos usam "como imagens aquilo que primeiro eram os modelos." O que Platão aqui está dizendo é que o matemático trabalha com objetos ordinários perceptíveis, como os diagramas, que, no entanto, trata como imagens de outros:

> Então, sabes também que eles utilizam figuras visíveis e raciocinam sobre elas pensando não nessas mesmas figuras, mas nos originais que elas reproduzem. Os seus raciocínios baseiam-se no quadrado em si mesmo e na diagonal em si mesma, e não naquela diagonal que traçam; o mesmo vale para todas as outras figuras. Todas essas figuras que modelam ou desenham, que produzem sombras e seus reflexos nas águas, eles as utilizam como tantas outras imagens, para tentar ver esses objetos em si mesmos, que, de outro modo, só podem ser percebidos pelo pensamento. (Platão, 1997, p. 223, *República*, 510d-e)[4]

Essa belíssima passagem de Platão permite entrar no núcleo da problemática. Pondo as coisas nesses termos, todos os objetos da matemática são perceptualmente invisíveis. Ainda que Platão acrescente que os objetos matemáticos podem ser vistos por meio do pensamento, é claro que o uso de ver é aqui metafórico (veja-se a acepção 1 dada na Introdução) e não perceptivo. Não há perda de significado se substituímos 'ver com o pensamento' por 'colher' ou por ʹentenderʹ. (Todavia, essa metáfora visual pervade o discurso filosófico; pense-se na intuição de essência – *Wesensanschauung* – husserliana). Em todo caso, o que me interessa no momento é a oposição visível/invisível em conexão com a percepção.

Somos assim levados a uma das questões mais debatidas da filosofia da matemática. Porém, antes de abordar algumas destas temáticas, eu gostaria de mencionar uma posição que está no extremo oposto da posição platônica a respeito da visibilidade. Trata-se da posição do bispo Berkeley, que nega que os objetos sobre os quais versa a matemática sejam invisíveis[5]. Berkeley reagia contra uma concepção que sustentava que as idéias abstratas fossem o objeto da matemática. Por exemplo, segundo Locke, a geometria versaria propriamente sobre as idéias abstratas de círculo, triângulo etc. Berkeley sustentava, tomando a Locke como adversário direto, que tais idéias abstratas postuladas por Locke eram objetos impossíveis, e se propunha a apresentar uma filosofia da geometria que não recorresse a tais entidades. A posição de Berkeley consiste em manter que uma idéia (concreta) pode fazer as ve-

---

[4] Na Carta VII Platão diz: "Terzo è ciò che si disegna e si cancella, che si costruisce al tornio e che perisce; nulla di tutto questo subisce il cerchio in sé, al quale si riferiscono tutte queste cose, perché esso è altro da esse." (Platone, 1971, vol. VIII, p.53; Lettera VII, 342).
[5] Sobre a filosofia da matemática de Berkeley, veja-se Jesseph 1993.

zes de muitas outras idéias, quando é considerada um representante para todas as idéias de seu tipo:

> an idea, which considered in itself is particular, becomes general by being made to represent or stand for all other particulars of the same sort (Principles, Introduction, §12)

E mais adiante:

> Thus, when I demonstrate any proposition concerning triangles, it is to be supposed that I have in view the universal idea of triangle; which ought not to be understood as I could frame an idea of a triangle which was neither equilateral nor scalenon nor equicrural. But only that the particular triangle I consider, whether of this or that sort it matters not, doth equally stand for and represent all rectilinear triangles whatsoever, and is in that sense universal. (Principles, Introduction, §15)

Para Berkeley, o objeto da geometria é a extensão percebida. A generalidade se obtem explicando como objetos da percepção, como os diagramas, podem funcionar como signos de outros objetos percebidos. Esses são problemas de representação de grande importância, mas me interessa enfatizar que, para Berkeley, os objetos da geometria são *visibilia*.

Já nos *Comentários* lemos:

> No idea of Circle, etc., in abstract [...] Extension without breadth, i.e. invisible, intangible length is not conceivable tis a mistake we are led into by the Doctrine of Abstraction (Commentaries, 365a)

> We can no more have an idea of length without breadth or visibility than of a General figure (Commentaries, 483)

Nos *Princípios*, Berkeley identifica o objeto da geometria com a "extensão perceptível" (com efeito, não existe para ele uma extensão que não seja perceptível) e propunha, além disso, que essa extensão perceptível devia ser constituída por *minima visibilia*. Temos assim uma concepção da geometria segundo a qual toda entidade é ou atualmente percebida ou potencialmente perceptível.

> Sense rather than Reason & demonstration ought to be employ'd about lines &figures, these being things sensible, for as for those you call insensible we have prov'd them to be nonsense, nothing (Commentaries, 466)

A oposição a Platão não poderia ser mais clara. No universo de Platão todas as entidades matemáticas são invisíveis, e os geômetras usam diagramas visíveis de maneira instrumental para ter acesso à realidade inteligível dos objetos matemáticos. No universo de Berkeley, tudo sobre o que versa a matemática é visível, conquanto os problemas relativos à representação não desapareçam, uma vez que agora se deve explicar como uma linha particular pode fazer as vezes de um segmento qualquer.

Citei Platão e Berkeley para mostrar como a temática do invisível em matemática conduz imediatamente a questões profundas de ontologia e epistemologia da matemática[6]. Naturalmente, entre a posição de Platão e a de Berkeley, há amplo espaço lógico para toda uma gama de propostas alternativas; porém, no que segue, interessa-me articular alguns problemas vinculados ao raciocínio diagramático à luz do problema da representação do invisível que o platônico tem de enfrentar. Faço isso com a intenção de tornar clara que resposta o platônico pode dar ao problema das relações entre diagramas e realidade matemática.

I.2 Raciocínio diagramático

Parte da fenomenologia relativa a nossos raciocínios em geometria elementar compreende o uso de diagramas. Esses podem ser desenhados no papel ou num quadro negro e, no mundo grego, eram traçados na areia, em tábuas de cera, ou em papiros. Este tipo de fenomenologia não pode ser ignorada. Nesse sentido, o raciocínio diagramático é constitutivo da atividade matemática pelo menos até fins do século XIX. Ainda hoje, não obstante a iconoclastia do final do século XIX, os matemáticos fazem constantemente uso de diagramas em seu trabalho. Partindo então da citação platônica e assumindo o realismo das entidades matemáticas, queria pôr a seguinte questão: em que sentido se pode defender o ponto de vista de que o diagrama seja, por alguns aspectos significativos, 'como' o objeto mesmo (a diagonal traçada 'como' a diagonal em si mesma)? De outra maneira, como pode o diagrama dar acesso à realidade mesma?

---

[6] Não é necessário ser platônico para sustentar que a geometria versa sobre objetos invisíveis. Um exemplo muito interessante a esse respeito é aquele de Thomas Reid, que distingue entre uma geometria da visão e uma geometria do tato. O verdadeiro objeto da geometria é de competência desta última. Na *Inquiry* de 1764 Reid diz: "This small specimen of the geometry of visibles, is intended to lead the reader to a clear and distinct conception of the figure and extension which is presented to the mind by vision; and to demonstrate the truth of what we have affirmed above, namely, That those figures and that extension which are the immediate objects of sight, are not the figures and the extension about which common geometry is employed; that the geometrician, while he looks at his diagram, and demonstrates a proposition, hath a figure presented to his eye, which is only a sign and representative of a tangible figure; that he gives not the least attention to the first, but attends only to that last; and that these two figures have different properties, so that what he demonstrates of the one, is not true of the other." (An Inquiry into the human mind, chapter 6, p. 106).

I.2.a Iconicidade

Quando fazemos geometria elementar, traçamos círculos, triângulos, e diagramas ainda mais complicados. Podemo-nos perguntar: qual é a relação entre o diagrama traçado e os objetos ou fatos geométricos mesmos? Platão fala de 'semelhança' sem dar outros detalhes. Proclo, comentando a mesma passagem da *República*, fala de imitação:

> Os visíveis são, com efeito, imitações do objeto do discurso, o círculo e o triângulo traçados são, obviamente, uma imitação do círculo e do triângulo em geometria[7].

Leibniz, em um trabalho de 1677, menciona também a semelhança entre o círculo traçado sobre o papel e o círculo geométrico mesmo:

> B. Porém, quando inspecionamos figuras geométricas, amiúde extraímos verdades delas mediante uma meditação rigorosa.
> A. Assim é, porém deve-se saber que essas figuras devem ser consideradas caracteres, pois um círculo desenhado no papel não é o verdadeiro círculo nem isso é necessário, basta que seja tomado por um círculo.
> B. Porém, existe uma certa semelhança com o círculo e esta semelhança não é, por certo, arbitrária.
> A. Admito-o, e por isso as figuras são os mais úteis dos caracteres[8].

Mas, como podemos explicitar essa noção de semelhança? É natural apelar aqui ao filósofo que, mais do que qualquer outro, dedicou suas energias intelectuais ao problema, C. S. Peirce. Como é bem conhecido, Peirce divide os signos em três categorias: ícone, índice e símbolo. Que uma coisa possa ser classificada como símbolo depende de nosso interesse ao nos confrontarmos com ela. Se o interesse é mediador, a saber, "conferir à mente a idéia de uma coisa", estamos diante de um signo ou uma representação. Um signo

---

[7] Proclo tem uma elaborada teoria sobre como o círculo em si mesmo (a forma do círculo) se relaciona às figuras na imaginação. "Come dunque la natura predomina in modo efficiente sulle figure sensibili, allo stesso modo l'anima operando nella sfera della conoscenza, proietta nell'immaginazione, come in uno specchio, i concetti delle figure; e l'immaginazione, ricevendo in forma di simulacra queste apparenze che sono all'interno, induce l'anima, mediante questi simulacra, a volgersi verso l'interno, e , dai simulacra, a svolgere l'attenzione su se stessa" (Proclo, 1978, 141, 128).

[8] G.W. Leibniz, GP, VII, 191-192. A posição de Leibniz é muito sutil, e, em outras passagens, ele parece realmente chegar à noção de semelhança de estrutura, que discutiremos mais adiante no texto. Vejam-se as passagens de 'O que é uma ideia?' e a discussão em Cassirer, 1922, vol. II, p. 166-170. Um belo artigo sobre estas questões é Swoyer 1995. De Risi 2005 sustenta que o conceito de isomorfismo (e até mesmo aquele de isomorfismo parcial, isto é, de homomorfismo) se encontra efetivamente nos escritos de Leibniz, e fundamenta uma grande parte de seu livro sobre esta interpretação.

"is a thing which serves to convey knowledge of some other thing, which is said to stand for or represent." (Peirce 1999, p. 13) A primeira categoria de signos é aquela de "likenesses or icons, which serve to convey ideas of the things they represent simply by imitating them" (Peirce 1999, p.5). Segundo Peirce, os ícones estão no coração da matemática:

> "The reasoning of mathematicians will be found to turn chiefly upon the use of likenesses, which are the very hinges of the gates of their science. The utility of likenesses to mathematicians consists in their suggesting, in a very precise way, new aspects of supposed states of things."(Peirce 1999, p. 6).

Portanto, os diagramas em geometria são exemplos paradigmáticos de semelhança:

> A diagram is a kind of icon particularly useful, because it suppresses a quantity of details, and so allows the mind more easily to think of the important features. The figures of geometry are, if accurately drawn, such close likenesses of their objects that they are almost instances of them; but every student of geometry knows that it is not all necessary, nor even useful, to draw them so nicely, since if roughly drawn they still sufficiently resemble their objects in the particulars to which attention has to be drawn. Many diagrams resemble their objects not at all in looks; it is only in respect to the relations of their parts that their likeness consists." (Peirce 1999, p.13).

Esse recurso à semelhança pode parecer promissor; porém, se não temos uma visão clara da natureza dos objetos representados por um diagrama (coisa que Peirce não fornece), é difícil dizer em que sentido existe uma semelhança entre os objetos representados e os diagramas. Do ponto de vista platônico (ou realista), parece inclusive impossível sustentar que exista uma semelhança icônica entre o diagrama de um círculo, considerado como um objeto espaço-temporal, e o círculo em si mesmo, que, para o platônico (ou realista), não tem uma posição espaço-temporal.

Do ponto de vista platônico, poder-se-ia responder que o procedimento descrito por Platão, *per visibilia ad invisibilia*[9], é ingênuo, se pretendemos encontrar nos *invisibilia* todas as propriedades dos *visibilia* (coisa que Platão naturalmente não sustentava) e, em particular, aquelas propriedades que são essencialmente espaço-temporais. Assim como entre um objeto e sua sombra somente algumas relações são preservadas (propriedades projetivas, mas não métricas), devemos buscar, do mesmo modo, aquelas relações que o

---

[9] Esta bela frase se encontra em Hugo de São Vítor. É o resultado de uma ligeira paráfrase de uma frase de Santo Agostinho (De Civitate Dei, X, 14). Veja-se Coulter 2006.

diagrama e a realidade matemática têm em comum para dar conta dessa noção de semelhança.

No seu livro *Grafos existenciais* Peirce retorna à questão da semelhança entre diagramas e situações representadas. Ele se propõe estudar as propriedades dos diagramas lógicos. No caso mais simples podemos representar a relação entre as premissas e a conclusão de um silogismo através dos diagramas de Euler. Por exemplo, uma dada classe de objetos pode ser representada por um círculo, e a noção de inclusão entre classes, através da inclusão espacial de um círculo em outro. Considere-se o silogismo:

Todos os animais são mortais.
Todos os homens são animais.
Todos os homens são mortais.

Se indicarmos por A a classe de todos os animais, por B a classe dos homens, e por C a classe dos mortais, temos:

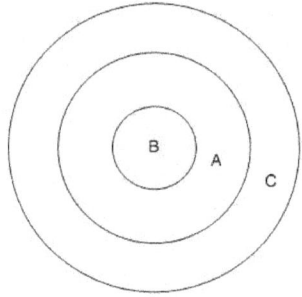

Peirce sustenta que este tipo de representação diagramática é:

"veridically iconic, naturally analogous to the thing represented, and not a creation of conventions" (Peirce, 4.368)

Parece-me que aqui ultrapassamos os limites de uma concepção da iconicidade. A menos que usemos iconicidade em sentido completamente distorcido, a relação de iconicidade deve estar baseada sobre uma semelhança entre o signo e o objeto representado. Porém, no caso em discussão, não há nenhuma semelhança espacial entre o diagrama e as situações representadas, digamos, entre um círculo e um conjunto de objetos. Além disso, a relação entre conjuntos de objetos é uma relação abstrata de inclusão. O diagrama representa aquela relação abstrata através da relação espacial de inclusão entre dois círculos. Não há nenhuma relação "natural" de semelhança entre as duas relações. Com efeito, elementos de convencionalidade são necessários para estabelecer a relação. Isto não significa negar que exista uma relação que permita relacionar o diagrama e a situação representada, mas somente rejeitar que esta relação seja icônica.

Recordemos de novo a parte final da citação de Peirce:

> Many diagrams resemble their objects not at all in looks; it is only in respect to the relations of their parts that their likeness consists (Peirce 1999, p.13).

Mas, para seguir essa indicação devemos abandonar a relação de semelhança pictórica e buscar algo mais apropriado[10].

I.2.b A superação da iconicidade

No *Tractatus*, Wittgenstein reflete sobre a natureza das figurações (*Bilder*, imagens) e propõe um critério segundo o qual aquilo que a figuração (*Bild*, imagem) compartilha com o objeto representado é uma determinada 'forma da representação'. Segundo Wittgenstein, "os elementos da figuração substituem nela os objetos" (2.131) Os elementos últimos da figuração (imagem) são representantes de outros objetos, mas não mantêm com estes uma relação de representação. Somente a figuração (imagem) tem esta função de representação. Em 2.14 Wittgenstein diz: "A figuração consiste em estarem seus elementos uns para os outros de uma determinada maneira". E, em 2.15, isto está conectado à situação representada como segue:

> Que os elementos da figuração estejam uns para os outros de uma determinada maneira representa que as coisas assim estão umas para as outras.
> Essa vinculação dos elementos da figuração chama-se sua estrutura; a possibilidade desta, sua forma de afiguração.

A forma da afiguração é aquilo que a figuração (imagem) tem em comum com a realidade, e que lhe permite ser uma representação. Wittgenstein a chama de forma lógica. Naturalmente, a noção de figuração (imagem) com a qual estamos trabalhando é muito abstrata. Esta noção de figuração (imagem) inclui não somente imagens ordinárias, mas também outras noções que normalmente não consideramos como imagens (não no sentido ordinário em que uma coisa pode ser imagem de uma outra).

---

[10] Concordamos, assim, com a análise dos limites da concepção de iconicidade de Peirce contida no texto "A Theory of Semiotics" de Umberto Eco 1976. Sobre Peirce, veja-se Marietti 2001.

Neste ponto, podemos perguntar-nos se este aparato wittgensteiniano ajuda de algum modo ou se, em lugar disso, estamos ainda no nível em que nos encontrávamos com a noção de 'semelhança' platônica e leibniziana. No entanto, quando atentamos seriamente para o que Wittgenstein diz sobre a relação entre proposição elementar e estado de coisas atômico, podemos extrair da proposta wittgensteiniana um critério positivo. Aquilo que a figuração (imagem) e a situação representada têm em comum é uma semelhança estrutural. Tentemos agora desenvolver essa intuição. Em matemática a noção de semelhança estrutural é capturada através das noções de isomorfismo e de homomorfismo.

I.2.c Isomorfismo e homomorfismo

Os matemáticos trabalham com estruturas, isto é, conjuntos de objetos com determinadas operações e relações definidas sobre estes objetos. Estruturas familiares são $(N,+,\times,<)$ ou $(R,+,\times,<)$, onde 'N' e 'R' estão, respectivamente, pelos números naturais e os números reais. Estas estruturas são elas mesmas exemplos de outras estruturas abstratas (semi-anéis no caso de N e corpos no caso de R).

Consideremos o caso de uma estrutura abstrata muito simples, uma ordem total. Uma estrutura $(A,\leq)$ é uma ordem total se e somente se para todo a,b, c no conjunto A vale:
Se $a\leq b$ e $b\leq a$ então $a=b$ (anti-simetria);
Se $a\leq b$ e $b\leq c$ então $a\leq c$ (transitividade);
$a\leq b$ ou $b\leq a$ (totalidade ou completude).

A estrutura $(N,\leq)$ é uma ordem total, assim como o é $(Pares,\leq)$, onde 'Pares' está pelo conjunto dos números pares. Definamos o isomorfismo e o homomorfismo para este tipo de ordem. A definição geral para todo tipo de estrutura não traz complicações essenciais. Duas ordens totais $(A, \leq)$ e $(B, \leq)$ são isomorfas se e somente se:
a) Existe uma função injetiva e sobrejetiva h de A em B.
b) Para todo a, b em A, $a\leq b$ se e somente se $h(a)\leq h(b)$.

Por isso, definindo $h(n)=2n$, obtemos um isomorfismo de $(N,\leq)$ e $(Pares,\leq)$. A noção de homomorfismo é mais fraca do que a noção de isomorfismo. Ela é obtida enfraquecendo a primeira condição na definição de isomorfismo (a função h pode não ser injetiva ou sobrejetiva). Tudo aquilo que se requer da função h, no caso de ordens totais, é que preserve a ordem entre as duas estruturas. Por exemplo, $h(n)=n$ é um homomorfismo entre $(N,\leq)$ e $(R,\leq)$.

Consideremos agora um exemplo advindo da teoria dos grafos, já utilizado por Eco, em Eco 1976.

11 / O VISÍVEL E O INVISÍVEL

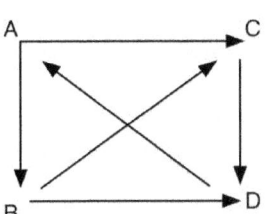 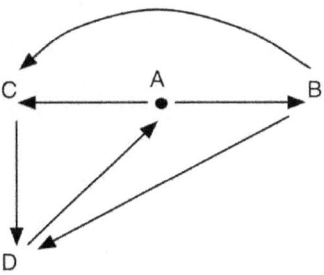

Suponhamos que queremos representar a relação subsistente entre quatro objetos (A, B, C, D) que são relacionados por uma relação R como segue: ARB, ARC, CRD, DRA, BRD, BRC. Posso representar os objetos através de vértices em um diagrama, onde os segmentos orientados (indicados por uma flecha) representam a subsistência da relação entre os elementos unidos pela flecha. Porém, nota-se que muitos diagramas geométricos podem representar a mesma situação. Aquilo que têm em comum não é uma semelhança visual. Visualmente, os diagramas são muito diferentes. Trata-se, portanto, de uma semelhança estrutural, que pode ser analisada em termos da noção abstrata de isomorfismo.

A proposta de usar as noções de isomorfismo e homomorfismo para capturar o que os diagramas têm em comum com a situação representada tem sido defendida ultimamente por Barwise e Etchemendy, dois dos mais importantes atores no recente *revival* do interesse no raciocínio diagramático:

> "A good diagram is isomorphic, or at least homomorphic, to the situation it represents" (Barwise, Etchemendy, 1996).

Ademais, a mesma proposta encontra-se em âmbitos diferentes, como, por exemplo, na teoria dos modelos mentais de raciocínio de Johnson-Laird. Em um trabalho recente, Johnson-Laird faz referência tanto a Peirce como a Barwise e Etchemendy para sustentar que a relação entre modelos mentais e situação representada (*depicted*) é icônica, sendo a iconicidade é entendida no sentido de "having the same structure as what they represent" (Johnson-Laird, 2006, p. 122).

A proposta de Barwise e Etchemendy aproxima-se daquela de Wittgenstein no sentido de que, para mostrar que um isomorfismo (respectivamente, um homomorfismo) subsiste entre a representação e a situação representada, não se postula uma relação de semelhança (pictórica) entre os elementos de base do diagrama e os elementos representados, ou entre as relações subsistentes entre os elementos do diagrama e as relações subsistentes entre os elementos representados. Poder-se-ia contestar que já são conhecidas as objeções contra a noção de iconicidade para uma explicação do funcionamento do diagrama. Afinal de contas, as idéias icônicas de representação teriam sido criticadas de uma vez por todas por Nelson Goodman em *The Languages of Art*, e as idéias de Peirce sobre iconicidade seriam muito idiossincráticas para fornecer uma solução satisfatória aos problemas que nos interessam. No entanto, a situação não é assim tão simples. Em primeiro lugar, porque as objeções de Goodman à iconicidade na representação não são tão definitivas como se acreditava (veja-se, por exemplo, a crítica de Diper 1996 a Goodman, de um ponto de vista peirceano). Em segundo lugar, o critério de homomorfismo, ainda que defendido por muitos, tem sido proposto sem uma análise detalhada da situação em geometria elementar, e o problema da iconicidade continua a reaparecer em contribuições recentes, como aquela que discutiremos na próxima seção.

I.3 Macbeth sobre os diagramas geométricos

Considere-se, por exemplo, o artigo Macbeth 2010, que é uma tentativa de reintroduzir a iconicidade em geometria. Pode-se perguntar como a proposta de Macbeth pode resolver os problemas que levantamos. Na sua versão da natureza do raciocínio diagramático em Euclides, Macbeth apresenta aquela que, em seu modo de ver, é a dimensão icônica do uso dos diagramas na geometria euclidiana. Sua leitura de Peirce sobre a iconicidade sublinha a dimensão mais metafórica da iconicidade e a remete ao critério do homomorfismo:

> "If the figures drawn in a Euclidean diagram have non-natural rather than natural meaning, then they can, by intention, be essentially general. It seems furthermore clear that they would in that case function as icons in Peirce's sense, rather than as symbols or indices, because they would in some way resemble that which they signify. But the resemblance is not, at least not merely and not directly, a resemblance in appearance. As Peirce notes, "many diagrams resemble their objects not at all in looks; it is only in respect to the relations of their parts that the likeness consists". We can, then, think of a drawn figure in Euclid as an icon that (though it may also resemble its object in appearance) signifies by way of resemblance, or similarity, in the relations of parts, that is, in virtue of a homomorphism. For example, on such an account a drawn circle serves as an icon of a geometrical circle not in virtue of any similarity in appearance between the two but because there is likeness in the relationship of that parts of the drawing, specifically in the relation of the points on the drawn circumference to the drawn center, on the one hand, and the relation of the corresponding parts of the geometrical figure, on the other"(Macbeth, 2010, 245-246)

À primeira vista, a solução de Macbeth pareceria não ter acrescentado nada ao problema. No entanto, sustento que, na maneira de colocar o problema, Macbeth revela exatamente o tipo de confusões que tenho procurado trazer à tona na minha apresentação. Macbeth sustenta que as demonstrações em Euclides "do not involve reasoning about instances of geometrical figures, particular lines, triangles, and so on; the demonstration is instead general throughout." Perguntemo-nos, porém, como funciona o diagrama euclidiano. Macbeth segue Paul Grice ao distinguir entre significado natural e significado não-natural. Não quero aqui aprofundar essa distinção, mas um bom exemplo pode ser aquele das manchas sobre a pele que podem significar 'naturalmente' a presença de escarlatina, enquanto um aviso no qual é superposto um 'x' à imagem de um cigarro significa 'não-naturalmente' que é proibido fumar. Macbeth utiliza, em particular, um outro exemplo de Paul Grice, exemplo que contrapunha a informação fornecida por uma fotografia àquela fornecida por um diagrama. Macbeth sublinha que, no caso da fotografia, temos um significado natural, em virtude de uma semelhança (induzida causalmente) entre a imagem contida na fotografia e aquilo de que a fotografia é imagem. Porém, há outros casos, continua Macbeth, nos quais um desenho pode ter aquele seu significado ou conteúdo em virtude de que alguém o entende com aquele significado ou conteúdo (e pretende que sua intenção seja reconhecida) e jogue um determinado papel no ato comunicativo.

Trata-se neste caso de uma significação não-natural. Ora, Macbeth pretende mostrar que os diagramas euclidianos têm significado não-natural e já forneceu uma citação para este propósito. Porém, não é esta parte da argumentação de Macbeth sobre a qual quero tratar. Quero, em lugar disso, refletir sobre aquilo que Macbeth diz a propósito da possibilidade de que o diagrama tenha também uma significação natural. Macbeth diz:

> So, we can ask, does a drawn figure in Euclid have Gricean natural meaning or instead Gricean nonnatural meaning? If it is a drawing of an instance, a particular geometrical figure, then it has natural meaning" (p. 244)

E algumas linhas depois acrescenta:

> "If [a Euclidean diagram] has a natural meaning then it does so in virtue of being an instance of a geometrical figure". (p. 244)

Disso se segue que todo diagrama geométrico, por ser também um exemplo (*instance*) da entidade geométrica, joga um papel duplo. Por um lado, tem uma significação não-natural, que lhe permite ser utilizado para demonstrações gerais. Por outro lado, no entanto, é também um exemplo concreto de um objeto geométrico; e como tal tem uma significação natural:

"A drawn circle regarded as an instance of a circle is an icon of a circle that has natural meaning because it so functions independent of anyone's intention to do so. But a drawn circle can also function as an icon with non-natural meaning. In that case it can be essentially general, an icon of a circle not further specified"(p. 245, note 15)[11]

Os diagramas, tal como são usados por Euclides, não deveriam, segundo Macbeth, assemelhar-se muito àquilo de que são ícones. Isto não é verdadeiro de um exemplo (*instance*). Em resumo, seguindo a analogia da fotografia com o desenho, temos que um exemplo deve assemelhar-se tanto quanto possível com o objeto representado:

"An instance ought as far as possible to look like what it is. It follows that instances are harder to draw than icons" (pp. 246-247)

Sustento, então, que retornamos ao ponto de partida. Em que sentido podemos dizer que o diagrama como exemplo assemelha-se ao objeto? A resposta de Macbeth, neste caso, não se limita a relações de homomorfismo (que utiliza para discutir a significação não-natural do diagrama). A situação é, pois, relacionada ao tema de nossa discussão, enquanto Macbeth parece pressupor uma concepção platônica das entidades geométricas. De fato, após discutir algumas complicações vinculadas às demonstrações por absurdo, lemos:

"Nor is this the only sort of case in which it is impossible to draw an instance. We know, because Euclid tells us in the opening section of the Elements, that a point is that which has no parts, and that a line segment is a length that has no breadth (the extremities of which are point). Such entities are clearly not perceptible; there is nothing that a thing with no parts, or a length without breadth, looks like. It follows that there is no way to draw an instance of either a point or a line. On the other hands, such things, and their relation to one another, can be iconically represented. A drawn line length, for example, can represent (be intended iconically to signify) a line without endpoints. A drawn circle is, again, a slightly different case because

---

[11] Além disso, "A drawn circle, I have suggested, can look like a circle for either of two reasons. It can look like a circle for the same reason that a dog looks like a dog, namely, because it is a circle, a particular instance of circle nature. Or it can look like a circle because it is a icon with non-natural meaning that is intended to resemble a circle first and foremost in the relation of its parts. Because what it is an icon of is circle nature, and because what is essential to a circle's being a circle is that all points of the circumference are equidistant from the center, and it is this relationship of parts that is to be iconically represented, the icon itself comes to look roughly circular. The appearance of circularity is induced in this case by the intended higher-order resemblance rather than being something that is there in any case (as circularity is there in any case in a drawing of a particular instance of a circle)" (Macbeth 2010, 246)

drawn circles do look roughly circular; that is, there is a look that geometrical circles can be said to have."(pp. 248-249)

A posição de Macbeth parece-me altamente instável. Se os pontos e as linhas são imperceptíveis, invisíveis, para seguir a terminologia de minha exposição, também o são os círculos, os triângulos etc. Se, ao invés disso, os círculos e os triângulos são passíveis de exemplificação, como diagramas desenhados, então também o são os pontos e os segmentos. A confusão nasce de atribuir-se ao diagrama, ao mesmo tempo, dois predicados diferentes: o de ter uma forma circular (um predicado físico) e o de ser um exemplo (*instance*) do objeto geométrico círculo. Em conclusão, se o círculo é um objeto geométrico platônico, nenhum diagrama pode-se-lhe assemelhar como uma fotografia se assemelha ao objeto fotografado, isto é, não existe "a similarity of appearance"[12].

I.4 Problemas vinculados ao raciocínio diagramático

Ingressamos assim na literatura recente sobre raciocínio diagramático. Seja-me permitido aqui elencar alguns tópicos centrais:

1. A proposta de que um bom diagrama é isomorfo ou homomorfo à situação descrita é satisfatória? Jim Brown a colocou em dúvida em seu livro *Philosophy of Mathematics. An introduction to the world of proofs and pictures*. Ele nega que muitos diagramas tenham um estatuto representacional, ainda que defenda uma filosofia platônica da matemática.

> "Consequently, I want to suggest something quite different. My bold conjecture...is this: Some 'pictures' are not really pictures, but rather are windows to Plato's heaven. The number theory diagram is certainly a representation for the n=7 case, but it is not for all generality. For the latter, it works in a different way, more like an instrument. This, of course, is a realist view of mathematics, but not a realist view of pictures. As telescopes help the unaided eye, so some diagrams are instruments (rather than representations) which help the unaided mind's eye." (Brown, 2007, p.39)

---

[12] Que a posição de Macbeth seja instável o mostra também a seguinte citação, que parece indicar que nenhum diagrama pode ser um exemplo do objeto geométrico, contrariamente àquilo que foi sustentado anteriormente por ela: "A drawn figure such as (say) a square has as parts: four straight line lengths, four points connecting them, four angles all of which are right, and the area that is bounded by those four lines. Of course, in the figure as actually drawn, the lines will not be truly straight or equal, and they will not meet at a point; the angles will not be right or all equal to one another. But this does not matter because the drawn square is not a picture or instance of a square but instead an icon of a square, one that formulates certain necessary properties of squares."(p. 256)

Gostaria aqui de acrescentar ainda os problemas levantados pela representação de objetos geométricos infinitos, cujos diagramas são necessariamente finitos.

2. Os diagramas são enganadores e isto levou, com Pasch e Hilbert, a restringir seu papel à simples função heurística. Porém, poder-se-ia perguntar se os diagramas não podem desempenhar, além da função heurística, também uma função epistêmica que lhes permita um papel de justificação na aquisição do saber matemático. Existe uma vasta literatura sobre este ponto (Giaquinto, Norman, Hammer, Shin, Barwise and Etchemendy, Panza). Além do mais, como é possível explicar a incrível estabilidade da geometria euclideana, uma atividade essencialmente diagramática? (Manders, Mumma, Miller, Avigad).

3. Qual é a relação entre raciocínio linguístico e raciocínio diagramático? Quais são as vantagens e desvantagens das respectivas formas de representação? Estes são problemas de grande importância também para a inteligência artificial (veja-se Hammer and Shin 2003).

Abre-se assim uma vasta área de pesquisa concernente aos diferentes tipos de representação e as condições que elas devem satisfazer para ser consideradas representações satisfatórias do objeto ou da situação mesma. Por exemplo, em muitos casos, necessita-se assegurar que o meio da representação não introduza limitações vinculadas à sua própria natureza particular, o que frustraria sua capacidade representacional. Um caso simples e interessante é aquele do Teorema de Halley, que mostra haver conjuntos consistentes de enunciados sobre intersecção de conjuntos que não podem ser representados por nenhum diagrama de curvas convexas. O resultado mostra as limitações do diagrama de Euler para a representação de relações conjuntistas. Somos assim levados a nos interrogar sobre a questão das vantagens e das desvantagens de representações alternativas em vários domínios da matemática (considerem-se, por exemplo, as representações alternativas de curvas que se encontram na geometria de Descartes: movimentos regulados, construções por pontos, equações algébricas etc.). Representações desse tipo podem ser de natureza analítica ou geométrica. Na história da matemática e em certas áreas da matemática contemporânea (geometria, análise complexa, topologia, teoria das categorias), a representação geométrica/diagramática joga um papel fundamental. Este desejo de visualização é motivado pela temática seja pela temática fundacional (pense-se na "Versinnlichung" dos números complexos dada por Gauss), seja por motivações heurísticas, como no caso da teoria de fractais e da geometria diferencial.

Na parte restante do trabalho, pretendo mostrar que o tema da representação do invisível é suscetível de um tratamento diferente, que ingressa, por assim dizer, no interior da prática matemática.

II. A dicotomia visível/invisível e a prática matemática

II.1 O mundo invisível, os fantasmas e a matemática

Por definição, não temos acesso sensorial ao invisível. Por que, então, postulá-lo? Podemos fazer a mesma pergunta no que respeita à teorização em física. Em um belo artigo, *The unseen world*, Michael Redhead começa dizendo que "Science deals with many things that we cannot directly observe". Entre essas entidades estão os elétrons, os quarks, os fótons, os glúons, a energia, a entropia, e as entidades matemáticas como os números e os espaços de Hilbert. A ciência, segundo a concepção de Redhead, versa sobre "Unseen World". Ainda que se defenda a ideia de que o diretamente observável possa ser estendido para incluir aquilo que vemos com o microscópio e com o telescópio, e que se possa estender o "ver" para incluir a observação da interação entre partículas elementares em uma câmara de bolha ou qualquer coisa similar, a ciência se expande em domínios nos quais simplesmente devemos postular a existência de entidades que não são concebidas como tendo uma existência física real: "They belong to the Unseen World in a more extreme sense than the electrons or photons." Como exemplo, Redhead menciona aquele das teorias de calibre (*gauge theories*). Essas são teorias nas quais os sistemas físicos sob consideração são descritos por mais variáveis do que os graus de liberdade fisicamente independentes. Esses graus fisicamente independentes de liberdade originam partículas fantasmas como os campos fantasmas (*ghost fields*), que representam um grau negativo de liberdade. Esses fantasmas (e seus antifantasmas) jogam um papel importante nas modernas teorias de calibre não-abelianos.

A matemática passou também por extensões similares do visível e, consequentemente, pela relativização da oposição visível/invisível em analogia com o microscópio e o telescópio. Além do mais, também a matemática tem tido uma boa dose de fantasmas. Admito que a noção de visível e de invisível aqui é mais metafórica do que a analisada na primeira parte deste artigo. No entanto, uma análise deste tipo de situação nos conduz a problemas de metodologia da matemática de extremo interesse. Queria tratar aqui de dois exemplos concretos. O primeiro vem da análise infinitesimal; o segundo, da geometria projetiva.

A menção aos fantasmas certamente trará à mente a famosa polêmica do bispo Berkeley em *O Analista*:

> What are these fluxions? The velocities of evanescent increments. And what are these evanescent increments? They are neither finite quantities, nor quantities infinitely small, nor yet nothing. May we not call them the ghosts of departed quantities? (Berkeley 1734, p. 44, §35)[13]

Porém, os fantasmas eram também evocados por Steiner na geometria projetiva:

> (...) bei Steiner sind die imaginären Größen in der Geometrie noch "Gespenster", die gleichsam aus einer höheren Welt heraus sich in ihrer Wirkungen bemerkbar machen, ohne daß wir von ihrem Wesen eine klare Vorstellung gewinnen können. (F. Klein, 1926, 129; veja-se Rowe 1997)

É justamente sobre esses fantasmas que gostaria agora de chamar a atenção do leitor. Interessa-me aqui mostrar como a oposição entre visível e invisível joga um papel no interior da prática matemática[14]. Enquanto que, na primeira parte deste ensaio, enfrentei temáticas que diziam respeito à matemática na sua complexidade global, na prática matemática nos confrontamos com oposições de tipo mais 'local'.

No primeiro caso que discutirei (aquele da geometria projetiva) a oposição visível/invisível se apresenta como segue:

---

[13] Berkeley pretendia incluir entre os fantasmas toda a variedade de entidades suspeitas postuladas pelos analistas de seu tempo: "Although momentaneous increments, nascent and evanescent quantities, fluxions and infinitesimals, are in truth such shadowy entities so difficult to imagine or conceive distinctly, that (to say the least) they cannot be admitted as principles or objects of clear and accurate science." (The Analyst, §49)

[14] O uso da contraposição entre o visível e o invisível se encontra inclusive na prática matemática. Por exemplo, encontramos pontos visíveis e invisíveis na teoria dos números (Herzog, Stewart 1971), ordinais invisíveis (Kranakis 1982), pontos visíveis e invisíveis de convergência não-uniforme (Young 1903), conjuntos visíveis e invisíveis (Csörnyei 2000), subgrupos invisíveis (Mikhailov 2000). No entanto, essas ocorrências são diferentes daquelas destacadas no texto, porque não se baseiam em uma extensão ideal de um conjunto já dado de objetos 'reais'. Um outro caso de estudo que poderia ser interessante é a discussão sobre dimensões superiores (especialmente a quarta dimensão) onde a metáfora da caverna platônica é inclusive utilizada para sugerir que nas três dimensões nós somente vemos as sombras dos objetos que vivem nas dimensões superiores (veja-se Cayley 1883 para um enunciado clássico de referência à caverna platônica na matemática do século XIX e Manning 1921, p. 190, para uma referência à caverna platônica no contexto de uma discussão de divulgação sobre a quarta dimensão na geometria). Um uso influente da metáfora da caverna platônica se encontra também na geometria algébrica, como, por exemplo, na recente apresentação de Behesti e Eisenbud (15 março de 2007): "Plato's cave: what we still don't know about generic projections". Desejo agradecer D. Eisenbud por gentilmente ter me enviado as transparências da apresentação.

Visível   Invisível
Pontos reais   Pontos imaginários

Considere-se, por exemplo, a seguinte citação retirada do texto de J. W. Russell, *An Elementary Treatise in Pure Geometry*:

> Chapter III (Harmonic Properties of a Circle):
> 1. Every line meets a circle in two points, real, coincident or imaginary. For take any line l cutting a circle in the points A and B. Now move l parallel to itself away from the centre of the circle. Then A and B approach, and ultimately coincide when l touches the circle. But when l moves still further from the centre, the points A and B become invisible; yet, for the sake of continuity, we say that they still exist, but are invisible or imaginary. (Russell, 1893, p.23)

O segundo exemplo é retirado do cálculo infinitesimal, daquela particular reconstrução do cálculo fornecida pela análise *non standard*. Neste caso, a analogia é mais complexa, e pode ser reconstruída de dois modos diferentes. A primeira reconstrução trata a oposição como absoluta:

Visível   Invisível
Quantidade finita   Quantidade infinitesimal

A segunda reconstrução da oposição é relativa. Para cada ponto do contínuo *non standard*, é possível definir a oposição visível/invisível relativamente àquele ponto.

II.1 Geometria projetiva

A geometria projetiva nos fornece um dos exemplos mais interessantes de extensão de um domínio matemático por intermédio de elementos ideais, os chamados pontos no infinito ou pontos imaginários. Os procedimentos de acréscimo de tais elementos são denominados de completamento projetivo e complexificação. A revolução projetiva começa com Poncelet, que introduziu essas novas entidades em geometria. Os pontos imaginários são pontos cujas coordenadas podem ser números complexos. Mark Wilson sublinhou a revolução "ontológica" realizada pelos geômetras projetivos assim:

> Rather than thinking of the extra points as "conveniences," the projective geometers saw the additions as revealing the "true world" in which geometrical figures live. Familiar figures such as circles and spheres have parts that extend into the unseen portions of six dimensional complex space, so that when we see a Euclidean circle, we perceive only a portion of the full figure...This way of proceeding is still pretty much the norm in algebraic geometry today. (Wilson 1992, p. 114)

Hoje sabemos bem que Poncelet chegou à postulação dos elementos imaginários em geometria, passando pela álgebra e pela geometria analítica (inclusive a terminologia tem origem algébrica). No entanto, em sua obra prima "Traité de proprietés projectives de figures" (1822), a introdução de tais entidades era defendida por motivações puramente geométricas, e invocando o princípio de continuidade. A debilidade da geometria ordinária era posta em destaque já nas primeiras páginas do tratado:

> Dans la Géométrie ordinaire, qu'on nomme souvent la synthèse, les principes sont tout autres, la marche est plus timide ou plus sévère; la figure est décrite, jamais on ne la perd de vue, toujours on raisonne sur des grandeurs, des formes réelles et existantes, et jamais on ne tire de conséquences qui ne puissant se peindre, à l'imagination ou à la vue, par des objets sensibles; on s'arrête dès que ces objets cessent d'avoir une existence positive et absolue, une existence physique. (Poncelet, 1822, xii)

Em contraste com a geometria sintética, a geometria analítica utiliza raciocínios mais gerais e trata muitos casos diferentes sob um único raciocínio. Poncelet apela ao princípio de continuidade para sustentar que a geometria sintética pode competir em generalidade com a geometria analítica:

> Considérons une figure quelconque, dans une position générale et en quelque sorte indéterminé, parmi toutes celles qu'elles peut prendre sans violer les lois, les conditions, la liaison qui subsistent entre les diverses parties du système; supposons que, d'après ces données, on ait trouvé une ou plusieurs relations ou propriétés, soit métrique, soit descriptives, appartenant à la figure, en s'appuyant sur les raisonnement explicite ordinaire, c'est-à-dire par cette marche que dans certains cas, on regarde comme seule rigoureuse. N'est-il pas évident que si, en conservant ces mêmes données, on vient à faire varier la figure primitive par degrés insensibles, ou qu'on imprime à certaines parties de cette figure un mouvement continu d'ailleurs quelconque, n'est-il pas évident que les propriétés et les relations, trouvées pour le premier système, demeureront applicables aux états successifs de ce système, pourvu toutefois qu'on ait égard aux modifications particulières qui auront pu y survenir, comme lorsque certaines grandeurs se seront évanouies, auront changé de sens ou de signe, etc., modifications qu'il sera toujours aisé de reconnaître à priori, et par des règles sûres? (Poncelet, 1822, xiii)

A esse princípio, Poncelet dá o nome de princípio de continuidade:

> Or ce principe, regardé comme un axiome par les plus savants géomètres, est ce qu'on peut nommer le principe ou la loi de continuité des relations mathématiques de la grandeur abstraite et figurée. (Poncelet, 1822, xiv)

Concentremo-nos, agora, em um exemplo concreto, e tratemo-lo primeiro de um modo algébrico, e depois geometricamente. Seja uma linha L e um círculo C. Seja a equação da linha $y=0$. Seja a equação do círculo $x^2+y^2=1$.

Quando estudamos a interseção de L e de C, encontramos dois pontos $x_1 = -1$ e $x_2 = +1$, i.e., (-1, 0) e (1,0). Consideremos, agora, a linha M dada pela equação $y=2$. Se desenhamos a linha e o círculo no plano, vemos que M não intersecta C. No entanto, existem duas soluções analíticas para a interseção entre C e M: $(-\sqrt{-3}, 0)$ e $(\sqrt{-3}, 0)$. Essas são as quantidades imaginárias que obtemos como soluções do sistema de equações $\{y=2$ e $x^2+y^2=1\}$.

Vemos, aqui, que o tratamento algébrico tem a vantagem de proceder de maneira uniforme também nos casos nos quais, do ponto de vista da geometria sintética, as situações sob análise parecem muito diferentes. A proposta de Poncelet permitiria, também, ao geômetra sintético proceder como se fosse um caso só, e assim fornece, por consequência, uma generalização e uma uniformização da geometria sintética euclidiana[15]. A ideia é considerar uma linha e um círculo que são coplanares. Henrici, no verbete "projeção", para a Enciclopédia Britânica (Henrici 1911), explica a conexão com as quantidades imaginárias e se reporta à temática da invisibilidade:

---

[15] Por exemplo, no tratado Modern Pure Geometry, Holgate diz: "Points at infinity. Infinitely distant elements. The introduction into geometry of the notion of infinitely distant elements has aided greatly in the process of generalization with which modern methods are chiefly concerned. Many exceptional cases which under earlier conditions would require special treatment, by the addition of this concept are brought into conformity with a general statement. Infinitely distant elements come most easily into view from the following considerations. Suppose a straight line b passing through a fixed point O, intersects the line a, in a point P: and supposed the line b rotates about O as indicated by the arrow. The point of intersection P will move along the line a to the right until it is lost to view and then will immediately appear at the far left, moving along the line in the same sense as before. The assumption is made that the two lines have not at any time ceased to intersect, and that the point P has moved continuously along the line a, disappearing at the far right and reappearing at the far left after passing through but a single position which lies outside the accessible region of the plane." Para um outro exemplo, remetemos o leitor ao Teorema Fundamental que mostra que a razão harmônica de quatro pontos quaisquer sobre uma linha é igual à razão harmônica de suas respectivas projeções sobre uma outra linha qualquer no mesmo plano. Veja-se a bela exposição de Courant e Robbins, 1941, p. 180.

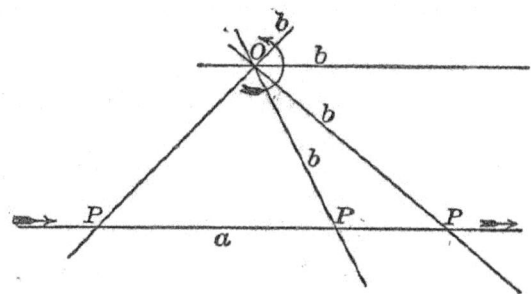

> If a line cuts a curve and if the line be moved, turned for instance about a point in it, it may happen that two of the points of intersection approach each other till they coincide. The line then becomes a tangent. If the line is still further moved in the same manner it separates from the curve and two points of intersection are lost. Thus in considering the relation of a line to a conic we have to distinguish three cases - the line cuts the conic in two points, touches it, or has no point in common with it. This is quite analogous to the fact that a quadratic equation with one unknown quantity has either two, one, or no roots. But in algebra it has long been found convenient to express this differently by saying a quadratic equation has always two roots, but these may be either both real and different, or equal, or they may be imaginary. In geometry a similar mode of expressing the fact above stated is not less convenient. We say therefore a line has always two points in common with a conic, but these are either distinct, or coincident, or invisible. The word imaginary is generally used instead of invisible; but, as the points have nothing to do with imagination, we prefer the word " invisible " recommended originally by Clifford[16].

O procedimento consiste, aqui, no acréscimo de objetos imaginários ou invisíveis às linhas e aos planos ordinários da geometria. Poncelet estava convicto que, raciocinando diretamente e de modo geométrico neste novo domínio, seria possível preservar todas as vantagens da geometria analítica, sem nenhuma das suas desvantagens. O apelo a esse universo geométrico "oculto", "invisível", daria conta, assim, de muitas propriedades dos entes geométricos visíveis que vivem, por assim dizer, no universo geométrico ordinário.

II.2 Cálculo infinitesimal e análise non standard

O evento mais importante na matemática do século XVII é a descoberta do cálculo infinitesimal. Esta disciplina matemática se articula em duas partes principais: o cálculo diferencial e o cálculo integral. Do ponto de vista geométrico, que ainda é o dominante no século XVII, estas duas partes correspondem à determinação de uma tangente para um ponto arbitrário de uma curva, e à determinação da área fechada entre um dos eixos e uma curva. Para nossos fins, será suficiente referir-se ao problema da tangente a uma curva. Antes da publicação em 1684 de "Nova Methodus" de Leibniz, que põe o fundamento do novo cálculo, este problema era somente resolvido em casos especiais ou para classes muito limitadas de curvas. As intuições que estão na base do novo algoritmo são duas (utilizo aqui a versão do cálculo leibniziano codificada no texto de L'Hôpital (1696); para maiores detalhes veja-se Mancosu 1996). A primeira consiste em considerar uma curva como um polígono com um número infinito de lados, cada um de

---

[16] Henrici foi severamente criticado por Hastings Berkeley em 1921.

comprimento infinitesimal. A segunda intuição consiste em tratar duas quantidades que diferem por uma quantidade infinitesimal como iguais. Veremos, em breve, como a solução ao problema das tangentes apela, essencialmente, à noção de infinito em dois pontos: em primeiro lugar, quando se postula que uma entidade geométrica, como uma curva, pode ser vista como uma coleção infinita de linhas pequeníssimas (infinitésimos); além disso, quando se sustenta que essas linhas pequeníssimas, os infinitesimais, têm a característica peculiar de não ter nem comprimento zero, nem comprimento finito.

Busquemos mostrar com um exemplo como essas duas intuições podem ser feitas operativas na solução a um problema de tangência. Considere-se, como curva, uma parábola dada pela equação $y=x^2$. Antes de tudo, estudemos como muda essa curva quando incrementamos x com um incremento infinitesimal denotado por dx. O vértice dessa parábola é (0,0). Para todo x, existe um y que satisfaz a equação da curva.

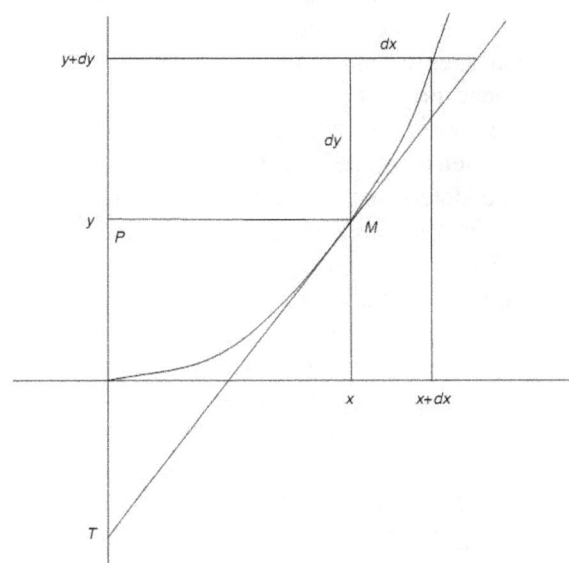

Consideremos, agora, o que ocorre quando passamos de x para x+dx. O valor y crescerá uma quantidade dy, enquanto que a relação que define a parábola é ainda satisfeita.

$$(y+dy)=(x+dx)^2$$

Aqui temos $(y+dy)=x^2+2xdx+dx^2$. Dado que $y=x^2$, por subtração obtemos:

$$dy = 2xdx + dx^2$$

Dividindo por dx ambos os termos da igualdade, obtemos dy/dx=2x+dx. Dado que dx é infinitamente menor com respeito a 2x, pelo segundo princípio fundamental do cálculo resulta:

(*) dy/dx=2x.

Essa é a dita equação diferencial para a parábola. Afirmar-se-ia hoje que, na solução do problema, com dy/dx dá-se o coeficiente angular da linha tangente a um ponto escolhido da curva. Porém, nos tempos de Leibniz, trabalhava-se de modo mais geométrico e o problema era resolvido com a construção explícita da linha tangente, ou, equivalentemente, com a construção da subtangente. Vejamos como. Aquilo que buscamos é uma solução geral ao problema: dado um ponto M sobre uma curva, determinar a linha tangente à curva naquele ponto. Determinar uma linha é equivalente a dar dois pontos pelos quais a linha deve passar, porquanto dois pontos, na geometria euclidiana, determinam exatamente uma única linha. Dado que um dos pontos, M, já é dado na formulação do problema, aquilo que resta fazer é determinar o ponto T de interseção entre o eixo y e a linha tangente (que deve ser também determinado). Os geômetras do século XVII reduzem esse problema ao problema equivalente de determinar a subtangente PT, e faremos também o mesmo, concentrando-nos no caso da parábola.

Como proceder? Consideremos o ponto M sobre a curva de abscissa x. Seja x+dx o incremento diferencial de x. Assim, a x corresponde o ponto M sobre a curva (de ordenada y), e um outro ponto da curva corresponderá a x+dx (de ordenada y+dy). Agora, utilizamos o princípio que nos permite considerar a parábola como um polígono de infinitos lados, e consideremos um triângulo retângulo com catetos de comprimento dx e dy, e cuja hipotenusa é identificada, pelo primeiro princípio do cálculo, com o arco da curva. Do ponto de vista da geometria euclidiana se poderia objetar que o arco de uma curva não é um segmento reto, e é justamente aqui que a intuição "infinitesimalista" joga um papel essencial. Resta determinar PT. Identificando a curva com um polígono de infinitos lados, podemos escrever:

(**) PT = xdy/dx.

Agora utilizamos a equação diferencial para a parábola (*) dy/dx=2x. Substituindo na equação (**) temos:

$$PT = 2x^2.$$

Mas, por definição da parábola $x^2=y$, temos assim:

$$PT = 2y.$$

Em outros termos, para determinar o ponto T no eixo dos y correspondente ao ponto M da curva determinada por x, devemos, simplesmente, construir um segmento de comprimento 2y no eixo dos y. E isso vale para um ponto qualquer da curva.

A extensão do domínio geométrico euclidiano com a inclusão dos infinitesimais constitui um dos maiores problemas fundacionais da matemática do século XVII e dos séculos sucessivos (veja-se Mancosu 1996 para o debate na transição entre o século XVII e XVIII), com consequências importantes também para a matemática do século XX. Bem conhecida é a polêmica contra a nova análise sustentada pelo bispo Berkeley. Em Berkeley, a polêmica contra os infinitesimais está estreitamente vinculada à oposição visível/invisível. No *Analista* lemos:

> To conceive a quantity infinitely small –that is, infinitely less than any sensible or imaginable quantity, or any the least finite magnitude—is, I confess, above my capacity.(§6)

E falando do cálculo de fluxões (a versão newtoniana do cálculo infinitesimal), Berkeley critica a natureza não perceptível dos objetos postulados pelo analista: "the objects, at first fleeting and minute, soon vanishing out of sight" (§4).

A posição crítica de Berkeley origina-se de seu empirismo, que o leva a sustentar que há sensoriais mínimos (minima sensibilia; minima visibilia). De acordo com o famoso princípio *esse est percipi*, Berkeley chega à conclusão de que os infinitesimais não podem ser percebidos e, portanto, não existem, dado que estão, por definição, abaixo do limiar dos *minima invisibilia*. Nesse sentido, os infinitesimais são invisíveis e, assim, sempre por causa do 'esse est percipi', não podem ter realidade ontológica.

No caso de Berkeley, a oposição entre visível e invisível é muito clara e, em certo sentido, absoluta. Porém, há um outro modo de conceber a análise infinitesimal que relativiza a noção de visibilidade. Nesse caso, a metáfora dominante é a do microscópio. Assim como diferentes magnificações ao microscópio tornam visíveis novos aspectos da realidade, na análise infinitesimal podemos considerar os diferentes níveis infinitesimais (simples) como associados a diferentes níveis de visibilidade e de invisibilidade.

Não buscarei, aqui, reconstruir a história dessa metáfora e a sua conexão com o cálculo infinitesimal[17]. Ao invés disso, passo imediatamente à literatura contemporânea sobre análise *non standard* para mostrar a influência dessa metáfora, inclusive na produção da matemática contemporânea. A análise *non standard* é uma teoria do cálculo que admite o uso de infinitesimais, mas dentro de um contexto lógico que, diferentemente daquele contexto dos séculos XVII e XVIII, justifica rigorosamente a operação com infinitesimais. Essa justificação requer sofisticadas técnicas algébricas e conjuntistas (compacidade, ultraprodutos), mas, para nosso objetivo, não é necessário deter-nos nesse aspecto.

Na literatura contemporânea, creio ter sido Jerome Keisler aquele que introduziu a ideia do microscópio infinitesimal para falar da magnificação requerida para 'ver' os infinitesimais. Além disso, ele também introduziu a ideia do telescópio infinito. Em seu livro texto de 1976, ele utiliza esses conceitos para mostrar qual é a estrutura do contínuo *non standard*. Pode-se pensar o contínuo *non standard* (conhecido também pelo nome de linha hiperreal) como uma extensão dos números reais por meio do acréscimo de elementos que são diferentes de zero e, todavia, menores do que qualquer quantidade finita. Se denotamos um tal elemento por ε, $1/\varepsilon$ será um elemento infinito, isto é, maior do que qualquer número finito. As mesmas leis algébricas se aplicam seja aos números reais standard, seja às novas entidades. Enquanto que ε é tão pequeno que um microscópio infinitesimal é

---

[17] A metáfora do microscópio em conexão com o cálculo infinitesimal se encontra já em Johan Bernoulli na sua Aula Inaugural proferida em Groningen em 1695: "Our speech ends with a no less remarkable wonder place before our eyes by mathematics. Let our spirit closely examine very small objects, namely the invisible beings which a microscope reveals in their tens of thousands. Each of them has its smallness parts which are incomparably smaller again. After all, they too have hearts and cardiac valves, veins and arteries with their many branches, which themselves branch, separate and divide into even smaller ones. The spirit, I say, examines the blood in these branches, the humours in this blood, the droplets in these humours, the vapours in these droplets, and the steaming air in these vapours. It divides these particles even further, until its imaginative powers are exhausted. Is this tiny substance the final object of our analysis? It perhaps believes that it has reached the absolute smallest. Geometry, however, opens up new abysses and clearly shows that this unimaginable particle can continue to be divided up infinitely, even if our imaginations completely seize up. Consequently this demonstrates that the measurements and relationships of this tiny world are just as refined, remarkable and complete in their incredible tininess as the world in which we breath in its astonishing largeness. In the same way other particles are formed from this new particle, that again are themselves built up from new ones and this continues endlessly, which is more than sufficient proof that the omnipotence of God in the smallest of things is inexhaustible and infinite."(Johann Bernoulli, In Laudem Matheseos, 1695; Citato da Sierksma e Sierksma 1999) Veja-se também C. J. Kaiser: "observing the minute and elusive with the powerful microscope of his Infinitesimal Analysis; observing the elusive and vast with the limitless telescope of his Calculus of the Infinite" (1907, p. 26); e também Tall 1980.

necessário para observá-lo, 1/ε é tão grande que somente um telescópio infinito permite percebê-lo. Consideremos a e b sobre a linha hiperreal. Dizemos que a é infinitamente vizinho de b se a-b é infinitesimal. Eis o diagrama com o qual Keisler ilustra a linha hiperreal:

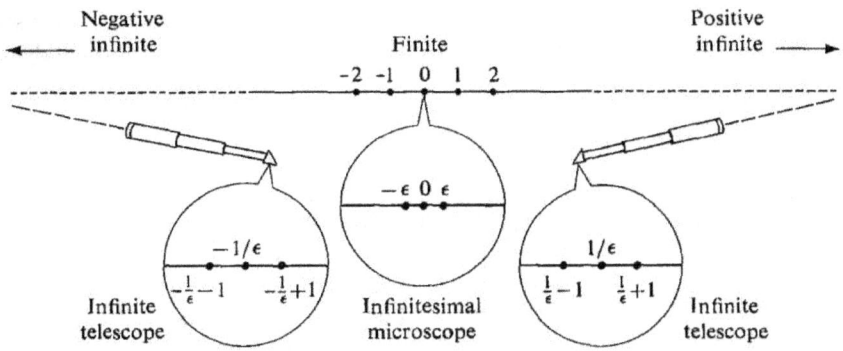

O diagrama seguinte mostra uma dupla magnificação:

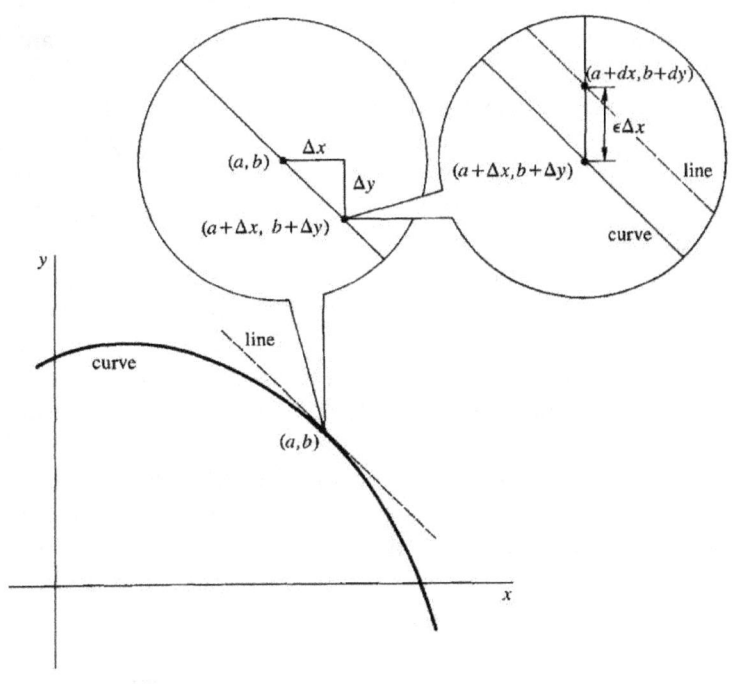

A apresentação mais explícita da análise *non standard* em termos de visível/invisível encontra-se em um artigo recente de O'Donovan e Kimber:

> If a is infinitely smaller than b then a is said to be "invisible" at the scale of b. "The visible part of a" is used as an informal statement for the standard part of a. "The visible part of a at the δ-scale" is what is left after discarding all the additive terms infinitely smaller than δ: i.e. it is what would be the standard part after a division by δ. Cancellation is traditionally done by crossing out. Invisibility is indicated by square brackets.
> $2 + 4\ \delta + [\delta^2]$
> invisible at the δ-scale
> $2 + [4\ \delta + \delta^2]$
> invisible at the standard scale.
> The definition of a standard part is introduced later. The words "visible" and "invisible" appear to be fully operational metaphors. (p.5)

Concluindo, pode-se perguntar o que se consegue ao postular essas entidades fantasmas (imaginários em geometria projetiva, infinitesimais no cálculo, etc.). A resposta é que, com essas extensões, se busca obter uma explicação e uma visão unificada da realidade matemática. Essa situação é paralela à aquela encontrada no estudo da física e na postulação de entidades fantasmas na física. Em filosofia da ciência, isso levou ao debate entre realistas e instrumentalistas. Os realistas, como Redhead, empenham-se na existência do mundo invisível. Os instrumentalistas limitam a ciência à descoberta da regularidade entre entidades observáveis, e interpretam as teorias científicas como instrumentos para descrever a regularidade em questão sem, por isso, empenhar-se ontologicamente a respeito da existência de possíveis entidades que corresponderiam aos termos teóricos (não observáveis) da linguagem.

Os dois casos por nós estudados na matemática, geometria projetiva e cálculo infinitesimal, representam situações análogas àquelas brevemente descritas em conexão com o debate em filosofia da ciência. Também em filosofia da matemática é possível falar em instrumentalismo, realismo, etc., e as perguntas fundamentais às quais se deve responder nos casos estudados são: como justificamos essas extensões com o uso de elementos ideais ('invisíveis')? Qual é o seu estatuto epistemológico? Que tipo de raciocínio e forma de explicação são introduzidas pelo uso desses novos elementos? E, assim, também, essa segunda perspectiva sobre o invisível na matemática leva à reformulação de alguns dos problemas mais debatidos da filosofia da matemática.

Agradecimentos. Gostaria de agradecer Andrea Albrecht, Abel Lassalle Casanave, Vincenzo de Risi, Moritz Epple, Marcus Giaquinto, Susanna Marietti, Marco Panza, Tom Ryckman, Jamie Tappenden, e Mark Wilson pelas suas estimulantes conversações e auxílio bibliográfico.

Referências bibliográficas

Allwein, Gerard; Jon Barwise, eds. (1996). *Logical Reasoning with Diagrams*. New York: Oxford University Press.
Avigad, Jeremy; Edward Dean; John Mumma (2009). "A formal system for Euclid's Elements". *Review of Symbolic Logic* 2, pp. 700–68.
Barwise, Jon; John Etchemendy (1996). "Visual information and Valid Reasoning". In Allwein; Barwise (1996), pp. 3-25.
Berkeley, George (1948-1957). *The Works of George Berkeley, Bishop of Cloyne*. A. A. Luce; T. E. Jessop, eds. London: Thomas Nelson and Sons. 9 vols.
Berkeley, George (1976). *Philosophical Commentaries*. A. A. Luce, ed. Ohio: Mount Union College. Reimpresso por Garland em 1989.
Berkeley, George (1992). *"De Motu" and "The Analyst": A modern edition with Introductions and Commentaries*. D. Jesseph, ed. Dordrecht: Kluwer.
Berkeley, Hastings (1910). *Mysticism in Modern Mathematics*. Oxford: Horace Hart.
Bernoulli, Johann (1695). *In Laudem Matheseos*. Laudatório inédito. Citada por Sierskma; Sierskma (1999).
Brown, James (1997). "Proofs and Pictures". *British Journal for Philosophy of Science* 48, pp. 161-80.
Brown, James (1999). *Philosophy of Mathematics. An introduction to the world of proofs and pictures*. London: Routledge. Segunda edição de 2007.
Cassirer, Ernst (1922). *Das Erkenntnisproblem in der Philosophie und Wissenschaft der neueren Zeit*. Terceira edição. Reimpresso em 1994 pela Wissenschaftliche Buchgesellschaft.
Cayley, Arthur (1896). "Presidential address (1883)". In *The Collected Mathematical Papers of Arthur Cayley*. Volume 11, ed. Por Andrew Forsyth. Cambridge: Cambridge University Press, pp. 429-59.
Clifford, William (1882). "Synthetic proof of Miquel's theorem". In *Mathematical Papers*, ed. por Henry Smith. London: Macmillan, pp. 38-55.
Coolidge, Julian (1921). *The Geometry of the Complex Domain*. Oxford: The Clarendon Press.
Coulter, Dale (2006). *Per Visibilia ad Invisibilia. Theological Method in Richard of St. Viktor (d. 1173)*. Turnhout: Brepols.
Courant, Richard; Herbert Robbins (1941). *What is Mathematics?*. New York: Oxford University Press.
Csornyei, M (2000). "On the visibility of invisible sets". *Annales Academiae Scientiarum Fennicae, Mathematica* 25, pp. 417-21.
De Risi, Vincenzo (2007). *Geometry and Monadology. Leibniz's Analysis Situs and Philosophy of Space*. Basel: Birkhäuser.
Dipert, Randall (1996). "Reflections on iconicity, prepresentation and resemblance: Peirce's theory of signs, Goodman on resemblance, and modern philosophies of mind and language". *Synthese* 106, pp. 373-97.

Eco, Umberto (1976). *A Theory of Semiotics*. Bloomington: Indiana University Press.
Giaquinto, Marcus (1992). "Diagrams: Socrates and Meno's Slave". *International Journal of Philosophical Studies* 1, pp. 81-97.
Giaquinto, Marcus (2007). *Visual Thinking in Mathematics*. Oxford: Oxford University Press.
Goodman, Nelson (1968). *Languages of Art*. Indianapolis: Hackett. Segunda edição de 1976.
Hammer, Eric (1995). *Logic and Visual Information*. Stanford: CSLI Publications.
Hammer, Eric; Sun-Joo Shin (2003). "Diagrams". Stanford Encyclopedia of Philosophy.
Henrici, Olaus (1911). "Projection". *Encyclopedia Britannica*. 11th edition.
Herzog, Fritz; B. M. Stewart, B. M. (1971). "Patterns of visible and nonvisible lattice points". *The American Mathematical Monthly* 78, pp. 487-96.
Holgate, Thomas (1955). "Modern Pure Geometry". In J. W. A. Young, *Monographs on the Topic of Modern Mathematics*. Mineola: Dover. Reimpressão da edição de 1911, pp. 53-89.
Jesseph, Douglas (1993). *Berkeley's Philosophy of Mathematics*. Chicago: The University of Chicago Press.
Johnson-Laird, P. N. (2006). "Models and heterogeneous reasoning". *Journal of Experimental & Theoretical Artificial Intelligence* 18, 2, pp. 121-48.
Kaiser, C. J. (1907). *Mathematics*. New York: Columbia University Press.
Keisler, Jerome (2000). *Elementary Calculus. An Infinitesimal Approach*. 2ª. Edição revista em 2007, disponível *on line*.
Klein, Felix (1979). *Vorlesungen über die Entwicklung der Mathematik im 19. Jahrhundert*. Berlin: Springer.
Kranakis, Evangelos (1982). "Invisible Ordinals and Inductive Definitions". *Archiv für mathematische Logik* 28, pp. 137-158.
Leibniz, Gottfried Wilhelm (1967). *Philosophical Papers and Letters*. Editada por L. Loemker. Segunda edição de 1975. Dordrecht: Kluwer.
Leibniz, Gottfried Wilhelm (1960-1). *Die philosophischen Schriften*. Herausgegeben von C. I. Gerhardt, Berlin 1875-1890. Hildesheim: Olms. Citado como GP.
Macbeth, Danielle (2010). "Diagrammatic Reasoning in Euclid's Elements". In Bart Van Kerkhove; Jonas De Vuyst; Jean Paul Van Bendegem, eds. *Philosophical Perspectives on Mathematical Practice*. In: *Texts in Philosophy*, vol. 12. London: College Publications, pp. 235-67.
Mancosu, Paolo (1996). *Philosophy of Mathematics and Mathematical Practice in the Seventeenth Century*. Oxford: Oxford University Press.
Mancosu, Paolo (2005). "Visualization in logic and mathematics". In *Visualization, Explanation and Reasoning Styles in Mathematics*, ed. por Paolo Mancosu *et al*. Dordrecht: Springer, pp. 13-30.
Manders, Kenneth (2008). "The Euclidian Diagram". In *The Philosophy of Mathematical Practice*, ed. por Paolo Mancosu. Oxford: Oxford University Press, pp. 80-133.

Manning, Henry (1921). *The Fourth Dimension Simply Explained*. New York: Scientific American Publications.
Marietti, Susanna (2001). *Icona e diagramma. Il segno matematico in Charles Sanders Peirce*. Milano: LED Edizioni Universitarie.
Mikhailov, Roman (2000). "On invisible subgroups". *Communications of the Moscow Mathematical Society* 57, pp. 1232-3.
Miller, Nathaniel (2007). *Euclid and his Twentieth Century Rivals: Diagrams in the Logic of Euclidean Geometry*. Stanford: CSLI Publications.
Mumma, John (2006). *Intuition formalized: ancient and modern methods of proof in elementary geometry*. PhD thesis. Carnegie Mellon University.
Mumma, John (2006). "Ensuring Generality in Euclid's Diagrammatic Arguments". In *Lecture Notes in Artificial Intelligence; Proceedings of the 5th international conference on Diagrammatic Representation and Inference*, pp. 222-35.
Mumma, John (2010). "Proofs, Pictures, and Euclid". *Synthese* 175, 2, pp. 255-87.
Norman, Jesse (2006). *After Euclid. Visual Reasoning and the Epistemology of Diagrams*. Stanford: CSLI Publications.
O'Donovan, Richard; John Kimber (2006). *Non standard analysis at pre-university level-Naïve magnitude analysis*. Disponível *on line*.
Panza, Marco (2007). "The twofold role of diagram in Euclid's plane geometry". Manuscrito não publicado.
Peirce, Charles Sanders (1999). *The Essential Peirce*. Editado por Peirce Edition Project, vol. II. Bloomington: Indiana University Press.
Platão (1997). *A República*. São Paulo: Nova Cultural (Os Pensadores).
Platone (1971). *Opere Complete*. Bari: Editori Laterza.
Poncelet, Jean Victor (1822). *Traité de proprietés projectives des figures*. Paris : Gauthier-Villars.
Proclo (1978). *Commento al primo libro degli Elementi di Euclide*. Introduzione, traduzione e note a cura di Maria Timpanaro Cardini. Pisa : Giardini.
Proclus (2003). *Commentaire sur la Republique*. Paris : Vrin.
Redhead, Michael. *The Unseen World*, LSE Centre for Philosophy of Natural and Social Science, Discussion Paper Series, DP 61/02, disponível *on line*.
Rowe, David (1997). "In search of Steiner's ghosts: imaginary elements in nineteenth-century geometry". In *Le nombre, une hydre à n visages. Entre nombres complexes et vecteurs*, ed. por D. Flament. Paris : Editions de la Maison des sciences de l'homme, pp. 193-208.
Russell, John Wellesley (1893). *An Elementary Treatise on Pure Geometry*. Oxford: Clarendon Press.
Shin, Sun-Joo (1996). *The Logical Status of Diagrams*. Cambridge: Cambridge University Press.
Shin, Sun-Joo (2002). *The Iconic Logic of Peirce's Graphs*. Cambridge: MIT Press.
Sierksma, Gerard; Wybe Sierksma (1999). "The great leap to the infinitely small. Johann Bernoulli: mathematician and philosopher". *Annals of Science* 56, pp. 433-49.
Swoyer, Chris (1995). "Leibnizian expression". *Journal of the History of Philosophy* 33, pp. 65-99.

Tall, David (1980). "Looking at Graphs through Infinitesimal Microscopes, Windows and Telescopes". *The Mathematical Gazette* 64, 427, pp. 22-49.

Wilson, Mark (1992). "Frege: The royal road to geometry". *Nous* 26, pp. 149-80.

Wittgenstein, Ludwig (1922). *Tractatus Logico-Philosophicus*. London: Routledge and Kegan Paul. Diversas reimpressões. Edição brasileira elaborada por Luiz Henrique Lopes dos Santos, EDUSP, 1993.

Young, W. H. (1903). "On the distribution of the points of uniform convergence of a series of functions". *Proceeding of the London Mathematical Society* 2, p. 93.

2

Razonamiento Diagramático en Leibniz

Oscar M. Esquisabel

1 Introducción

Ya se ha constituido en un lugar común de la cultura filosófica la crítica derridiana al logocentrismo que ha dominado el desarrollo de la filosofía occidental. Y puesto que el enunciado, el *lógos* como entidad "lingüística", tiene su expresión predominante a través de la voz, que se borra a sí misma como significante para dejar aparecer el significado, el predominio del logocentrismo desemboca en el fonocentrismo, es decir, en el predominio de la voz o *phoné* sobre cualquier otra forma de expresión semiótica, en particular, la escritura (Derrida 1967). En particular, si seguimos este derrotero para el desarrollo de la lógica, ésta sería, en último término, de carácter logocéntrico y fonocéntrico, puesto que estaría atada al análisis de la estructura y significado del enunciado que se expresa a través de la voz viva. En pocas palabras, la lógica sería fundamentalmente *lógica del lenguaje* y, asimismo, si se me permite el retruécano, la lógica sería un lenguaje, con lo cual se habilitaría la expresión de "los lenguajes de la lógica", tanto en el sentido del genitivo objetivo como en el del subjetivo.

Aunque probablemente las consideraciones que siguen no hagan total justicia a las ideas derridianas, podríamos argüir que no es correcta la idea de que toda la lógica ha seguido un camino logocéntrico y fonocéntrico, especialmente si tenemos en cuenta algunas ideas que se desarrollaron a partir del siglo XVII en lo que respecta a la semiótica de los métodos gráficos de representación. Si lo analizáramos desde este punto de vista, veríamos que la lógica, más que un lenguaje, puede ser concebida como una escritura y, yendo más allá, como una disciplina de carácter gráfico o diagramático.

Esta línea de pensamiento ha permanecida relativamente oculta por el predominio del paradigma "lingüístico". No obstante, puesto que hoy en día dicho paradigma está en revisión (Derrida es un ejemplo de ello, pero también lo es la revitalización del pensamiento de Peirce, entre otros), vale la pena que la retomemos y examinemos sus ideas iniciales.

Visualização nas Ciências Formais.
Abel Lassalle Casanave & Frank Thomas Sautter (eds.).
Copyright © 2012.

Desearía proponer a Leibniz como el principal iniciador de esta orientación, aunque tomo la precaución de decir que probablemente no haya sido el primero en la historia ni tampoco el único en su época, puesto que muchas de las ideas que desarrolló constituían una especie de atmósfera intelectual o "noósfera" de su tiempo. En todo caso, el carácter protagónico de Leibniz se fundamenta en la importancia que en su pensamiento ocuparon las reflexiones semióticas en torno a la importancia que tuvieron para el conocimiento los signos y especialmente los signos escritos. Como hemos indicado en otras ocasiones (Esquisabel & Legris 2003), el centro en torno del cual giran todas estas reflexiones es el concepto leibniziano de conocimiento simbólico, con el cual se conecta estrechamente los diversos proyectos que abarca el programa de la *characteristica universalis*.

A través de su concepto de conocimiento simbólico, Leibniz trata de mostrar la relevancia que poseen los signos y, más concretamente, los sistemas semióticos, para nuestro conocimiento. Si bien Leibniz distingue inicialmente entre conocimiento por signos y conocimiento por ideas, la tendencia general de su pensamiento semiótico apunta hacia la conclusión general de que, en el caso humano, no hay conocimiento que no recurra de un modo u otro a la mediación semiótica. Aunque no es nuestra intención volver sobre el análisis de los diversos aspectos del conocimiento simbólico, sintetizaremos algunas de sus ideas centrales. En primer lugar, Leibniz concluye que la función cognitiva de los sistemas semióticos se cumple de la forma más eficiente en aquellos que poseen un carácter escrito o gráfico, en detrimento de los sistemas fónicos. Asimismo, la eficiencia del sistema semiótico escrito o gráfico se incrementa cuando posee un carácter "analítico", siguiendo el modelo de los métodos de representación aritméticos o algebraicos. De esta manera, las escrituras dejan de poseer una función subsidiaria respecto de los sistemas fónicos, ya que su papel no se agota en referirse a o "representar" gráficamente los sonidos, sino que remiten o "representan" de manera directa a la "cosa misma" (Esquisabel & Legris 2003: 235-238). Por esa razón, la característica universal leibniziana retoma la idea de la época acerca de la creación de una "escritura real" (Wilkins (1668) y Dalgarno (1661) entre otros).

En conclusión, el motivo último de la elección de las escrituras analíticas y gráficos como los sistemas cognitivamente más aptos está dado por tres propiedades básicas de tales sistemas, a saber, su carácter visual, operatorio y estructural (Esquisabel & Legris 2003: 238). Así, el hecho de que la escritura o gráfico es una marca física visible, de naturaleza espacial, permite realizar con facilidad transformaciones y comprobaciones mediante manipulaciones sobre la forma física de los signos. Del mismo modo, el carácter operatorio está dado por el hecho de que las operaciones cognitivas (inferencias, por ejemplo) se pueden reducir a operaciones semióticas reguladas tales como combinaciones, permutaciones o reemplazos entre las expresiones semióticas o sus componentes. Finalmente, el aspecto estructural surge del hecho de que hay un cierto morfismo (generalmente un homomorfismo hasta un isomorfismo) entre el sistema semiótico y el dominio de objetos a que corresponde dicho sistema (por ejemplo, la aritmética) (Esquisabel & Legris 2003: 239-242). Es bastante claro que la importancia que Leibniz ha concedido a este tipo de sistemas semióticos resulta del estrecho vínculo de refuerzo que mantienen entre sí estas tres propiedades.

2 Signo y carácter

Por esa razón, consideramos que el concepto central de la semiótica de Leibniz es el de *carácter*, es decir, el de una forma impresa fija, más que el de signo, en el sentido de un objeto cuya única función consiste en remitir a otra cosa. O dicho de otra manera, la forma semiótica más acabada es la de *carácter*. En efecto, el *carácter* posee las propiedades que hace que un sistema semiótico sea cognitivamente relevante y, podríamos decir, en la medida en que todo sistema pretenda serlo, debe aspirar a poseer la forma del *carácter* (A VI 4 324; A VI 4 918-919)[1]. Dejamos aquí entre paréntesis la cuestión "metafísica" de si la función semiótica en su totalidad no podría comprenderse a partir de la noción de carácter, con lo cual el mismo lenguaje, con su naturaleza fónica, vendría a poseer la forma de un carácter y, por tanto, de una escritura.

Podríamos decir que en la semiótica de Leibniz hay dos tendencias respecto de la concepción del signo, una que es puramente referencial y otra de carácter estructural. Mientras que la primera depende de la noción tradicional del signo, la segunda, que gira en torno del concepto de representación estructural, culmina en la noción de carácter como concepto central.

Por noción referencial de signo entiendo aquella que lo concibe como un objeto que remite a otro distinto de él para alguien. En el caso de Leibniz, el sentido de la remisión está dado por el hecho de que el signo evoca o produce el pensamiento de un objeto que está de hecho ausente; a su vez, la conexión o asociación que se da en el intérprete entre el signo y lo designado puede deberse a diversos tipos de relación, ya sea naturales (como la causalidad) o la simple convención. Lo que interesa destacar, en todo caso, es que la relación semiótica se agota en la relación diádica de la relación de un objeto a otro:

---

[1] Aclaración de las abreviaturas: A = Leibniz, Gottfried Wilhelm. (1923), citado por serie, volumen y página, p. ej. A VI 4 325; C = Leibniz (1903).

> Signo es algo percibido a partir del cual se infiere la existencia de algo no percibido (*Tabla de definiciones*, C 497)

En cambio, el *carácter* tiene una naturaleza representacional, que va más allá de la función puramente referencial. En efecto, la función de representación se cumple cuando se pueden inferir propiedades del representado a partir de la sola consideración del elemento representante, es decir, el representante posee un carácter subrogatorio. De este modo, se requiere que en el representante se den correspondencias estructurales con el representado, es decir, debe haber un morfismo que vincule el representante con el representado, de manera que la estructura de este último quede "proyectada", por así decirlo, en el representante. Es por esa razón que el carácter debe poseer una naturaleza estructural o relacional:

> Denomino *carácter* a todo aquello que representa otra cosa para quien ejerce el pensamiento. Se dice que representa aquello que se corresponde [con otro] de tal modo que a partir de uno se puede conocer el otro, aunque no sean semejantes, siempre que todas las cosas que ocurren en uno se refieran a ciertas cosas correspondientes con ellas en el otro de acuerdo con una regla o relación cierta (A VI 4 324).

De esta manera, la naturaleza visual del carácter definido estructuralmente ejerce la función de proporcionar una guía del pensamiento, que sigue precisamente el encadenamiento de las imágenes. La seguridad o certeza de la operación cognitiva está dada, precisamente, por las relaciones de semejanza estructural, gracias a la cual los resultados de las transformaciones físicas sobre el carácter o los caracteres se corresponden y pueden traducirse como propiedades de los objetos representados:

> El método de invención consiste en un cierto *hilo del pensamiento*, esto es, una regla para pasar de un pensamiento a otro pensamiento. En efecto, puesto que nuestro ánimo emplea imágenes de las cosas sensibles, se puede concluir que si las imágenes se enlazasen como en una cadena, el que ejerce el pensamiento no podría desviarse, siempre que se mantuviese atento. Por tanto, así como para dibujar un círculo de manera exacta se requiere de un instrumento que conduzca la mano, y que es tanto más necesario cuanto menos ejercitados estemos, así también para pensar correctamente necesitamos ciertos instrumentos sensibles que reduzco a dos capítulos principales, caracteres y tablas. (A VI 4 324)

El carácter posee así una función visualizadora que permite realizar inferencias subrogatorias (Swoyer 1991: 449) sobre la base de las relaciones de semejanza estructural que lo vinculan con lo representado. Desde este punto de vista, la noción de carácter leibniziana es lo suficientemente amplia como para extrapolarla a todo aquello que cumple una función representacional en el sentido indicado. Así, no es extraño que Leibniz incluya dentro de los caracteres todo tipo de relación semiótica que se base en una relación de semejanza estructural. En efecto, concibe como caracteres no sólo las figuras, sino también los modelos a escala:

> A continuación de los modelos vienen las figuras por las que se exhiben las cosas tal como se nos presentan a la vista, ya sea que dichas figuras estén trazadas en una hoja o en los instrumentos. Por lo demás, tanto los modelos como las figuras podrían incluirse entre los caracteres, pues es manifiesto que el torno no [puede] labrar una esfera, ni el compás trazar un círculo que sean congruentes con ese círculo y con esa esfera cuya esencia conocemos por definición. Por consiguiente, sólo cumplen el papel de caracteres. (A VI 4 325).

La introducción de los modelos a escala como caracteres da pie para una serie de reflexiones sobre las posibles maneras de interpretar la concepción leibniziana de la función de los sistemas semióticos. En particular, podríamos invertir la relación entre sistema semiótico y modelo y preguntarnos si no sería posible concebir el sistema semiótico como un modelo del dominio al cual se refiere o aplica. En efecto, Leibniz limita su concepto de modelo a la reproducción de un objeto físico a escala tanto en el aspecto estructural como en lo relativo a su funcionamiento. Ahora bien, si liberalizamos esta condición y concebimos el modelo como un sistema físico que mantiene relaciones de semejanza estructural con aquello de lo que es modelo, esta noción se vuelve lo suficientemente general como para poder aplicarla también a sistemas semióticos que no necesariamente basan su relación de semejanza estructural en términos de semejanza física. En ese sentido, bastará con que existan entre el dominio objetivo y el sistema semiótico morfismos sobre propiedades estructurales previamente especificadas (por ejemplo, entre un mapa y el territorio que representa). Aunque el desarrollo excede los límites del presente trabajo, a partir de esta interpretación podría extraerse la conclusión de que para Leibniz nuestro conocimiento de la realidad implica fundamentalmente una aproximación a ella mediante modelos que tienden a la isomorfía completa, probablemente sin alcanzarla nunca de manera completa.

3 Cálculo y visualización

Es sobre la base de la naturaleza representacional del carácter que se puede entender la importancia cognitiva que le concede Leibniz a toda forma de presentación visual o gráfica. Por esa razón, en sus proyectos de arte de la invención Leibniz incluye no sólo consideraciones relativas a la construcción de sistemas algorítmicos para la lógica, sino también observaciones acerca de la confección de museos, exposiciones y "teatros del mundo", pasando por reflexiones acerca de la función heurística de las diagramas, tablas, cuadros y figuras (A VI 4 324-325). De esta manera, Leibniz reivindica el derecho de ciudadanía a una "lógica de la imaginación".

Es probable que el énfasis excesivo en el programa de la característica entendida como un cálculo operatorio generalizado haya hecho perder de vista la función visualizadora de los sistemas semióticos basados en presentaciones visuales o gráficas. A partir de la generalización del paradigma algebraico de la fórmula como expresión analítica, el proyecto de un cálculo generalizado, la característica universal, ha tenido como consecuencia que se enfatice la concepción puramente operatoria y sintáctica de la fórmula, que se expresa a través de la idea del conocimiento simbólico como "pensamiento ciego" o "pensamiento automático", en el sentido de que las operaciones cognitivas no serían otra cosa que una pura transformación regulada de expresiones simbólicas (fórmulas). De esta forma, se podría concluir que los sistemas semióticos ideales son los que cumplen de manera ejemplar con el ideal de transformar las operaciones cognitivas en transformaciones sintácticas reguladas (A VI 4 922, *inter alia*).

Sin embargo, reducir la visualización que proporciona la fórmula al mero hecho de que presenta de manera física un conjunto de objetos sobre cuya forma y disposición se lleva a cabo un conjunto de operaciones de construcción y transformación reguladas constituye una concepción muy limitada de la función de visualización que Leibniz le concede a los sistemas gráficos y escritos. En este sentido, la combinación de las relaciones de semejanza estructural, que se reflejan en la sintaxis, junto con su carácter visual y espacial, convierten a las fórmulas en verdaderas figuras que muestran o exhiben las propiedades formales de las operaciones y relaciones que están representando. De allí que Leibniz destaque ocasionalmente este aspecto "expositivo" de las fórmulas denominando "ectético" al tipo de representación que involucra la fórmula analítica (A VI 4 923). En suma, esta idea de la fórmula como exhibición de un entramado de relaciones estructurales se encuentra en el núcleo de la metáfora de la fórmula como "imagen o pintura de la verdad" (A II 1 393).

Aunque nada impide que, en el límite, se piense a la fórmula como un objeto semiótico que finalmente pueda ser completamente operacionalizado en términos de una sintaxis pura (y, en ese sentido, pueda sometérsela a un procedimiento puramente mecánico, a un cómputo), desde el punto de vista cognitivo la expresión simbólica contiene un hilo conductor del pensamiento, un *filum cogitandi, precisamente* porque su sintaxis muestra o hace visible una forma que de otra forma sería relativamente inaccesible. En este sentido, nos movemos en un dominio semiformalizado en el que las operaciones se realizan en parte por la comprensión "intuitiva" de las relaciones formales exhibidas y en parte por la aplicación de reglas operatorias de carácter sintáctico. La fórmula, lo mismo que una figura, permite "ver" ciertas relaciones y operaciones, de modo tal que se puedan desarrollar y extraer sus consecuencias.

Es por esa razón que no puede haber un hiato definitivo entre una estructura semiótica como una figura geométrica y una fórmula, sino más bien una graduación continua, en la que el proceso de formalización y de operacionalización sintáctica se va haciendo cada vez más riguroso, en virtud de la complejidad de los problemas que se han de resolver (A VI 4 325-326). En ese sentido, podríamos decir que salvo en casos excepcionales, las fórmulas no prescinden nunca de su función expositiva, excepto por obra de una abstracción metodológica.

En este sentido, si por "diagrama" entendemos una cierta disposición gráfica que nos permite representar visualmente las relaciones estructurales de un objeto, nuestra interpretación de las concepciones leibnizianas acerca del valor cognitivo de los caracteres nos conducen a concebir la fórmula, con su carácter gráfico, espacial y visual, como una clase o tipo especial de diagrama. El mismo Leibniz en ocasiones extrae esta misma conclusión:

> Es preciso reducir todas las ciencias a figuras y fórmulas. En efecto, no pudiendo muchas cosas expresarse por figuras... al menos podrán ser sometidas a fórmulas, que cumplen el papel de figuras y sirven para detener la imaginación. (A VI 4 439)

4 Lógica y diagramas

Si además del aspecto operativo, la función del sistema semiótico fundado en caracteres apunta fundamentalmente a la visualización, y si, por añadidura, las fórmulas pueden ser concebidas como tipos de diagramas, parece natural entonces que Leibniz haya ensayado diversos tipos de presentaciones de las relaciones y operaciones lógicas, algunas de ellas basadas en el modelo algebraico y otras de carácter más bien geométrico, en el sentido de una representación de las relaciones lógicas en términos de figuras. Sea como fuere, tanto en un caso como en otro, la presentación de las estructuras formales se independiza de la presentación lingüística para adquirir un carácter gráfico y visual.

En general, Leibniz ha preferido el modelo algebraico para el desarrollo de cálculos lógicos y, por esa razón, el concepto de fórmula como un carácter complejo compuesto de signos para relaciones, operaciones y conceptos ha recibido un tratamiento extenso en sus ensayos de cálculos lógicos, aunque, a decir verdad, nunca definitivo. En comparación con los cálculos lógicos, son escasos los ensayos de representación geométrica de las formas lógicas, aunque no por ello sean menos importantes desde el punto de vista de la función de visualización. Por razones de tiempo y espacio, renunciaremos a establecer una comparación entre el método de representación mediante fórmulas y sus equivalentes geométricos, de modo que nos dedicaremos a presentar las ideas básicas que guían la construcción de diagramas geométricos.

En todo caso, el tipo de relaciones fundamentales que rige en ambos métodos es el mismo: se trata de expresar las relaciones de coincidencia, no coincidencia, inclusión y exclusión, en el caso de las fórmulas mediante signos que indican el tipo de relación en cuestión y en el caso de los diagramas geométricos (de ahora en adelante "diagramas") mediante las relaciones geométricas que se establecen entre segmentos de rectas. Tanto en el caso de la representación algebraica como en el del diagrama, Leibniz reclama la posibilidad de interpretarlos tanto extensional como intensionalmente. Como veremos, a pesar de que los diagramas poseen un innegable componente visual, no por ello representan de manera "intuitiva" o "natural" las relaciones conceptuales, puesto que se requiere destacar qué propiedades se han de tener en cuenta en la figura para obtener una representación correcta de las relaciones lógicas.

En general, la intención de Leibniz consiste en aplicar diagramas para la representación de las formas silogísticas válidas, para lo cual se propone formular una eficiente expresión geométrica de las relaciones conceptuales contenidas en las cuatro proposiciones categóricas clásicas, A, E, I, O. Leibniz emprende esta tarea en diversos escritos, todos ellos pertenecientes a la etapa de su madurez, es decir, aproximadamente entre 1685 y el año de su muerte, 1716. En cualquier caso, los trabajos más importantes al respecto son las *Generales Inquisitiones de Analysi Notionum et Veritatum* (C 356-399; A VI 4 739-788, 1686, de ahora en adelante citado como *GI*,) y *De Formae Logicae Comprobatione per Linearum Ductus* (C 292-321, posterior a 1690, probablemente hacia 1714, de ahora en adelante citado como *De Formae Logicae*), junto con otros fragmentos de carácter tardío (C 209, 247-248, 321-323).

Con mucho, *De Formae Logicae* es el ensayo diagramático más completo. No obstante, aunque las *GI* se limitan sólo a la presentación lineal de las proposiciones categóricas y no la aplica a las formas silogísticas, sus consideraciones son importantes, puesto que contiene una intepretación intensional de los diagramas lineales, mientras que el punto de vista que adopta *De Formae Logicae*, texto en el cual nos basaremos para la presentación de los esquemas, es de índole extensional.

En *De Formae Logicae* las proposiciones categóricas (o mejor dicho, las relaciones conceptuales enunciadas por ellas) se expresan como relaciones de superposición o de exclusión entre segmentos de línea. Como el punto de vista es extensional, la superposición total o parcial entre segmentos representa la inclusión total o parcial de la extensión de un concepto en la extensión del otro (Leibniz expresa esta relación como una relación mereológica), mientras que la no superposición total o parcial representa la exclusión total o parcial, respectivamente, de la extensión de un concepto respecto de la del restante. Obsérvese que en el caso del punto de vista extensional deben tenerse en cuenta las relaciones de coincidencia o no coincidencia de las extensiones geométricas. Vale la pena destacar, asimismo, que la presentación lineal está acompañada de esquemas circulares, del tipo de los que posteriormente diseñó Euler:

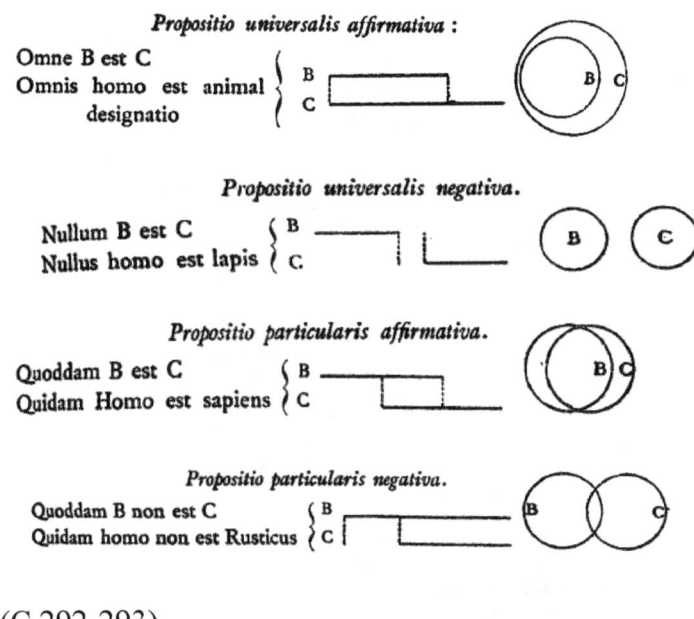

(C 292-293)

La inclusión de un término en el otro se marca mediante las líneas punteadas que unen los trazos paralelos que representan los términos. Las proposiciones son afirmativas cuando las líneas punteadas limitan segmentos en ambas líneas superpuestas, mientras que son negativas cuando las líneas punteadas caen, por decirlo así, en el aire en al menos una de las dos rectas (Couturat 1901: 27). Obsérvese, además, que el carácter simétrico de los diagramas expresa la operación de la conversión, mientras que los diagramas asimétricos impiden la conversión en A y O (*simpliciter* en la primera y absolutamente en la segunda) (Couturat 1901: 26). Una propiedad de los diagramas que Leibniz considera importante consiste en que permiten ver rápidamente la distribución o no distribución de los términos predicado y sujeto.

Así, la distribución o no distribución de un término quedan representadas por el hecho de si una línea está afectada en su totalidad o no por las líneas punteadas (C 293-294).

De acuerdo con esta caracterización de las proposiciones categóricas, Leibniz pasa a exponer diagramáticamente las relaciones silogísticas. El método consiste en superponer los esquemas lineales de las premisas, intercalando en el centro la línea correspondiente al término medio y trazando las correspondientes líneas punteadas que determinan las relaciones de inclusión o exclusión. Así, resulta un esquema de tres trazos en cuya parte superior e inferior se encuentran los diagramas correspondientes al término mayor y menor, respectivamente. Dichos términos se unen mediante dos rectas de trazo continuo para representar la conclusión. Los segmentos involucrados por la conclusión deben estar siempre flanqueados por líneas punteadas. El segmento del término menor afectado por la conclusión se destaca mediante una línea doble, para poner de manifiesto si la conclusión es universal o particular: es universal si la doble línea afecta a todo el trazado del término, mientras que es particular si sólo lo afecta parcialmente (C 294, Couturat 1901: 28). A modo de ejemplo, presentaremos los diagramas correspondientes a la primera figura:

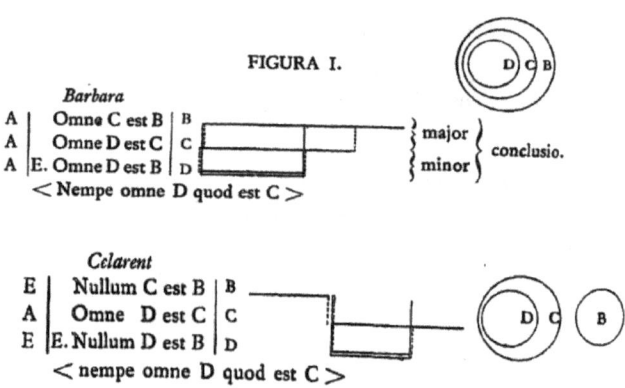

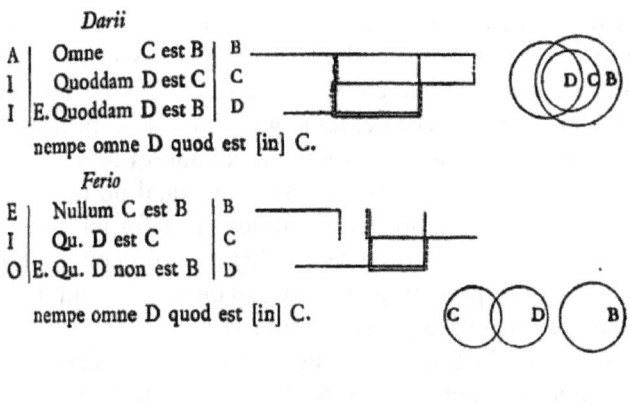

Darii

A | Omne C est B | B
I | Quoddam D est C | C
I | E. Quoddam D est B | D

nempe omne D quod est [in] C.

Ferio

E | Nullum C est B | B
I | Qu. D est C | C
O | E. Qu. D non est B | D

nempe omne D quod est [in] C.

(C 294-295)

Los diagramas lineales no sólo tienen la función de expresar visualmente las formas válidas de razonamiento, sino que también cumplen un papel en la comprobación de la corrección formal de cualquier razonamiento propuesto. Aunque Leibniz no enfatice este aspecto y no haga de él un uso sistemático, la prueba de validez consiste en construir un esquema en el que se intente falsificar la conclusión propuesta. Si tal construcción no puede ser exhibida, el razonamiento es válido, e inválido si se da el caso contrario. Así, por ejemplo, ocurre con AOO en la cuarta figura:

Todo B es C
Algún C no es D
Algún D no es B

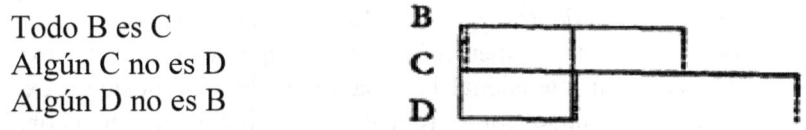

En este caso, el esquema permite la construcción de la conclusión "todo D es B", con lo cual queda falsificada la conclusión y, por lo tanto, no se trata de un esquema válido (C 299, Couturat 1902: 29). El procedimiento revela, precisamente, el carácter visual de la "demostración". En efecto, Leibniz no aclara en qué consiste saber que para un esquema válido no hay una falsificación posible de la conclusión, puesto que supone que la certeza de dicha imposibilidad surge de la consideración de la forma misma del esquema.

Consideraremos brevemente los problemas que trae aparejado la intepretación dual extensional/intensional de estos esquemas lineales, puesto que poseen relevancia para la cuestión de la visualización. Leibniz sostiene que los esquemas lineales propuestos (o levemente diferentes) aceptan tanto una interpretación extensional como intensional (*GI*, C 385). La única precaución que se debe tomar es la inversión o transposición de las rectas cuando pasamos del punto de vista extensional al intensional o viceversa (o, lo que es lo mismo, la permutación de las letras). Por su parte, Couturat, que era un acérrimo defensor del punto de vista extensional, trata de contrastar la dualidad extensional/intensional de los diagramas mediante el argumento de que el paso desde el punto de vista extensional al intensional no mantiene la validez de la forma silogística. Dicho de otro modo, una forma válida se convierte en una forma inválida (Couturat 1901: 32). De ello concluye Couturat la irreversibilidad de la interpretación extensional de los diagramas, así como la superioridad del punto de vista extensional respecto del intensional, ya que este último no admite la posibilidad de representación geométrica. Así, Couturat considera que hay una relación de analogía "intuitiva" entre el punto de vista extensional y la representación geométrica. Ahora bien, si ello fuese así, supondría una severa limitación de las posibilidades diagramáticas de visualización, ya que habría un conjunto de relaciones que no pueden ser gráficamente representadas. No obstante, el argumento de Couturat ha recibido críticas de Sánchez-Mazas (1977), Thiel (1979) y más recientemente de Bradley Bassler (1998). Las objeciones apuntan al hecho de que Couturat, al pasar al punto de vista intensional, ha conservado subrepticiamente el punto de vista extensional, por lo cual siguió considerando que las relaciones lógicas seguían traduciéndose solamente mediante relaciones de superposición o no superposición entre segmentos de línea. No obstante, como señala Bradley Bassler (1998: 131), el paso del punto de vista extensional al intensional debe estar acompañado por un cambio en la consideración de las propiedades de las figuras: mientras que en la intepretación extensional se tienen en cuenta las relaciones de superposición o no superposición entre extensiones, en la interpretación intensional las relaciones de superposición extensional, que deben interpretarse como relaciones de inclusión intensional, deben complementarse con las relaciones de frontera, que expresan relaciones de exclusión intensional, es decir, de incompatibilidad.

De acuerdo con esta respuesta a Couturat, podría decirse que la representación diagramática no implica, por sí misma, una única interpretación posible o "intuitiva", sino que dicha intepretación depende de la selección de las propiedades geométricas sobre las cuales se pretende basar la relación de semejanza estructural con los correspondientes objetos.

Comenzamos nuestra exposición con la intención de mostrar que en la historia del desarrollo de la lógica, especialmente desde el siglo XVII en adelante, hay elementos para considerar que dicho desarrollo no gira pura y exclusivamente en torno del lenguaje fónico (y de sus representaciones gráficas, alfabéticas o silábicas) como medio de expresión de las formas lógicas, sino que, por el contrario, los medios no-lingüísticos, tales como las notaciones analíticas y los gráficos, que han sido diseñados para ser vistos o representados figurativamente y no para ser leídos, han tenido un papel importante como instrumentos para el tratamiento y la representación de las formas lógicas. En este sentido, las ideas de Leibniz sobre la función cognitiva de los sistemas semióticos y, en particular, su énfasis en la noción de *carácter* como forma de representación estructural de naturaleza visual, le han concedido a las escrituras y a las representaciones gráficas un alcance que excede el marco de un recurso meramente auxiliar de la expresión lingüística del pensamiento. Se podría decir, entonces, que las formas lógicas se independizan del lenguaje fónico y, con ciertas limitaciones, se muestran o exponen a través de diagramas, ya sean fórmulas o diagramas geométricos. En ese sentido, al menos, no todo es fonocentrismo en la historia de la filosofía.

5 Referencias

Bradley Bassler, O. (1998). "Leibniz on intension, extension, and representation of syllogistic inference", *Synthese*, 116, pp. 117-139.
Couturat, Louis (1961) [1901]. *La logique de Leibniz d'après des documents inédits*, Paris. Reimpr. Georg Olms.
Dalgarno, George (1661). *Ars signorum, vulgo character universalis vel lingua philosophica*, Londres.
Dascal, Marcelo (1978). *La sémiologie de Leibniz*. Paris: Aubier.
Dascal, Marcelo (1987). "Signs and Thought in Leibniz's Paris Notes", en Dascal, Marcelo, *Leibniz. Language, Signs and Thought. A Collection of Essays*. Amsterdam/Philadelphia: John Benjamins Publishing Company.
Derrida, Jacques (1967). *De la grammatologie*. Paris: Les Éditions de Minuit.
Esquisabel, Oscar M. & Legris, Javier (2003). "Conocimiento simbólico y representación", en: Minhot, Leticia & Testa, Ana (editoras), *Representación en Ciencia y en Arte. Selección de trabajos del I Simposio Internacional "Representación en la Ciencia y el Arte. Aspectos históricos, epistémicos y culturales." La Falda (Córdoba, Argentina), 28 al 31 de mayo de 2003*. Córdoba: Editorial Brujas, pp. 233-243.
Krämer, Sybille (1991). *Berechenbare Vernunft. Kalkül und Rationalismus im 17. Jahrhundert*. Berlin: De Gruyter.
Leibniz, G.W. (1903). *Opuscules et fragments inédits*, édités par Louis Couturat, Paris: Alcan. Citada por C.
Leibniz, Gottfried Wilhelm (1923). *Sämtliche Schriften und Briefe*, editados por la Academia Alemana de Ciencias de Berlin, desde 1923 en adelante. Berlin: Akademie Verlag. Citada por A, serie, volumen y página, p. ej. A VI 4 325.
Lenzen, Wolfgang (2004). "Leibniz's Logic", en: Gabbay, Dov & Woods, John (Compiladores), *Handbook of the History of Logic. Vol. 3. The Rise of Modern Logic: From Leibniz to Frege*. Amsterdam: Elsevier North Holland, pp. 1-83
Lenzen, Wolfgang (2004). *Calculus Universalis. Studien zur Logik von G.W. Leibniz*. Paderborn: Mentis.
Mancosu, Paolo, Jørgensen, Klaus Frovin; Pedersen, Stig Andur (2005). *Visualization, Explanation, and Reasoning in Mathematics*. Dordrecht: Springer.

Sánchez-Mazas, Miguel (1977). "Un modèle mathèmatique de la logique peut-il se fonder sur l'intension?" *Actes de la Société helvétique des sciences naturelles*, 1977, pp. 361-387.

Swoyer, Chris (1991). "Structural Representation and Surrogative Reasoning". *Synthese*, vol. 87, pp. 449-508.

Thiel, Christian (1979). "Die Quantität des Inhalts. Zu Leibnizens Erfassung des Intentionsbegriffs durch Kalküle und Diagramme", en: Heinekamp, Albert und Schupp, Franz (compiladores), *Die intensionale Logik bei Leibniz und in der Gegenwart. Symposion der Leibniz-Gesellschaft Hannover. 10. und 11. November 1978, Studia Leibnitiana*, Sonderheft 8. Wiesbaden: Steiner Verlag, pp.10-23.

Wilkins, John (1668). *An Essay towards a Real Character and a Philosophical Language*. Londres.

3

Demostraciones *catholicas* y *ectheticas**

Abel Lassalle Casanave

1 Introducción

A fines del siglo XIX e inicios del XX mucho se discutió acerca de las relaciones entre intuición y formalismo; y mucho de esa discusión estuvo relacionado con el rol de las figuras u otros recursos gráficos en demostraciones geométricas. Hubo, sin duda, buenas razones para el triunfo de una concepción puramente *lingüística* de prueba, como la defendida en *Fundamentos de Geometría* de Hilbert, pero recientemente se ha vuelto a defender la legitimidad de demostraciones *heterogéneas*, esto es, de demostraciones que incorporan *legítimamente* recursos gráficos.

Así las cosas, la distinción entre gráfico y lingüístico es ahora fundamental. Sin embargo, algo paradojalmente se ha llegado al siguiente consenso: la distinción entre signos gráficos y lingüísticos, o entre representación gráfica y representación lingüística, es de naturaleza *gradual*[1]. Casi que cabría hablar de una suerte de continuo desde las "depicciones" de cuadros o fotografías hasta las descripciones del lenguaje natural, pasando por instancias intermedias como mapas, diagramas geométricos, diagramas lógicos (como los de Venn), etc. La sospecha que me gustaría aquí hacer plausible es tanto que los diagramas geométricos comparten peculiaridades de escrituras analíticas cuanto que ambos deben ser estrictamente diferenciados del lenguaje natural.

---

*Agradezco al CNPq por el financiamiento de este trabajo a través de los subsidios 306044/2007-2 y 475534/2008-5. Agradezco las observaciones de Frank T. Sautter (UFSM/Brasil) y Oscar M. Esquisabel (UNLP / Argentina.)
[1] Ver Shimojima (2001).

Visualização nas Ciências Formais.
Abel Lassalle Casanave & Frank Thomas Sautter (eds.).
Copyright © 2012.

La estrategia que seguiré pasa por introducir, luego de la distinción entre demostraciones heterogéneas à la Euclides y de demostraciones homogéneas à la Aristóteles, las nociones leibnizianas de representación *ecthetica* y *catholica*. Anticipo que, como entiendo la distinción entre *catholico* y *ecthetico*, ella apunta al modo por el cual los lenguajes naturales y los lenguajes artificiales representan conceptos o relaciones conceptuales, *designando* en el primer caso, *exponiendo* o *exhibiendo* en el segundo. Anticipo también que los diagramas geométricos también representarían *more ecthetico*.

2 Demostraciones heterogéneas euclidianas

Las demostraciones heterogéneas paradigmáticas son, es claro, las demostraciones euclidianas. Genéricamente dicho, la objeción a esta clase de demostraciones era que las figuras intervenían ilegítimamente en la justificación de algunos de los pasos deductivos. Este defecto debía ser subsanado con una lista completa de axiomas de forma tal que el mencionado recurso a las figuras fuese eliminado. En lugar de una demostración incompleta con figuras tendríamos en su lugar una verdadera demostración discursiva, por conceptos, pero también formal, en el sentido de que términos como puntos, rectas y planos ya no conservarían su significado habitual sino uno que meramente se seguiría de las relaciones establecidas en el sistema axiomático[2]. En efecto, la formulación de un axioma como "Postúlese el trazar una línea recta desde un punto cualquiera hasta un punto cualquiera"[3] pasa a ser "Para cualesquiera dos puntos A, B existe una línea que contiene cada punto A, B", donde la cuestión relevante es la relación de incidencia que ese y otros axiomas establecen entre "puntos" y "líneas". Por cierto, en general, puntos, líneas diversas, planos, etc. serán cualesquiera cosas que satisfagan los axiomas.

Un brillante estudio de Kenneth Manders, sin embargo, ha arrojado nueva luz sobre el rol de las figuras en Euclides. En efecto, en lugar de la vaga referencia al recurso a figuras en una demostración, Manders ha conseguido determinar bajo qué condiciones Euclides recurría a las figuras, a saber, cuando se trata de aspectos do diagrama que él denomina co-exactos por oposición a otros aspectos que llama exactos[4]. En su insensibilidad a la deformación reside que algunos aspectos del diagrama (topológicos o mereológicos) sean calificados como co-exactos: por más deformados que dibujemos dos círculos cuyos centros respectivos sean los puntos extremos **A** y **B** de una recta finita dada, los círculos se cortan en **C**. Y eso precisamente es el

---

[2] Hilbert (1980).
[3] Euclides, *Elementos*, I.
[4] Para esta sección, véase Manders (2008a) y fundamentalmente también Manders (2008b).

"punto". Pero que dos segmentos sean iguales es un aspecto exacto, que solamente puede ser textual pero nunca gráficamente justificado. En general, la igualdad de segmentos depende *prima facie* de relaciones entre radios de círculos iguales, mientras que igualdad de ángulos rectilíneos –el segundo y principal tópico de los primeros libros de los *Elementos*- depende de la congruencia de triángulos.

Con esta distinción en mente, podemos hablar de una demostración heterogénea, sin por ello cuestionar su carácter de auténtica demostración. El examen de un ejemplo, el teorema III.6 de los *Elementos*, ilustrará mejor esta contribución mayor de Manders.

Proposición 6
Si dos círculos se tocan uno a otro, su centro no será el mismo.

Tóquense, pues, los círculos ABC, CDE en el punto C.
Digo que su centro no será el mismo.
Pues, si fuera posible, sea H, y trácese HC. Y trácese al azar HEB.

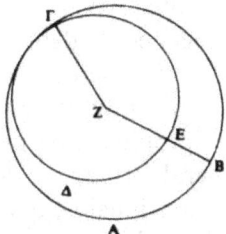

Así, pues, cono el punto H es el centro del círculo CDE, HD es igual a HE. Pero se ha demostrado que HD es igual a HB, la menor a la mayor: lo cual es imposible. Por lo tanto, el punto H no es el centro de los círculos ABC, CDE. Por consiguiente, si dos círculos se tocan uno a otro, su centro no será el mismo. Q.E.D.

Que una línea sea recta o círculo es afirmado por el texto: son aspectos exactos; la igualdad entre HD y HB es también textualmente justificada, pero esta demostración por el absurdo incluye un paso que el diagrama justifica, a saber, que HD es menor que HB. Este aspecto del diagrama es coexacto: por peor que fueran dibujados los círculos que se tocan y la recta HB, HD sería menor que HB. Es verdad que podríamos pensar que los círculos podrían ser dibujados de forma tal que la diferencia fuese visualmente muy difícil de reconocer, pero que el dibujo ofrezca un "caso claro" es parte de la disciplina de usar los diagramas o disciplina diagramática.

En efecto, cuando una entrada textual involucra una línea recta o un círculo hay un límite para deformación del dibujo que consiste en no introducir u omitir co-exactos indebidamente. Por ejemplo, sería inaceptable que una recta fuese dibujada como una curva pronunciada, pues entonces su prolongación conllevaría co-exactos del tipo interior-exterior por cerrarse sobre sí misma; por otro lado, también sería inaceptable que el dibujo de un círculo no encierre una región de forma tal que conlleve la distinción interior-exterior. Esto es parte de lo que Manders llama *disciplina diagramática*. Y ofrecer casos claros también es parte de esa disciplina. Pero es la *topología* o *apariencia* del diagrama, *que no depende de la disciplina diagramática*, la que permite legítimamente justificar pasos de la demostración que es, por lo tanto, heterogénea.

3 Demostraciones homogéneas aristotélicas

En sus *Fundamentos de geometría* Hilbert presentó de manera sistemática demostraciones geométricas homogéneas, esto es, puramente lingüísticas, con una cuidadosa y completa selección de los axiomas necesarios, aunque sin explicitar la lógica subyacente. Ahora bien, fue Aristóteles el primero que propuso un concepto homogéneo de demostración. Una demostración es para Aristóteles formal en el sentido de que ella consiste, entre otras cosas, en una cadena de silogismos a partir de principios. Como es bien conocido, los principios son comunes o propios. Los principios comunes o axiomas valdrían para "objetos" en general, principios del tipo: si se quitan iguales de cosas iguales, las que quedan son iguales, que reencontramos como la Noción Común 3 en los *Elementos*. Principios propios son principios del dominio de conocimiento en cuestión, ilustrados también por Aristóteles con ejemplos de la geometría: a) las definiciones de conceptos; b) las hipótesis como afirmaciones de existencia de objetos de algunos, pero no todos, los conceptos definidos. Desde un punto de vista puramente lógico, la ciencia demostrativa consiste en la deducción silogística, a partir de principios, de los teoremas correspondientes[5].

Un pasaje de *Metafísica* permite entrever el proyecto aristotélico al caso que nos ocupa[6]:

> ¿Por qué la suma de los ángulos internos de un triángulo es igual a dos rectos? Porque los ángulos trazados en torno a un solo punto son iguales a dos rectos.

---

[5] Aristóteles, *Segundos Analíticos*, 76a 35 – 77a 35.
[6] Aristóteles, *Metafísica*, 1051 a 24-25.

El Profesor Porchat quiere un silogismo[7]:

> La suma de los ángulos en torno de un punto es igual a dos rectos.
>
> La suma de los ángulos internos de un triángulo es la suma de ángulos en torno de un punto.
> _____
>
> La suma de los ángulos de un triángulo es igual a dos rectos

Veamos la demostración de Euclides de I.32 de la conclusión del silogismo arriba.

Proposición 32

En todo triángulo, si se prolonga uno de los lados, el ángulo externo es igual a los dos ángulos internos y opuestos, y los tres ángulos internos del triángulo son iguales a dos rectos.

Sea ABC un triángulo, y prolónguese uno de sus lados, BC, hasta D.

Digo que el ángulo externo ACD es igual a los dos internos y opuestos CAB, ABC, y los tres ángulos internos del triángulo, ABC, BCA, CAB son iguales a dos rectos.

Pues trácese por el punto C (la recta) CE paralela a la recta AB [I, 31].

Y puesto que AB es paralela a CE, y AC ha incidido sobre ellas, los ángulos alternos BAC, ACE son iguales entre sí [I, 29]. Puesto que, a su vez, AB es paralela a CE, y la recta BD ha incidido sobre ellas, el (ángulo) externo ECD es igual al interno y opuesto ABC [I, 29]. Pero se ha demostrado que el (ángulo) ACE es también igual al (ángulo) BAC; por lo tanto el ángulo entero ACD es igual a los dos ángulos internos y opuestos BAC, ABC.

_____

[7] Y con razón. Ver Porchat (2001, p.73).

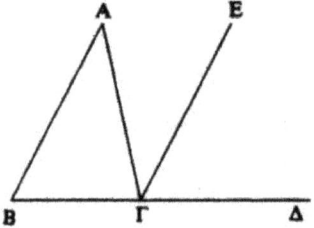

Añádase al uno y a los otros el ángulo ACB; entonces los (ángulos) ACD, ACB son iguales a los tres (ángulos) ABC, BCA, CAB. Pero los (ángulos) ACD, ABC son iguales a dos rectos [I, 13]; por lo tanto, los (ángulos) ABC, BCA, CAB son también iguales a dos rectos.

Por consiguiente, en todo triángulo, si se prolonga uno de los lados, el ángulo externo es igual a los dos ángulos internos y opuestos, y los tres ángulos internos del triángulo son iguales a dos rectos. QED.

La demostración de Euclides tiene dos momentos fundamentales: una vez probado que el ángulo externo es igual a la suma de los ángulos internos opuestos, la Noción Común 2 – Y si se añaden cosas iguales a cosas iguales, los totales son iguales- permite añadir el ángulo interno faltante de forma tal que la suma de los ángulos internos sean ángulos en torno de un punto, como los llama Aristóteles. Esta es la segunda premisa del silogismo arriba, mientras que la primera premisa es (una versión de) la Proposición I.13 de los *Elementos*: Si una recta levantada sobre otra línea forma ángulos, o bien formará dos rectos o bien (ángulos) iguales a dos rectos. Por un silogismo de primera figura inferimos la conclusión de que la suma de los ángulos internos de un triángulo es igual a dos rectos. Pero obsérvese que los ángulos ACE y ECD son *partes* del ángulo ACD es justificado por el diagrama (aspecto co-exacto): por peor que trace la paralela siempre determinará tales partes; sin embargo, que tales ángulos sean iguales (aspecto exacto) a BAC y ABC respectivamente es justificado textualmente.

Ahora bien, aunque la concepción aristotélica de demostración ciertamente no pueda ser caracterizada como *lingüística*, las demostraciones se expresarían por intermedio del lenguaje natural -sin el recurso a figuras en geometría- con el complemento de definiciones de los términos generales del dominio de que se trate. Claramente, no serían demostraciones heterogéneas. Además, uno podría llamarlas demostraciones *por designación de conceptos* para distinguirlas de las demostraciones *por exposición de conceptos* propias del lenguaje algebraico y del modo algebraico de pensar, el asunto de nuestra próxima sección.

4 Demostraciones *catholicas* y *ectheticas*

Oscar Esquisabel ha llamado la atención sobre la distinción entre representaciones *catholicas* y representaciones *ectheticas* en Leibniz, así como acerca la distinción subsecuente entre demostraciones *catholicas* y demostraciones *ectheticas*[8]. Aunque la distinción contemple representaciones simbólicas en general, los paradigmas de una y otra clase de representación son respectivamente el lenguaje natural por un lado y los lenguajes llamados artificiales por el otro. En efecto, mientras que las palabras del lenguaje natural designan, las expresiones de un lenguaje artificial de inspiración algebraica *exponen* o *exhiben* conceptos. Así, una expresión del tipo "x + y = y + x" no *dice* que la suma es conmutativa, sino que expone la conmutatividad de la operación por intermedio de la disposición de los símbolos o *characteres*, cosa que la sentencia "La suma es conmutativa" no hace, pues las palabras del lenguaje natural designan, no exponen.

Designación y exposición son modos de representación que se relacionan con el hecho de que los lenguajes naturales son adecuados para la comunicación, no así los lenguajes artificiales; pero algunos lenguajes artificiales son adecuados para calcular, no así los naturales. En efecto, la exposición de un concepto por intermedio de caracteres permite la manipulación de símbolos en la cual consiste el cálculo -sea por composición o descomposición o transposición, sea por substitución o reemplazo de los caracteres. Nada de esto es posible en el lenguaje natural. Consecuentemente, hay demostraciones que son *ectheticas*, esto es, que proceden por operaciones con caracteres, como en la aritmética y, principalmente, en el álgebra. Esto no quiere decir, naturalmente, que no hay demostraciones en el lenguaje natural. En efecto, las demostraciones en lenguaje natural son *catholicas* en el sentido de que deben considerarse los conceptos designados por las palabras, regimentando inclusive el lenguaje natural a través de definiciones, sin que nos podamos servir del expediente de manipular ciegamente con las palabras[9]. Con dos ejemplos del propio Leibniz ilustraremos la distinción. En el primer pasaje se pretende demostrar la Noción Común 5[10]:

---

[8] Veáse Esquisabel (1999).
[9] Es verdad que se puede decir que tanto "Dos por definición es igual por definición a uno más uno" cuanto "2 por definición es (= df.) 1 + 1" son definiciones, pero solamente la segunda permite manipulación simbólica. Ver en Cajori (1993, p. 427) la distinción entre retóricos y simbólicos - la sección B del capítulo IV- que contiene una muy interesante discusión vinculada con los tópicos que estamos aquí considerando pero en el contexto del desarrollo de las matemáticas en Inglaterra en el mismo siglo de Leibniz.
[10] *Demostración de las proposiciones primeras*, A VII, ii, 482-483, de Olazo (1982).

Proposición

El todo *cde* es mayor que la parte *de*

Definición: *Mayor* es aquello cuya parte es igual a otro todo.

Escolio: A partir de esta definición se considera, en general, lo mayor y lo menor. En efecto, se propone como congruentes o por lo menos paralelas dos cosas dadas, por ejemplo, *ab* y *cde*, pues así surge que *cde* es mayor, es decir, en parte igual a *ab*, a saber, *cd* y tiene algo además, *de*.

```
a         b
─────────────

c         d         e
─────────────────────
```

Demostración

Aquello cuya parte es igual a otro todo, es mayor por definición de mayor.

Una parte del todo *cde* (a saber *de*) es igual al todo (a saber, a sí mismo).

Por lo tanto, *cde* es mayor que *de*; el todo es mayor que la parte, que es lo que había que demostrar.

Compárese esa demostración en lenguaje natural, *catholica*, en la cual el diagrama cumple una función meramente ilustrativa, pero que necesita una definición que identifique el concepto designado, con la demostración siguiente de "si a iguales agregamos iguales, la igualdad permanece", esto es, de la Noción Común 2[11]:

---

[11] *Leibniz a Th. Burnett*, GP 3 258-259.

Ekthesis

Sea, primera, a = j, y sea, segunda, b = m, entonces digo a + b = j + m.

Pues, dado que a + b = a + b (por axioma de idénticas), entonces en uno de los lados de esta igualdad con las substituciones de a por j (por la primera igualdad) y b por m (por la segunda igualdad) las cuales pueden ser realizadas por definición de igualdad, obtendremos a + b = j + m, que es lo que queríamos demostrar.

Así, tanto la definición de igualdad cuanto el axioma de idénticas redundan en operaciones simbólicas, a saber, substitución.

Ahora bien, cuando concebimos los símbolos algebraicos como pudiendo ser "interpretados" por cualesquiera entidades desde que satisfagan las ecuaciones en cuestión (interpretación múltiple), entonces puede decirse que no estamos tratando de estas o aquellas entidades, sean números o figuras, a la manera de mera subrogación. Es más, podemos inclusive decir que no tratamos más de entidades sino de relaciones entre entidades cualesquiera, existan o no esas entidades. Y esto forma parte esencial del proceso de pasar de una matemática de objetos a una de estructuras. Así entendida, la representación *ecthetica* tiene un matiz constitutivo que como mera subrogación de algo previamente dado obviamente no poseía. En efecto, la flexibilidad del simbolismo algebraico posibilita constituir conceptos y métodos matemáticos, no representarlos subrogatoriamente. Pero entonces, en las respectivas demostraciones *ectheticas*, nociones como significado, verdad e inferencia dejan lugar para otras como significado operacional, combinatoria y cálculo.

5 Demostraciones diagramáticas y *ectheticas*

Vista como una figura, la conclusión de una demostración es alguna figura cuya forma prefiguramos: cuando la alcanzamos la demostración está concluida. Escribe Hilbert:

> Una demostración es una figura que debe estar intuitivamente presente para nosotros como tal; ella consiste de inferencias, donde cada una de las premisas es o bien un axioma o bien coincide con la fórmula final de una inferencia anterior en la demostración, o bien resulta de una fórmula por substitución. En lugar de inferencia con contenido en la teoría de la demostración tenemos una acción externa de acuerdo con reglas, es decir, el uso de esquemas de inferencia y substitución. Una fórmu-

la será llamada demostrable si o bien es un axioma o es la fórmula final de una demostración[12].

Pero desde esta perspectiva, una demostración euclidiana es bastante semejante, pues al final de cuentas la demostración consiste, al menos en parte, en obtener también una figura, por ejemplo, bajo la especie de ángulos en torno de un punto. La demostración o parte de ella de hecho exige que se obtenga por un conjunto de operaciones con segmentos y ángulos una cierta figura prefigurada. Las sucesivas demostraciones de Euclides nos permiten la trasposición de segmentos y ángulos para obtener figuras. Los segmentos y ángulos son signos sujetos a una manipulación reglada y su intervención en la demostración nunca es a título de instancia o, para decirlo en el lenguaje de Kant, pero también contra Kant, de intuiciones que corresponden a conceptos. En efecto, en aquello que pudiera tener de intuición (su singularidad), el diagrama no es usado para justificar un paso de la demostración. Más aún, hay lugar para el error justamente cuando la figura es considerada una instancia (intuición) y no un signo, asumiendo, por así decirlo, la singularidad por generalidad.

Creo que se podría recurrir en relación también con las demostraciones geométricas a la noción de representación y demostración *ecthetica*. En la "triangularidad" de la figura concurre el elemento de intuición pero más el de exposición del concepto de triángulo. Y el concepto de triángulo es constituido cuando, entre otras cosas, sabemos manipular los llamados aspectos co-exactos. Fue Oswaldo Chateaubriand quien llamó mi atención para la siguiente idea: la figura en la demostración de alguna manera refleja las notas –una suerte de análisis- del concepto, la intuición, digamos, está al servicio de la exposición. Naturalmente, una demostración geométrica no sería del tipo *ecthetica* pura, pues, como sabemos, incluye eminentemente una parte textual. Este carácter mixto, es claro, es esencial para hablar de una demostración heterogénea. Un argumento semejante me parece que se podría aplicar a, por ejemplo, diagramas de Venn: no hay una relación de subrogación estructural entre círculos y sus marcaciones con relaciones lógicas entre conceptos como subordinación, exclusión, etc

6 A manera de conclusión

La noción de representación y la de demostración *ecthetica* permiten alejarse de la idea de representación gráfica y visualización hoy en boga.[13] Aunque la crítica a la concepción lingüística de demostración reivindique correctamen-

---

[12] Hilbert (1931, p. 269).
[13] Ver, por ejemplo, Barwise e Shimojima (1995), Alwein e Brawise (1996), Barwise Etchemendy (1996a), Barwise Etchemendy (1996b)

te la práctica y legitimidad de las demostraciones heterogéneas, no parece que ese fenómeno sea correctamente comprendido en términos de "inferencia visual". La exhibición de conceptos por signos propia de la representación *ecthetica*, la manipulación reglada de los mismos, su "topología" entendida como "gramática", son todas hipótesis que convergen en preservar el carácter conceptual o "discursivo" del concepto de demostración, sea por designación o por exposición de conceptos, por demostraciones homogéneas o heterogéneas. Pero si la noción de *ecthetico* puede aplicarse a algunos diagramas y a lenguajes simbólicos, ¿por qué no sospechar que los primeros son también escrituras? Eso, claro, si las escrituras analíticas no son en verdad un tipo de diagramas. En cualquier caso, no parece que ni diagramas ni lenguajes simbólicos designen.

Referencias bilbiográficas

Allwein, G. e Barwise, J. (eds): (1996) *Logical Reasoning with Diagrams*. Oxford: Oxford University Press.
Aristóteles. (1995) *Analíticos segundos*. (In: Aristótles. Tratados de Lógica (Organon), Madrid: Editorial Gredos.)
---------- (1978) *Metafísica*. Buenos Aires: Editorial Sudamericana.
Barwise, J. e Etchemendy, J.: (1996a) "Visual Information and Valid Reasoning". In: Allwein, G. e Barwise, J. (eds): *Logical Reasoning with Diagrams*. Oxford: Oxford University Press 1996. pp. 3 – 26.
_____. (1996b) "Heterogeneous Logic" In: Allwein, G e Barwise, J. (eds): *Logical Reasoning with Diagrams*. Oxford: Oxford University Press 1996. pp. 179 – 200.
Barwise, J. e Shimojima, A. (1995) "Surrogate Reasoning". *Cognitive Studies: Bulletin of the Japanese Cognitive Science Society*, **2(4)**: 7-26.
Cajori, F. (1993) *A History of Mathematical Notations*. New York: Dover Publications, Inc.
de Olazo, E. (1982) *Leibniz, G. W. Escritos Filosóficos*. Buenos Aires: Editorial Charcas.
Esquisabel, O. M. (1999) *Del lenguaje racional a la ciencia de las fórmulas*. Tesis de Doctorado, Universidad Nacional de La Plata.
Euclides (2007) *Elementos*. Madrid: Editorial Gredos.
Hilbert, D. (1899) *Foundations of Geometry*. La Salle, Ilinois: Open Court. 1980.
------------- (1900) Mathematische Probleme. (English Translation by William Ewald in Mancosu (1998), pp. 266-273.)
------------- (1931) "The Grounding of Elementary Number Theory". In P. Mancosu (ed.) *From Brouwer to Hilbert*. New York-Oxford: Oxford University Press. 1998
Leibniz, G.W. (1960-1) *Die philosophischen Schriften*, herausgegeben von C. I. Gerhardt, Berlin 1875-1890, reimp. Hildesheim.
Mancosu, P. (ed.) (2008) *The Philosophy of Mathematical Practice*. Oxford: Oxford University Press.

---------- (ed.) (1998) *From Brouwer to Hilbert*. New York-Oxford: Oxford University Press.

Manders, K.: (2008a) "Diagram-Based Geometric Practice". In: MANCOSU, P. (ed.): *The Philosophy of Mathematical Practice*. Oxford: Oxford University Press 2008. pp. 65-79.

_____. (2008b) "The Euclidean Diagram". In: MANCOSU, P. (ed.): *The Philosophy of Mathematical Practice*. Oxford: Oxford University Press 2008. pp. 80-133.

Porchat Pereira, O. (2001) *Ciência e Dialética em Aristóteles*. São Paulo: Editora UNESP.

Shimojima, A. (2001) "The Graphic-Linguistic Distinction". *Artificial Intelligence Review*, **15**: 5-27.

4

Diagramas e Demonstração: o projeto leibniziano de construção da característica geométrica

Jorge Alberto Molina

1 Introdução

Analisamos neste texto a característica geométrica leibniziana, um cálculo geométrico que tornaria dispensável na prática geométrica o uso das figuras e da imaginação, dando também novos fundamentos para a Geometria, diferentes dos dados por Euclides

Na segunda parte situamos o projeto de Leibniz de construção da característica geométrica dentro do seu empreendimento maior de edificar uma linguagem filosófica universal: a característica universal. Relacionamos essa linguagem com outros projetos de formação de linguagens artificiais universais que apareceram no século XVII.

Na terceira parte nos detemos nos esforços de Leibniz de provar os axiomas que Euclides propôs nos seus *Elementos* para a Geometria, e de dar definições diferentes das dadas por Euclides.

Na quarta parte nos ocupamos da crítica de Leibniz à Geometria de Descartes. Essa crítica se dirige tanto aos métodos usados por Descartes, quanto ao que Leibniz julgava o abandono por parte do filósofo francês de toda preocupação por fundamentar rigorosamente a Geometria, uma vez que ele não apresentava uma lista de novos axiomas e definições para aquela ciência, senão um conjunto de técnicas para a resolução de problemas geométricos.

Na quinta parte apresentamos os conceitos básicos da característica geométrica tanto os que correspondem às entidades geométricas que Leibniz julgava serem as mais fundamentais como os que expressam relações básicas entre todas as entidades geométricas. A última seção está dedicada às conclusões.

Visualização nas Ciências Formais.
Abel Lasalle Casanave & Frank Thomas Sautter (eds.).
Copyright © 2012.

2 Característica geométrica e característica universal

A característica geométrica leibniziana se inscreveu dentro do projeto desse filósofo alemão de construir uma característica universal. Na sua juventude Leibniz concebera a idéia de um alfabeto dos pensamentos humanos. Essa idéia leibniziana que encontrou sua inspiração na *Ars magna* de Raimundo Lull está detrás do seu ensaio de juventude *Dissertatio de arte combinatória* (Leibniz 1992). Além disso, Leibniz combinou a perspectiva lulliana com a caracterização hobessiana do ato de raciocinar como cálculo que aparece na *Computatio sive Logica* de Hobbes (Hobbes 2005: 13). Num texto do ano 1688 Leibniz declarava:

> Mas por outra parte faz algum tempo me pareceu claro que, examinando as coisas de um modo mais profundo, todos os pensamentos humanos se decompõem perfeitamente em poucos pensamentos primitivos, que se a esses pensamentos primitivos fossem associados caracteres, então poderão a partir daí, ser sempre formados caracteres das noções derivadas e a partir desses poderão ser obtidos todos os requisitos das noções derivadas e as noções primitivas que ocorrem nelas, e também, por assim dizer, suas definições ou seus valores e, por conseguinte suas propriedades demonstráveis a partir das definições [1] (Leibniz 2000: 18-20)

Nesse mesmo texto Leibniz se referia aos admiráveis benefícios dos signos da Aritmética e da Álgebra, disciplinas em que qualquer raciocínio consiste no uso de caracteres e nas quais é o mesmo o erro de pensamento que o erro de cálculo[2].

Leibniz chamou de caracteres qualquer tipo de signos escritos, ou desenhados, ou esculpidos. Esses signos seriam tanto mais úteis quanto mais expressassem o conceito (*notio*) da coisa significada, fazendo que os homens pudessem se servir deles não apenas para representar as coisas, mas também para raciocinar sobre elas[3]. Mesmo levando em conta as particularidades da característica universal leibniziana não podemos deixar de considerá-la como uma das múltiplas tentativas, produzidas no século XVII, de

---

[1] Mihi vero rem altius agitanti, dudum manifeste apparuit omnes humanas cogitationes in paucas admodum resolvi tanquam primitivas, quod si his characteres assignentur, posse inde formari characteres notionum derivativarum ex quibus, semper omnia earum requisita notionesque primitivae ingredientes, et ut verbo dicam definitones sive valores et proinde et affectiones ex definitionibus demonstrabiles, erui possint. A tradução é nossa.

[2] Quod sane admirabile beneficium hactenus solae praestant notae Arithmeticorum et Algebristarum, ubi ratiocinatio ominis in usu characterum consistit, et idem est error animi qui calculi. *Ibidem*, 18.

[3] Signa autem scripta, vel delineata vel sculpta characteres appellantur. Porro tanta utiliora sunt signa, quanto magis notionem rei signata exprimunt, ita ut non tantum representationi, sed et ratiocinationi inservire possint. *Ibidem*, 18.

construção de linguagens artificiais universais. No *De Augmentis* Francis Bacon expressou a idéia que estava detrás da construção dessas linguagens:

> É sabido desde há algum tempo que na China e nas regiões do Extremo Oriente estão em uso hoje *caracteres reais*, não *nominais*, isto é, que exprimem não letras e palavras, mas coisas e noções. Desse modo, pessoas das mais diversas línguas, que admitem este tipo de caracteres, comunicam-se entre si por escrito; e, desse modo, um livro escrito nesses caracteres pode ser lido e traduzido por qualquer um na sua própria língua. As *notae rerum*, que significam as coisas sem a obra e o intermédio das palavras, são de dois tipos: um baseado na *analogia*, outro na *convenção*. Do primeiro tipo são os hieróglifos e os gestos, do segundo tipo os caracteres de que falamos (...). Ocorre que hieróglifos e gestos têm alguma semelhança com a coisa significada: são uma espécie de emblemas, e por essa razão os chamamos notas, por analogia. Os caracteres reais, ao contrário, não têm nada de emblemático e são totalmente não sensíveis, como as letras do alfabeto. Foram construídos por convenção e quase por um pacto tácito. É claro que este tipo de escrita exige uma quantidade muito grande de caracteres, que devem ser tantos quantos são os termos radicais[4].

A idéia detrás desses projetos era a seguinte: Tratava-se de construir uma linguagem artificial, semelhante a nossa hodierna notação química, que tivesse a aptidão de expressar todos os pensamentos e através deles, todas as coisas do Universo. Como nossos pensamentos e também as coisas da Natureza são inumeráveis, o projeto para poder ser realizado exigia que aqueles pensamentos pudessem ser decompostos em pensamentos básicos, de cuja combinação resultassem todos os demais. Feito isso, ou quiçá ao mesmo tempo, deveriam ser associados a esses pensamentos básicos caracteres. Esses caracteres formariam o alfabeto dos pensamentos humanos. Por meio deles poderiam ser expressos todos os pensamentos e as coisas que eles representam.

Mas, além disso, a introdução de caracteres serviria, segundo Leibniz, para a economia do pensamento. Muitas vezes nem as coisas, nem as idéias sobre elas podem ser conhecidas distintamente e é por médio de caracteres que poderíamos distinguí-las[5]. Por outra parte, a introdução de caracteres teria grande utilidade ao raciocinar, pois por meio deles poderíamos resolver as disputas como é feito na Álgebra e na Aritmética, onde os caracteres provêem um método de decisão. O projeto leibniziano de construção da característica universal ia além de outros esforços de construção de linguagens universais como os idiomas de John Wilkins[6] e George

---

4 Bacon, F. *De Augmentis* apud (Rossi 1992: 274)
5 Non tantun enim res ipsae, sed et rerum ideae semper animo distintce observari neque possint neque debent, et itaque compendii causa signa pro ipsis adhibentur (Leibniz 2000: 16).
6 John Wilkins apresentou seu projeto de língua universal numa obra editada no ano 1668 com o título de *Essay towards a Real Character and a Philosophical Language*.

Dalgarno[7]. Esses autores ingleses pensavam em uma linguagem universal, útil para a comunicação. Leibniz pelo contrário estava interessado numa linguagem que facilitasse o avanço da ciência, que fosse também um instrumento para a invenção de novos conhecimentos. Por outra parte os sistemas de signos de Wilkins e de Dalgarno não tinham uma sintaxe simples que permitisse construir com facilidade novos conjuntos de signos a partir de um conjunto primitivo de signos, o que os tornava difíceis de serem apreendidos.

Leibniz testou seu projeto de construção de uma característica universal sobre as únicas duas disciplinas que na época tinham uma estrutura claramente dedutiva: a Lógica e a Geometria. Naquele tempo a Lógica se apresentava na forma de uma amálgama em que se encontravam misturadas a Lógica dos antigos, sobretudo a aristotélica, a Dialética e a Retórica[8]. Entretanto Leibniz considerou a Lógica uma teoria da dedução sem relação com a arte de disputar[9]. Desenvolveu vários cálculos lógicos no intuito de derivar neles as regras do quadrado aristotélico da oposição e os silogismos aristotélicos válidos[10]. Tentou reduzir os silogismos válidos a silogismos válidos da primeira figura somente usando o princípio de contradição e a regra de redução ao absurdo dispensando o uso das regras de conversão. Seguindo a Petrus Ramus, Leibniz pensava que as regras de conversão podiam ser demonstradas a partir das figuras válidas (Leibniz 1997: 434-440)[11].

Na Geometria Leibniz tentou substituir as definições das entidades básicas dos *Elementos* de Euclides (reta, ponto, plano, ângulo) por definições que julgava mais básicas e apropriadas para conseguir demonstrar os axiomas de Euclides. Essas novas definições são as de situação (*situs*), trajetória *(via)*, congruência (*congruentia*) e semelhança (*similitudo*). Para

---

7 George Dalgarno apresentou seu projeto de língua universal no *Ars signorum* (A arte dos signos), obra escrita no ano 1661.
8 Esse fato fica patente na obra de Petrus Ramus. *Vide* Ong 2004 e Rossi 1990.
9 Mas Leibniz se ocupou também da arte de disputar. A questão da relação desta ultima arte com a Lógica é controversa. Em termos da Nova Retórica de Perelman trata-se da questão da relação em Leibniz entre demonstração (Lógica) e argumentação (Dialética e Retórica). Recentemente Marcelo Dascal publicou um livro *Leibniz: The art of controversies* contendo vários textos traduzidos e comentados de Leibniz em apóio de sua tese de que no filósofo alemão, além da racionalidade estrita de tipo matemática, haveria uma racionalidade mais fraca (*ratio blandior*) que se aplicaria nas controvérsias filosóficas, éticas, políticas e religiosas. Entretanto abundante evidência textual sugere que Leibniz tentou reduzir essa racionalidade mais fraca ao cálculo de probabilidades, quer dizer em última instância à racionalidade de tipo matemático. Essa questão merece uma investigação mais aprofundada que ultrapassa os limites deste trabalho.
10 *Vide Principia calculi rationalis* C 229-235 e *Primaria calculi logici fundamenta* C 239-243.
11 *N.E.* Livro IV, 2,1

que a empresa de demonstrar os axiomas euclidianos fosse bem sucedida, Leibniz pensou que além de introduzir essas novas definições, era necessário também elaborar uma linguagem formal apta para representar os conceitos e as propriedades geométricas: a característica geométrica.

3 Leibniz e a geometria de Euclides

Detrás dos esforços leibnizianos por demonstrar os axiomas de Euclides se encontrava a influência de Pascal. Esse pensador francês num opúsculo titulado *L' Esprit de la Géometrie* apresentara uma descrição do que seria o ideal do método demonstrativo:

> Quero então fazer compreender o que uma demonstração é por meio do exemplo das demonstrações da Geometria, que é quase a única ciência das ciências humanas que as produz infalíveis, porque somente ela segue o verdadeiro método, ao passo que todas as outras estão por uma necessidade natural em uma espécie de confusão que só os geômetras sabem reconhecer no grau extremo(......). Esse método verdadeiro, que formaria as demonstrações na excelência mais alta consiste de duas coisas principais: a primeira, não usar nenhum termo cujo sentido não tenha sido antes explicado com clareza; a segunda, não propor nunca nenhuma proposição que não tenha sido demonstrada por meio de verdades já conhecidas; isto é, em uma palavra, definir todos os termos e provar todas as proposições (Pascal; 1986: 17) [12]

Mas Pascal reconheceu que esse ideal não era realizável

> Evidentemente esse método seria belo, mas é absolutamente impossível: pois é evidente que os primeiros termos que se quiser definir, suporiam termos precedentes para explicá-los, e da mesma forma as primeiras proposições que se quiser provar suporiam outras anteriores; assim é claro que nunca se chegará às primeiras. Também, levando cada vez mais adiante as investigações, chegar-se-á com necessidade a palavras primitivas tão claras que não encontrar-se- outras para prová-las que sejam mais claras[13].

---

12 Je veux donc faire entendre ce que c'est que demonstration par l' exemple de celles de géométrie, que est presque la seule des sciences humaines qui en produisse d' infallibles, parce qu' elle seule observe la véritable méthode, au lieu que toutes les autres sont par une nécessité naturelle dans quelque sort de confusion que les seules géomètres savent extrêmement reconnaître(......). Cette véritable méthode, qui formerait les démonstrations dans la plus haute excellence(......) consisterait en deux choses principales: l' une, de n' employer aucun terme dont on n' eût auparavant expliqué nettement le sens; l' autre, de n' avancer jamais aucune proposition qu' on ne démontrât par des verités déjà connues; c' est à dire, en un mot, à définir tous les termes et à prouver toutes les propositions. A tradução é nossa.

13 Certainement cette méthode serait belle, mais elle est absolument imposible: car il est évident que les premiers termes qu' on voudrait définir, en suposeraient de précédents pour servir à leur explication, et que de même que les premières propositions qu' on voudrait prouver en suposeraient d' autres qui les précédassent; et ainsi il est clair qu' on n' arriverait jamais aux premières. Aussi, en poussant les recherches de plus en plus, on arrive

Já sendo muito jovem, Leibniz pensara que todas as demonstrações poderiam se basear em definições, em enunciados de identidade e no princípio de não contradição. Os axiomas dos matemáticos – pensava Leibniz – podiam ser reduzidos a enunciados de identidade decompondo por análise seu sujeito e seu predicado. Num trabalho do ano 1671-1672 Leibniz afirmava:

> Em minha opinião não deve se aceitar nenhuma proposição sem sua prova e nenhuma palavra sem sua explicação (...) A explicação de uma palavra é sua definição. A explicação de uma proposição é sua demonstração (Leibniz 1982: 85).

Leibniz considerava que uma demonstração não é outra coisa que a resolução de uma verdade (proposição segundo a terminologia que usamos hoje) em verdades já conhecidas. No caso da Geometria todas as verdades devem se resolver em definições, em axiomas e em identidades. A demonstração progride por substituição dos termos ou conceitos que ocorrem nas verdades que vão aparecendo sucessivamente na demonstração pelas definições desses termos[14]. Assim para Leibniz a demonstração de uma proposição geométrica *E est F* teria a seguinte estrutura em forma de árvore:

E est F

Ax 1   A est A   B est B   Ax 2   C est C   DE est D.......Ax 4   U est V   F est G

Figura 1. Estrutura de uma prova segundo Leibniz

No vértice da árvore está a proposição da forma sujeito-predicado *E est F* (E é F) que se quer demonstrar. O procedimento de prova consiste em decompor os conceitos **E** e **F** em conceitos mais simples. Por exemplo, se E for o conceito "quadrado", ele será decomposto nos conceitos mais simples "quadrilátero" e "equilátero". A seguir será feita a substituição de

---

nécessairement à des mots primitives si clairs qu' on n' en trouve plus qui le soient davantage pour servir à leur preuve. *Ibidem*, 19. A tradução é nossa.
14 Carta a Conring do 19-29 março de 1678. *Vide* (Leibniz 1972:122)

"quadrado" por "quadrilátero" "equilátero". Cada conceito é fatorizado, por assim dizer, e é substituído pelos seus fatores, que são os conceitos que figuram na sua definição. Não apenas os conceitos usados como sujeito são decompostos, senão também aqueles usados como predicados. Dessa forma vão se gerando os nós da árvore de prova. Em algum momento se chegará a ter em todos os nós finais ou axiomas como *Ax1* e *Ax 4*, ou proposições idênticas como *B est B*, *C est C* ou proposições como *DE est D* em que o predicado claramente está contido no sujeito, ou proposições já previamente demonstradas como *U est V, F est G* . Nesse momento a prova estará completa. A progressão na derivação decorre da substituição de cada termo ou conceito por sua definição. Por isso Leibniz afirmou que a demonstração consiste numa cadeia de definições[15]. O que falta em Leibniz é uma concepção do papel que têm os conetivos proposicionais. Usando uma terminologia contemporânea diríamos que faltam regras de eliminação dos conetivos proposicionais. Leibniz considerou como modelo da Lógica a Lógica aristotélica que não trata dos conectivos proposicionais. Uma questão que mereceria ser estudada é a de se Leibniz negligenciou o estudo da lógica dos estóicos que sim tratava dos conetivos proposicionais, ou se simplesmente não teve contato com os textos que a apresentavam.

Quando falamos de definição falamos de análise conceitual. Desse Leibniz tinha dois modelos. Um deles era o modelo numérico concebido por meio de uma analogia com os números naturais. Assim como um número natural se decompõe em produto de fatores primos, assim Leibniz pensava que um conceito pode ser decomposto em conceitos mais básicos. O outro modelo é o analítico quando decompomos $\pi/4 = 1 - 1/3 + 1/5 - 1/7\ldots\ldots$. Temos uma diferença entre os dois modelos: No modelo numérico obtemos uma lista finita, no modelo analítico uma seqüência infinita, dada, porém, através de uma lei.

Leibniz era ciente das nossas limitações para realizar de forma exaustiva a análise conceitual:

> Não parece que a análise dos conceitos esteja suficientemente em poder dos homens, para que possamos chegar às noções primitivas e não apenas àquelas que são concebidas por si mesmas. Mas está mais não poder dos homens a análise das verdades, muitas verdades podemos absolutamente demonstrar e reduzir a verdades primitivas indemonstráveis; por conseguinte nos ocuparemos principalmente disto. (Leibniz 1988:514)[16]

---

15 *Ibidem*, 122
16 Non videtur satis in potestate humana esse Analysis Conceptuum, ut scilicet possimus pervenire ad notiones primitivas, sed ad ea quae per se concipiuntur sed magis in potestate humana est analysis veritatum, multas enim veritates possumus absolute demonstare et reducere ad veritates primitivas indemostrabiles; itaque huic potissimum incumbamus. O texto citado pertence à *Introductio ad encyclopaediam arcanam*. A tradução é nossa.

A demonstração de uma verdade a partir de um conjunto de verdades primitivas exige muitas vezes que redefinamos os termos que nela ocorrem. Muitas vezes essa análise dos termos não nos permite chegar às noções primitivas, mas esse fato não impede que nós possamos realizar a demonstração do enunciado que deve ser demonstrado. Uma demonstração de uma verdade nunca é algo definitivo, mas uma obra perfectível que pode ser melhorada. Pensando assim, Leibniz realizou sucessivas tentativas de demonstrar os axiomas de Euclides.

Os textos nos indicam que Leibniz usou preferencialmente a edição de Clavius dos *Elementos* que acrescenta à exposição original de Euclides novos axiomas. Leibniz considerou que o defeito da exposição euclidiana reside em supor muitos axiomas que poderiam ser demonstrados. Reconheceu que esse defeito não afeta a certeza da ciência, porque esses axiomas são justificados por muitas experiências, mas afeta a perfeição do espírito e é a razão principal pela qual a análise dos geômetras não pode ser convertida ainda em síntese (Leibniz 1988: 181) Um dos axiomas de Euclides que Leibniz tentou demonstrar é aquele que diz: o tudo é maior que qualquer de suas partes. No trabalho do ano 1671-1672 supracitado, Leibniz deu a seguinte demonstração, que vale a pena reproduzir, porque indica o tipo de trabalho que Leibniz fará mais adiante.

Proposição: O todo CDE é maior que a parte DE

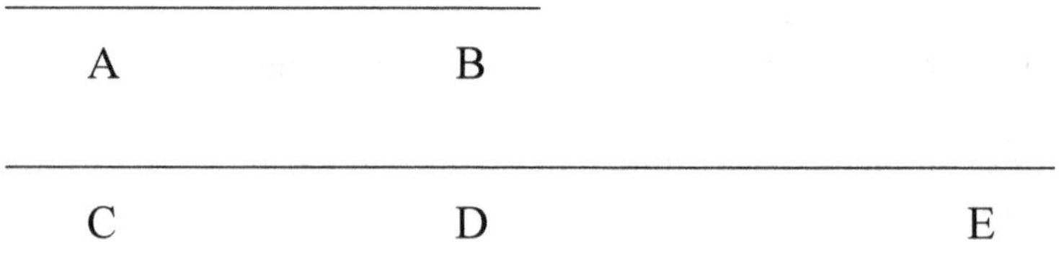

```
_____
    A        B
_____

    C        D            E
```

Figura 2

Definição: "Maior" é aquilo cuja parte é igual a outro todo.

Escólio: A partir dessa definição se considera em geral o maior e o menor. Propõem-se como congruentes ou pelo menos como paralelas duas coisas dadas AB e CDE. Surge então que CDE é maior que AB, contendo uma parte CD igual à AB e algo a mais, a saber, DE.

Demonstração: Aquilo cuja parte é igual a outro todo é maior, por definição de maior. Uma parte do todo CDE (a saber, DE) é igual ao todo

DE (a saber, a si mesmo). Logo, pela definição de maior CDE é maior que DE, o todo é maior que a parte, que é o que se queria demonstrar.

O desejo de provar os axiomas da Geometria de Euclides nunca abandonou Leibniz. No seu trabalho *Sobre a análise e síntese universal*, Leibniz afirmou:

> A partir dessas idéias ou definições [as definições reais], pois, podem ser demonstradas todas as verdades, com a exceção das proposições idênticas, as que por sua natureza, de forma manifesta, são indemonstráveis, e as que realmente podem ser chamadas de axiomas. Mas os axiomas ordinários podem ser reduzidos a identidades, isto é, podem ser demonstrados por resolução do sujeito e do predicado, ou de ambos, porque se supormos o contrário, surgiria que é o mesmo ser e ao mesmo tempo não ser [isto é surgiria a contradição] (Leibniz 1982: 197)[17].

Nos *Novos Ensaios*, IV, 7 Leibniz se refere aos *Elementos* de Geometria de Arnauld, quem assumiu como axioma que quando a magnitudes iguais são somadas magnitudes iguais, a igualdade permanece. Sobre a base desse suposto, demonstrou o axioma de Euclides de que se a magnitudes iguais são restadas magnitudes iguais a igualdade permanece. Arnauld recebeu críticas por esse proceder. Afirmava-se que ou ele devia assumir as duas proposições como axiomas, ou devia provar as duas. Para Leibniz, o fato de que Arnauld tivesse conseguido reduzir o número de axiomas devia ser celebrado. Mas Leibniz quis ir além do que tinha feito Arnauld. Ele afirmou:

> No lugar dos axiomas e dos teoremas de Euclides, que tratam da magnitude e da proporção, eu encontrei por minha parte outros, de um alcance e uso mais geral, que tratam sobre o que coincide, sobre o que é congruente, semelhante, determinado, da causa e do efeito; isto é, do poder das relações de forma universal, daquilo que contem e do conteúdo, do que acontece por si e por acidente, da natureza geral da substância, assim como da espontaneidade perfeita e da impossibilidade para as substâncias de ser geradas e corrompidas e enfim da união de todas as coisas e da forma como as substâncias colaboram entre si. (Leibniz 1978 Vol VII: 199)[18]

---

17 GP VII 295.
18 Au lieu des axiomes et des théorèmes d' Euclide, qui traitent de la grandeur et de la proportion, j ' en ai pour ma part trouvé d' autres, de plus grand portée et d'usage plus générale, qui traitent de ce qui coincide, de ce qui est congruent, semblable, déterminé, de la cause et de l' effet, c' est à dire de la puissance des relations de façon universelle, du contenant et du contenu, de ce qui arrive par soi et par accident, de la nature générale de la substance, ainsi que de la spontaneité parfaite et de l' impossibilité pour les substances d' être engendreés et corrompues et enfin de l 'union des choses et de la façon dont les substances conspirent entre elles GP VII, 199. Tradução nossa

4 Leibniz e a geometria de Descartes

De modo diferente dos *Elementos* de Euclides, a *Géométrie* de Descartes não contem uma apresentação axiomática da Geometria, mas consiste na exposição de um método para resolver todos os problemas geométricos, junto com diferentes aplicações desse método. Para Descartes a Geometria não é uma ciência que consista na apresentação de um conjunto de provas e teoremas senão na exposição de métodos para resolver problemas do tipo "encontrar os lugares geométricos dos pontos que satisfazem tais e quais condições..." A Álgebra vai aparecer para Descartes como a via para resolver os problemas geométricos. Com efeito, na *Geometria* Descartes expressou:

> Mas quando se presta atenção a como, através do método que uso, todas as coisas que caem sob a consideração dos geômetras se reduzem a um mesmo gênero de problemas, que é o de buscar o valor das raízes de qualquer equação, julgaremos bem que não é difícil fazer um inventário de todos os caminhos através dos quais as podemos encontrar, que seja suficiente para demonstrar que temos escolhido o caminho mais geral e mais simples[19].

Descartes propôs a substituição dos métodos geométricos sintéticos da Geometria grega pelo seu método analítico que consiste, no lugar da construção de determinadas figuras mediante o traçado de linhas auxiliares, na resolução de equações. Isso não significa que em Descartes possamos encontrar ainda uma concepção abstrata de número. As primeiras páginas da *Geometria* estão destinadas a provar que operações como a soma, a multiplicação e a extração de raízes quadradas de magnitudes têm sua contrapartida em construções geométricas. No livro I da *Geometria* mostra "como o cálculo aritmético se relaciona com as operações da Geometria" (Descartes, 1954: 3). Porém pelo fato de ter legitimado na Álgebra o uso de expressões exponenciais de grau maior que três[20], Descartes deu os primeiros passos na direção de uma concepção abstrata de número.

Descartes não estava satisfeito com o uso de figuras nas demonstrações geométricas. Esse procedimento está ligado à faculdade de imaginação cujo poder é menor que aquele do intelecto, como escreveu Descartes nas suas

---

19 Mais si on prend garde comment, par la méthode dont je me sers, tout ce qui tombe sous la considération des gèomètres se réduit à un même genre de problèmes, qui est de chercher la valeur de racines de qualquer equation, on jugera bien qu' il n' est pas malaisé de fair un dénombrement de toutes les voies par lesquelles on les peut trouver, qui soit suffisante pour démontrer qu' on a choisi la plus génerale et la plus simple. Descartes *apud* Vuillemin1987, p. 136. A tradução é nossa.
20 *Ibidem*, 7: ".par a^2 ou b^2 ou semblabes, je ne conçois ordinairement que des lignes toutes simples, encore que pour me servir des nomes usités en l' algebre, je les nomme des carrés ou des cubes, etc...."

Meditações Metafísicas, ao afirmar que não podemos imaginar um quiliógono, mas podemos calcular a soma de seus ângulos. Por outro lado a exigência de que cada operação aritmética tivesse sua contraparte figurativa impedia considerar potências de grau superior a três. Para evitar as limitações que decorrem do uso de figuras na Geometria, Descartes introduziu nessa ciência o uso da Álgebra. Ele pensava que sua geometria algébrica teria assim um caráter mais intelectual que a geometria sintética dos gregos. No início do livro I da *Geometria* Descartes afirmou:

> Todos os problemas da Geometria se podem reduzir a tais termos que não seja necessário para construí-los mais que conhecer o comprimento de algumas linhas retas (Descartes 1954 :3) [21].

Nessa parte do livro I da *Géométrie* Descartes se propôs a resolver problemas elementares como encontrar o produto de dois segmentos e achar a raiz quadrada de um segmento. O método geral de resolução de problemas geométricos consiste, para Descartes, em expressar cada linha por meio de uma letra, tanto aquelas cujo comprimento procuramos determinar como aquelas cujo comprimento é conhecido, e procedendo como se tivermos resolvido o problema, combinamos as linhas de forma tal que cada quantidade seja expressa de duas formas diferentes. Assim fica originada uma equação, e o problema passa a ser encontrar suas raízes. Já na Regra XVII de suas *Regras para a direção do espírito* Descartes tinha apresentado um método geral de resolução de problemas do qual seu método de resolução de problemas geométricos é um caso especial:

> Pois supusemos, desde o início (......) , poder reconhecer que as coisas desconhecidas numa questão estão numa dependência tal das coisas conhecidas que são por estas completamente determinadas .Deste modo, se refletirmos sobre elas mesmas, que primeiro nos ocorrem, enquanto reconhecemos esta determinação, e se as contarmos entre as conhecidas ainda que desconhecidas, para aí deduzirmos pouco a pouco e pelos verdadeiros raciocínios todas as coisas mesmo conhecidas, cumpriremos tudo o que esta regra prescreve (Descartes 1967:123).

Como resultado do método deve-se encontrar uma equação para cada linha desconhecida. De fato o livro III da *Géométrie* contém uma série de considerações gerais sobre as equações e um exame daquelas às que correspondem problemas geométricos que podem ser resolvidos por meio de régua e compasso (problemas planos) e daquelas às que correspondem problemas resolúveis por movimentos contínuos (problemas sólidos). Nesse livro Descartes apresenta condições suficientes sobre uma

---

21 Tous les problemes de Géométrie se peuvent reduire a tels terms, qu' il n' est pas besoin par après que de connoitre la longueur de quelques lignes droites, pour les construire.

equação para que o problema correspondente seja plano. Por exemplo, se a equação for de grau 3 e pode ser dividida por um binômio da forma $x+a$ ou $x-a$ e a divide ao último termo da equação, então o problema é plano.

Leibniz pensava que um novo tipo de análise geométrico podia ser inventado, completamente diferente do de Viète e Descartes, na qual as posições seriam representadas diretamente pelos caracteres e a construção de figuras pelo cálculo, sem que fosse necessário, com grande esforço, reduzir a posição à grandeza, e depois de forma recíproca, por meio de uma construção, proceder necessariamente a uma restituição da posição a partir da grandeza (Leibniz 1988: 343)[22]. No seu texto *Projet d' un art de inventer* Leibniz afirmou

> [........] mas, é necessário saber que a Álgebra, a Análise de Viète e de Descartes é mais a Análise dos números que das linhas: ainda que a Geometria seja reduzida a ela indiretamente, na medida que todas as magnitudes podem ser expressas por números; mas isso obriga muitas vezes a grandes rodeios, e algumas vezes os geômetras podem demonstrar em poucas palavras aquilo que é bem comprido pela via do cálculo. E quando se tem encontrado uma equação em algum problema difícil, falta ainda muito para que se tenha por isso uma demonstração curta e uma construção bela do problema que se deseja. O caminho da Álgebra na Geometria está assegurado mas não é o melhor. (1988: 181)[23]

A crítica de Leibniz à Geometria de Descartes se endereça aos seguintes pontos: a) ao método usado por Descartes para a resolução de problemas geométricos; b) ao abandono por parte do filósofo francês de toda preocupação fundacional. Leibniz através da Característica pensava estar na posse de um método de resolução de problemas mais eficaz que a Álgebra cartesiana. Numa carta a Simon Foucher do ano 1687 Leibniz apresenta seu método como um aperfeiçoamento do método da análise da geometria grega

> Direi-lhes ainda que os Antigos tinham uma certa Análise Geométrica, totalmente diferente da Álgebra, e que nem Descartes, nem os outros que eu saiba, conheciam de forma nenhuma; mas seriam necessárias muitas meditações para endereçá-la (....)

---

22 Unde novum quoddam Analyseos Mathematicae genus excogitari posse video a Vietaea toto caelo diversum, qua sine ambagiosa situs revocatione ad magnitudinem calculi causa, et rursus deinde restitutione magnitudines ad situm, constructionis causa, directe situs per characteres, et figurarum constructiones per calculum repraesententur. C 343.

23 [......] mais, il faut savoir que l'Algebre, l' Analyse de Viete et des Cartes est plutôt l' Analyse des Nombres que des lignes: quoy qu' on y reduise la Geometrie indirectement, em tant que toutes les grandeurs puevent être exprimeés par Nombres; mais cela oblige souvent a des grands detours, et quelques souvent les Geometres peuvent demonstrer en peu de mots, ce qui est fort long par la voie du calcul. Et quand on a trouvé une equation, dans quelque probleme difficile, il s' en faut de beaucoup qu ' on aie pour cela une demonstration courte et unebelle construction du probleme telle qu ' on desire. La voie de l' Algebre em Geometrie est assurée mais elle n' est pas la meilleure. C 181.

Ela tem outros usos .que a Álgebra, e da mesma forma que é inferior àquela em certas coisas, em outras a supera. (Leibniz 1978 Vol I; 395) [24]

Numa carta a Tschirnhaus de novembro de 1684 Leibniz criticou a Malebranche por acreditar que a Álgebra é a primeira e mais sublime das ciências, que a verdade não é mais que uma relação de igualdade e desigualdade, e que a Aritmética e a Álgebra sejam a verdadeira Lógica[25]. Leibniz pensava que o método de resolução de problemas matemáticos por meio de caracteres é mais eficaz que o método algébrico cartesiano. O uso da Álgebra na Geometria comporta um rodeio que Leibniz considerava não ser necessário: da posição a magnitude e retornando, usando de forma implícita uma construção geométrica, da magnitude à posição. Nessa crítica devem ser levados em conta os aspetos seguintes. Em primeiro lugar, as operações algébricas representam operações sobre magnitudes na sua forma geral, e estas últimas para Descartes, devem ter sua contraparte geométrica em termos de construção. Em segundo lugar, o fato de ter chegado a uma equação não garante que o problema esteja resolvido, só mudou seu aspecto: transforma-se no problema de encontrar as raízes de uma equação. Muitas vezes, dado o estado da Álgebra daquela época, uma questão que deveria ser mais investigado, o problema não era solúvel.

Mas além do método, o que Leibniz rejeita em Descartes é a ausência do desejo de proceder a uma fundamentação rigorosa da Matemática. O próprio uso da Álgebra para a resolução dos problemas pressupõe, segundo Leibniz, a aceitação dos *Elementos* de Euclides, (Leibniz 1955:50) . Por exemplo, a expressão em forma algébrica das curvas pressupõe ,entre outras coisas, a aceitação do Teorema de Pitágoras. Entretanto Descartes não ofereceu na sua *Géométrie* uma prova desse teorema. Assim, ao representar um círculo de raio r por meio da equação $x^2 + y^2 = r^2$ estamos pressupondo a validade daquele teorema. Por isso Leibniz afirmava não ver na Análise Geométrica de Descartes uma disciplina absoluta, pois , mesmo que o método de Viète e Descartes permitia fazer tudo através do cálculo, fazendo a suposição dos Elementos, eram esses os que deviam ser reduzidos[26]. Leibniz pensava remediar essa imperfeição da Análise cartesiana através da construção de um novo cálculo em que aparecera toda a razão da figura e sua posição (*tota figurae ratio situsque*). Leibniz atribuiu aos cartesianos o defeito de

---

24 Je vous dirai encore que les Anciens avaient une certaine Analyse Géometrique toute différente de l' Algèbre, et que ni M des Cartes , ni les autres que je sache ne connaissent point du tout; mais il faudrait bien de méditations pour la redresser.(....) Elle a de tout autres usages que l' Algèbre, et comme elle lui cède en certains choses, elle la surpasse en d' autres. GP I .395
25 *Apud* (Belaval 1960: 293).
26 *Ibídem* , p.51

pressupor a posição das figuras e não expressá-las no cálculo e, por isso, segundo ele, os arrazoados daqueles têm que usar traços imaginários da mesma forma que acontecia com os antigos geômetras gregos.

5 Os conceitos básicos da Característica Geométrica

Como no seu projeto de construção de cálculos lógicos, Leibniz não chegou a nenhuma versão definitiva do cálculo geométrico característico. Entretanto encontramos três textos em que Leibniz apresenta uma versão mais completa do seu cálculo. O primeiro foi parcialmente publicado por Gerhardt no tomo V dos *Mathematische Schriften*. O segundo é um esboço de uma carta a Huygens, e o terceiro é um anexo de uma carta dirigida a Huyghens. Os três textos podem ser encontrados completos na edição de J. Echeverría e M. Parmentier dos escritos de Leibniz sobre a característica geométrica. Esses trabalhos são do ano 1679. Entre eles, contudo, encontramos discrepâncias. Faremos nossa exposição sobre a característica geométrica leibniziana considerando os seguintes três itens: a) a definição das entidades geométricas; b) as relações entre entidades geométricas; c) a notação introduzida por Leibniz.

Já na *Lógica de Port Royal* capítulo IV, Parte IV encontramos críticas às definições da Geometria plana apresentadas nos *Elementos* de Euclides. Euclides definiu o ponto como aquilo que não tem partes. Mais insatisfatória ainda era a definição de ângulo como o encontro de duas linhas retas inclinadas num mesmo plano (Arnauld e Nicole 1970:380)[27]. A Razão entre magnitudes teria sido definida por Euclides, segundo os autores de Port Royal, como o comportamento de duas magnitudes comparadas uma a outra segundo a quantidade[28]. Leibniz também não estava satisfeito com as definições de Euclides.

Nos primeiros escritos sobre a característica Leibniz toma como unidade de análise o ponto. As linhas são definidas como trajetórias *(viae)* de pontos, o plano como trajetórias de linhas e os sólidos como trajetórias de planos. Uma trajetória *(via)* é definida como um lugar contínuo sucessivo. A trajetória de um ponto é uma linha *(linea)*. A trajetória de uma linha é uma *superfície (superfícies)* (Leibniz 1995: 153-154) Observe-se a referência ao movimento para definir entidades geométricas. Para nós isso poderia afetar a "pureza" da Matemática. Mas era um procedimento usual na época de Leibniz.

Destes primeiros esboços vale a pena reter a definição de ângulo dada

---

27 " la rencontre de deux lignes droites inclinées sur un même plan".
28 *Ibidem* La raison est une habitude de deux grandeurs de même genre, comparés l' une à l' autre selon la quantité.

por Leibniz que visa resolver as dificuldades da definição euclidiana já levantadas na *Lógica* de Port Royal (Arnauld e Nicole 1970: 380)[29]. A idéia é que si considerarmos uma série de circunferências concêntricas com centro A e duas retas com origem A , para qualquer circunferência da série a relação entre o arco de circunferência determinado por essas duas retas e toda a circunferência é a mesma. (Ver Fig 3) (Leibniz 1995:54)

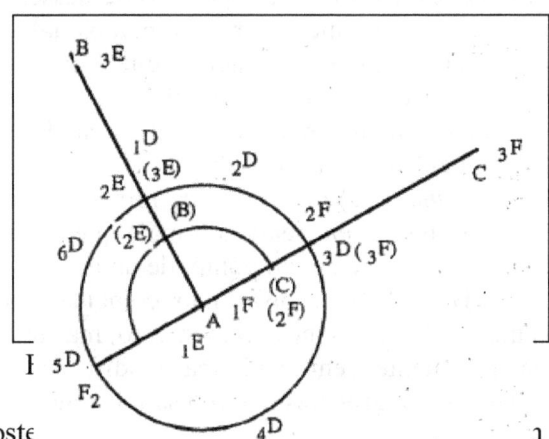

Em escritos posteriores quando o conceito euclidiano de ponto preferiu partir dos conceitos de extensão (*extensum*), contínuo (*continuum*), situação (*situs*), espaço (*spatium*). Essa nova abordagem restaura a pureza da geometria fazendo que seus conceitos não dependam dos de movimento e do tempo. Uma extensão é uma coisa na qual podem ser distinguidas partes que são simultâneas (Leibniz 1995: 276)[30]. Um contínuo é aquilo cujas partes são indefinidas, ou aquilo cujas partes podem ser distinguidas mentalmente, isto é, o contínuo tem uma natureza ideal[31]. A situação é aquele estado de uma coisa que faz acontecer que ela mesma possa ser representada existindo de forma simultânea com outras coisas[32]. O espaço é definido como aquilo no qual nada mais pode ser considerado que o que é extenso(Leibniz 1995:278)[33]. Com base nessas definições Leibniz define o ponto como aquilo cuja única propriedade é ter

---

29 Il est visible que ce qui a embarrassé Euclide, et ce qui l' a empêché de désigner l' angle par les mots d' espace compris entre deux lignes que se rencontrent, est qu' il a vu que cet espace pouvait être plus grand ou plus petit, quand les côtès de l' angle sont plus longs ou plus courts, sans que l' angle en soit plus grand ou plus petit..
30 Extensum: continum in quo possunt assignari partes quae sunt simul.
31 *Ibidem* 276Continuum autem est in quo partes sunt indefinitae, sive in quo partes mente tantum designantur.
32 *Ibidem* 276 Est autem situs nihil aliud quam status ille rei quo fit ut simul cum extensis certo modo existere .
33 Spatium est in quo per se spectato nihil aliud considerari potest quam quod extensum est.

uma situação[34]. Uma *reta* é definida por Leibniz como aquilo que é determinado ao serem dados dois pontos como a extensão mais simples que passa através deles[35]. Como conseqüência Leibniz obtém a definição de reta de Euclides: uma reta é igualmente uniforme, em outras palavras, em todas partes semelhante a si mesma, pois se esse não fosse o caso, além dos dois pontos que consideramos para defini-la, seria necessário levar em conta alguma outra coisa para explicar de que tipo de dessemelhança se trata. O *plano* é aquilo que é definido por três pontos tal que dois deles não determinam o terceiro. Um *sólido* é aquilo que é determinado, dados quatro pontos, tais que eles não estão no mesmo plano[36].

Leibniz considerou quatro relações geométricas básicas: a identidade, a congruência, a igualdade, e a semelhança. A identidade ou coincidência (*eadem esse sive coincidere*) é definida da forma seguinte: quando dois ou mais nomes não designam em realidade mais que um único objeto, ou um único lugar, seja que se trate de um ponto, de uma linha ou de uma trajetória, escrevemos A∞B. Se duas coisas não coincidem, isto é não ocupam atualmente o mesmo lugar no mesmo momento, mas podem se superpor e se substituir reciprocamente sem nenhuma modificação interna (da forma) diremos que elas são congruentes como o são os segmentos AB e CD(Figura 4)

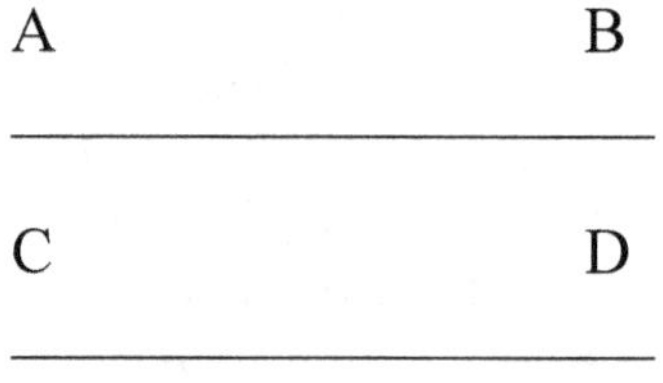

A   B
_____

C   D
_____

Figura 4. Segmentos congruentes

Nesse caso escrevemos AB γ CD. As linhas que unem os pontos A e B e C e D não precisam ser linhas retas, podem ser curvas. O que interessa para afirmar a congruência entre as linhas AB e CD é que possamos pensar que AB se desloca no espaço sem se deformar de forma tal que o ponto A coincida no final com C e o ponto B com D.

Se sem ser efetivamente congruentes duas coisas extensas poderiam sê-lo sem modificação de sua massa, isto é, de sua quantidade (*sine ulla mutatione*

---

34 *Ibidem*, 278 Punctum est in quo per se nihil aliud spectari potest, quam quod situs habet........Punctum simplicissimum in Situ.
35 *Ibidem* .278 Id autem quod duobus punctis assumtis determinatur, est extensum simplicissum quod per ipsa transit, hoc autem vocamus rectam.
36 *Ibidem* ,.280 .

molis sive quantitatis), isto é, ainda sem modificação dos seus pontos, através de uma transmutação ou transposição eventual de suas partes, diremos que elas são iguais. Assim o quadrado ADBC é igual ao triângulo EFG (figura 5)[37]:

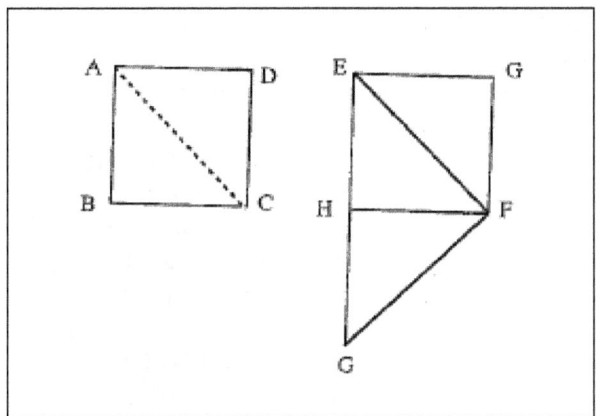

Figura 5. Figuras iguais

Por último são chamadas semelhantes aquelas coisas que não podem ser distinguidas por si mesmas, e só poderão sê-lo ao estar presentes ao mesmo tempo, como, por exemplo, dois triângulos eqüiláteros. Não poderíamos descobrir num deles qualquer atributo que o outro não tenha. Nesse caso escrevemos a~b. Isto é, duas coisas são semelhantes quando só podem ser distinguidas ao ser dadas as duas numa mesma percepção. (Figura 6)

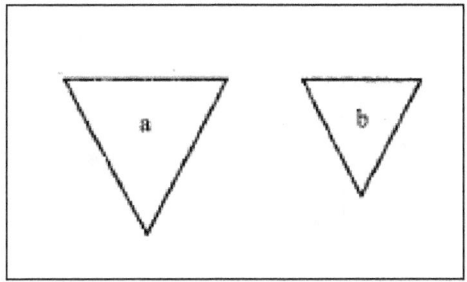

Figura 6. Figuras semelhantes

---

37 I*bidem*, 172

Todo ponto é congruente a qualquer outro. Em geral, segundo a notação leibniziana que usa as últimas letras do alfabeto para designar entidades indeterminadas teríamos YγZ. Dado um ponto A, todos os pontos são congruentes com ele YγA. Essa fórmula também é uma expressão do espaço. Leibniz distingue entre entidades homogêneas e entidades "homógonas". Homogêneos são entes respectivamente iguais a outros semelhantes entre eles. Assim dados A e B, L igual a A, M igual a B, L e M semelhantes, então A e B são homogêneos. Homógonos são o tempo e o instante, o espaço e o ponto, o limite e o limitado, pois um pode desaparecer noutro por meio de uma mudança contínua.

Leibniz considerou que o espaço só poderia três dimensões. A demonstração é a seguinte. Vimos que um sólido é aquilo que está determinado por quatro pontos, tais que não estão no mesmo plano. Sejam A, B, C,. D esses pontos. Esses pontos determinam todas as retas que podem ser traçadas entre dois desses pontos, e, por conseguinte, todas as retas Y b que podem ser traçadas entre dois pontos daquelas retas. Dado um ponto exterior ao sólido ele estará numa dessas retas. Assim não há no espaço um ponto exterior a um sólido que não esteja já determinado, dado que ele estaria numa dessas retas que passam por dois pontos do sólido. Assim não há quarta dimensão, isto é, uma extensão infinita que não seria determinada por quatro pontos e que poderia ser determinada por cinco pontos.

No apêndice a carta a Huygens Leibniz considera que o mais importante na Geometria é a determinação dos lugares: conjunto de pontos X, Y, Z..., determinado por um conjunto de pontos dados. Nas figuras seguintes vemos como Leibniz determinava por meio de sua característica o plano (Figura 7) e uma linha circular (a circular, Figura 8) .

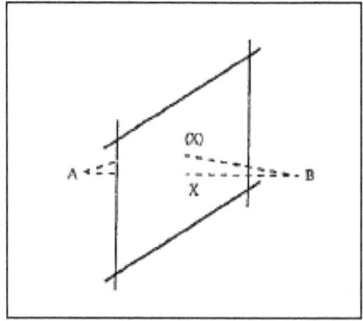
Figura 7 Determinação do plano

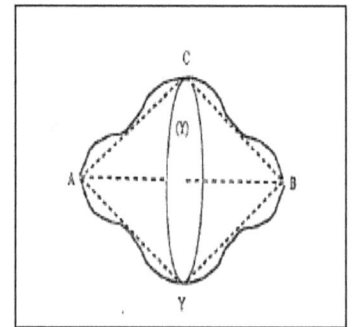
Figura 8 Determinação da circular

Dados dois pontos A e B o lugar de todos os pontos X tal que A.X γ BX, é o plano (Figura 7). Isto é, o plano é o lugar de todos os pontos X tais que a linha AX determinada por ele e o ponto A seja congruente com a linha BX que determina ele mesmo com o ponto B. Observemos que Leibniz usa o símbolo (X) para quantificar sobre todos os pontos X do espaço. Consideremos agora três pontos A,B e C no plano. O lugar geométrico de todos os pontos Y tais que a linha A.B.C determinada pelos pontos A, B e C seja congruente com a linha A.B.Y determinada pelos pontos A,B e Y é a linha circular. Na notação de Leibniz se expressaria assim (Y) tais que A.B.C γ A.BY.

6 Considerações finais

Quando Leibniz propôs sua característica geométrica no ano 1679 ninguém compreendeu a importância desse projeto para a Geometria. O próprio Huygens que tanto valor dera às contribuições matemáticas leibnizianas respondeu de uma forma decepcionante quando o filósofo alemão lhe encaminhou seu projeto. Respondeu-lhe assim:

> Examinei com muita atenção o que você me mandou referente a sua nova Característica, mas confesso com sinceridade, que não considero, pelo que você me apresentou, que possa fundar sobre isso grandes esperanças. Pois seus exemplos sobre os lugares não concernem senão a certas verdades que nos são já conhecidas (......) Digo ingenuamente que esses são, ao meu ver, belos desejos, e me seriam necessárias outras provas para acreditar que há alguma realidade no que você propõe[38].

À incompreensão dos seus contemporâneos se juntou o fato de que o projeto de característica geométrica ficou inconcluso. Leibniz nunca chegou a apresentar uma versão definitiva dele. A partir dos seus esboços – como o apontou Huygens – não ficava claro como podiam ser aplicados esses cálculos característicos a problemas geométricos tais como as quadraturas, a determinação de curvas através das propriedades de suas tangentes, as raízes irracionais das equações, e os problemas diofantinos. Os historiadores da Matemática têm lamentado a incompreensão dos contemporâneos de Leibniz, reconhecendo vínculos entre a característica geométrica leibniziana e os trabalhos de Grasmannn no século XIX . Até têm sido afirmado que na característica leibniziana se encontram antecipações da concepção axiomática contemporânea e da Topologia de hoje. Não entraremos na avaliação dessas considerações. O que é importante salientar é o seguinte:

---

38 Huygens *apud* (Leibniz 1995:.29) Tradução nossa

mesmo reconhecendo o caráter fragmentário da característica geométrica não podemos negar a Leibniz o mérito de ter visto com clareza as limitações da geometria cartesiana e de ter pensado na elaboração de um programa de pesquisa alternativo para a Geometria.

Referências bibliográficas

ARNAULD, Antoine e NICOLE, Pierre (1970). *La logique ou l ' art de penser.* Paris: Flammarion.
BELAVAL, Yvon (1960). *Leibniz. Critique de Descartes.* Paris: Gallimard
DESCARTES, René (1954) *The Geometry* . Tradução de David Smtih e Marica Latham. Nova York: Dover
DESCARTES, René (1967). *Obras escogidas.* Tradução espanhola de Ezequiel de Olaso e Tomás Zwanck. Buenos Aires: Sudamericana
HOBBES, Thomas (2005). *Sobre o corpo* Parte I Computação ou Lógica. Tradução de José Oscar de Almeida Marques. Campinas: IFCH/UNICAMP..
LEIBNIZ, G.W. (1971) *Mathematische Schriften* Hildesheim: Olms. Abreviado MS
LEIBNIZ, GW (1972) *Leibniz: oeuvres.* Tradução Lucy Prenant. Paris: Aubier Montaigne
LEIBNIZ, G.W (1977) *Nuevos ensayos sobre el entendimiento humano.* Tradução espanhola de J.Echeverria. Madri: Editora Nacional. Abreviado N.E
LEIBNIZ(1978). *Philosophische Schriften* 7 vols. Hildesheim: Olms. Abreviado GP
LEIBNIZ, GW (1982). *Escritos filosóficos* Tradução Ezequiel de Olaso. Buenos Aires: Charcas.
LEIBNIZ, G.W. (1988). *Opuscules et fragments inédits.* Editados por Louis Couturat. Hildesheim:Olms. Abreviado C.
LEIBNIZ, G.W(1992) . *Disertación acerca del arte combinatorio.* Tradução de Manuel Antonio Correia. . Santiago de Chile: Ediciones de la Universidad Católica de Chile.
LEIBNIZ, G.W (1995) *La caractéristique géométrique.* Paris: Vrin
LEIBNIZ, G.W (2000) *Die Grundlagen des logischen Kalküls* . Tradução alemã de Franz Schupp. Hamburg: Meiner.
ONG, Walter (2004). *Ramus, method and the decay of dialogue: from the art of discourse to the art of reason.* University of Chicago Press, 2004
PASCAL, Blas (1986). *L' Esprit de la Géométrie.* Paris: Bordas
ROSSI, Paolo (1992). *A ciência e a filosofia dos modernos:* aspetos da Revolução Científica. São Paulo: Editora UNESP, 1992
ROSSI, Paolo (1990) *Francis Bacon*: De la magia a la ciencia. Madri: Alianza
VUILLEMIN, Jules (1987) *Mathématiques et métaphysique chez Descartes.* Paris: PUF

5
¿Son Dispensables los Diagramas? Observaciones sobre un argumento de Tennant[*]

José Seoane

1 Introducción

El punto de partida de nuestra reflexión bien puede ser una situación algo enigmática. Por una parte, constatamos el amplísimo recurso a los diagramas tanto en lógica como en matemáticas. Esta apelación a la representación diagramática como modalidad de codificación de información matemática relevante aparece, obviamente, en geometría y en lógica. Pero es habitual también cuando se introducen conceptos básicos del cálculo tales como límite, derivada, integral, continuidad, etc. Además cuando intentamos describir algoritmos frecuentemente usamos diagramas para hacerlo. En teoría de conjuntos apelamos a la representación diagramática para explicar las operaciones básicas pero también para iluminar estrategias sofisticadas de demostración. En síntesis, la presencia de los diagramas resulta relativamente ubicua en la práctica matemática intuitiva o pre-formal[1].

Esta popularidad del uso de los diagramas contrasta con una actitud suspicaz o abiertamente adversa respecto a la fiabilidad de éstos. Es decir, a pesar de los usos destacados de la representación diagramática en lógica y matemática, los diagramas han sido vistos (tradicionalmente) como sospechosos, prescindibles e inesenciales. Escriben al respecto Barwise y Etchemendy[2] (subrayado J.S.):

---

[*] Este trabajo reproduce y explicita reflexiones recogidas en dos trabajos anteriores: Seoane (2006b) y Seoane (2008).
[1] Esta descripción sucinta y general es suficiente para el punto que deseo destacar pero no pretende disimular que, bajo la denominación genérica de "representación diagramática", se reúnen usos notablemente variados.
[2] Véase Barwise, J. y Etchemendy, J. (1996: 3).

Visualização nas Ciências Formais.
Abel Lassalle Casanave & Frank Thomas Sautter (eds.).
Copyright @ 2012.

> But despite the obvious importance of visual images in human cognitive activities, <u>visual representation remains a second-class citizen in both theory and practice of mathematics</u>. In particular, <u>we are all taught to look askance at proofs that make crucial use of diagrams, graphs, or other nonlinguistic forms of representation</u>, and we pass on this disdain to our students.

Esta observación de Barwise y Etchemendy resume elocuentemente el contraste arriba apuntado: la importancia de la representación visual desde el punto de vista epistémico y la ciudadanía "de segunda clase" de la misma en el campo matemático. Estos autores aluden informativamente a esta última actitud (i.e., la suspicacia hacia tales representaciones) ya que precisan el *contexto* en que esta desvaloración surge. No se trata de una desconfianza acerca de la valía propedéutica, pedagógica o heurística de los diagramas; al parecer el contexto en el cual los diagramas evidencian sus debilidades es el contexto de la *demostración matemática*. Es éste un aspecto sobre el que puede ser útil reflexionar

2 El argumento de Tennant y la *tesis sintáctica*

La suspicacia acerca de la fiabilidad del uso de diagramas -como se ha señalado- no aparece frecuentemente justificada o argumentada; tal situación convierte en especialmente valiosas las raras explicitaciones de dicho supuesto. Una forma radical de manifestarse tal desconfianza es la convicción de que las relaciones lógicas sólo pueden darse entre sentencias; tal concepción se ha denominado por algunos autores *logocentrismo*. El siguiente pasaje de Neil Tennant es un ejemplo de explícita defensa de este radical punto de vista[3](subrayado J.S.):

> [The diagram] is only an heuristic to prompt certain trains of inference;...it is dispensable as a proof-theoretic device; indeed, ...it has no proper place in the proof as such. For the proof is a <u>syntactic object</u> consisting only of sentences arranged in a <u>finite</u> and <u>inspectable</u> <u>array</u>.

La observación de Tennant puede dividirse en dos partes. La primera se encuentra dedicada al rechazo de los diagramas como legítimos componentes de una demostración. La segunda hace explícita la noción de demostración asumida por este autor y, a partir de ella, parece justificarse la actitud crítica adoptada frente a las representaciones diagramáticas.

En la primera parte se introduce, por así decir, la *concepción de la dispensabilidad* de tales representaciones. La misma significa que éstas solo poseen un valor heurístico y, en la demostración como tal, pueden ser

---

[3] Citado por Barwise, J. y Etchemendy, J. (1996: 3).

eliminadas. El lector desprejuiciado se preguntará qué asegura tal dispensabilidad. La segunda parte parece ofrecer la respuesta: una demostración es una secuencia finita y revisable ("inspectable"), tal vez podría decirse, testable, de sentencias. Dada esta definición, trivialmente, no hay lugar para los diagramas en la demostración. El análisis de este argumento elemental es sumamente útil a los efectos de comprender mejor las razones de cierto encanto de la concepción de la dispensabilidad.

Quizá convenga apelar, como recurso metodológico, a una distinción a la cual no se suele atender: la distinción entre las dimensiones formal y pre-formal en los conceptos y teorías matemáticas[4]. Esta distinción sospecho que permite una mejor comprensión del problema que nos ocupa.

Parece evidente que la concepción de la dispensabilidad no se aplica a *demostraciones formales* ya que (en la concepción tradicional asumida por Tennant) los diagramas no aparecen en las mismas. Luego parecería que tal concepción se aplica a las *demostraciones pre-formales*. Es decir, tenemos demostraciones pre-formales que apelan a diagramas pero siempre podemos prescindir de su uso y tener demostraciones (demostraciones formales, auténticas demostraciones) exentas de estos artificios epistémica o justificacionalmente superfluos. El primer rendimiento filosófico de la introducción aquí de la distinción pre-formal/formal es una ganancia en términos de comprensión del intento justificacional de Tennant: la justificación pretendida, si la entiendo correctamente, posee una naturaleza compleja involucrando no sólo los dos planos referidos sino esencialmente la *relación* entre los mismos. Preguntarnos respecto de la corrección de la justificación en cuestión nos conduce así a reflexionar en torno a la relación entre dichos planos.

El defensor de la concepción de la dispensabilidad luego parecería que debe proveer una respuesta sólida a la pregunta acerca de por qué es siempre posible reconstruir *satisfactoria o adecuadamente* la demostración pre-formal a través de la correspondiente demostración formal. Desde un punto de vista estructural, la asunción subyacente a la concepción de la dispensabilidad podríamos decir que exhibe la forma de una *tesis* -en el sentido preciso que este vocablo adquiere en contextos como tesis de Church o *tesis de Tarski*[5]. Es decir, la asunción que necesita el defensor de la

---

[4] En realidad, la distinción entre las dimensiones "formal" y "pre-formal" podría entenderse como una instancia de un contraste más general, a saber, entre la dimensión "teórica" y la dimensión "pre-teórica", pero a los efectos presentes resulta adecuada la formulación particular. El lector interesado puede encontrar cierto desarrollo del punto en Seoane (2006a).
[5] He llamado la atención sobre un fenómeno complejo –*elucidación matemática*- que intenta comprender tanto la relación conceptual expresada en las *tesis* como la maquinaria justificatoria específica que pretende respaldarlas. Un desarrollo parsimonioso del punto puede leerse en Seoane, J. (2006a).

dispensabilidad es la de que el objeto sintáctico *demostración formal* (finito y revisable o testable), exclusivamente compuesto por sentencias, es una adecuada elucidación del objeto complejo *demostración pre-formal*. Llamemos para abreviar *tesis sintáctica* a esta asunción. Luego hemos logrado especificar nítidamente una decisiva articulación entre la concepción de la dispensabilidad y la tesis sintáctica: sin la asunción de esta última no parece poseer ningún peso filosófico el argumento de Tennant. Así el sustento de la argumentación de Tennant es, precisamente, la tesis sintáctica.

Por otra parte, la no explicitación de la misma en dicho argumento no es excepcional. Una tesis incuestionada (generalmente) no es reconocida como tal. Sin embargo, el objetivo presente no es meramente desentrañar la estructura argumental implícita en esta defensa de la dispensabilidad. La identificación de tal estructura es nuestro primer paso para mostrar la debilidad de tal defensa. El segundo paso consiste en evidenciar los problemas de la propia tesis. Para alcanzar esta meta podemos hacer trabajar los argumentos críticos de O. Chateaubriand respecto de la exigencia de finitud y de la exigencia de testabilidad como sendas y decisivas críticas a la tesis sintáctica[6]. Una breve exposición crítica de las argumentaciones de Chateaubriand se reproduce en las dos secciones que siguen[7].

3 Tesis sintáctica y finitud

El carácter finito de las demostraciones –puede decirse- es una exigencia tradicional de la noción de demostración. Para evidenciarlo, Chateaubriand cita un pasaje del conocido texto de Enderton[8]. Pero, si somos intelectualmente sensibles a la distinción entre los planos pre-formal y formal, emerge naturalmente la pregunta acerca de si nos referimos a "demostración" en sentido formal o a "demostración" en sentido pre-formal.

Es interesante advertir que, en el sentido formal, la cuestión de la finitud posee una respuesta trivial: las demostraciones son finitas por definición. En el sentido pre-formal la cuestión dista de ser obvia. Una forma de interpretar la argumentación de Chateaubriand en relación a la cuestión de la finitud de las demostraciones podría quizá entenderse como orientada a evidenciar hasta qué punto la exigencia finitista se compadece con la noción intuitiva. La estrategia de este autor es directa: existen demostraciones, en el sentido pre-formal, intuitivo, que no respetan la exigencia de finitud. Su argumento central se apoya en el siguiente ejemplo.

---

[6] Véase al respecto Chateaubriand, O. (2005). En Lassalle Casanave (1998) hay un examen de la concepción de Chateaubriand con base en dos artículos que después fueron revisados e incorporados en Chateaubriand (2005).
[7] En ambas secciones he seguido lo expuesto en Seoane (2008).
[8] Véase Chateaubriand, O. (2005).

Se tienen como premisas
i) $\forall x \forall y \forall z ((Rxy \land Ryz) \rightarrow Rxz)$
ii) $\forall x \neg Rxx$
iii) Ra_1a_2
iv) Ra_2a_3
 :
 :

De ii) y iii) se concluye que a_1 es distinto de a_2. De ii) y iv) se concluye que a_2 es distinto de a_3. De i), iii) y iv) se concluye que Ra_1a_3 y así, por ii), se tiene que a_1 es distinto de a_3. Luego se toma a_4 y, por el mismo mecanismo, se prueba que es diferente de a_1, a_2 y a_3. Y así sucesivamente. Luego se concluye que todo los a_i son diferentes entre sí, es decir, el dominio de R es infinito.

El argumento de arriba es, desde el punto de vista pre-formal, intuitivo, evidentemente una demostración. La estructura de la misma es infinita ya que sus premisas son infinitas pues éstas son la serie de sentencias i), ii), ... y es imprescindible que las usemos a todas. La conclusión es que el dominio de R tiene que ser infinito. Desde el punto de vista metodológico, parece razonable señalar esta estrategia argumental como destinada a mostrar un desacuerdo entre el concepto intuitivo de "demostración" y el concepto formal correspondiente. En una cierta tradición filosófica, argumentos como éste son, paradigmáticamente, la estructura de crítica elucidatoria, es decir, crítica a la tesis en cuestión. En este caso particular, a la *tesis sintáctica*.

4 Tesis sintáctica y testabilidad algorítmica

Nuevamente, la testabilidad algorítmica –puede decirse- es una exigencia tradicional de la noción de demostración. Pero, si somos intelectualmente sensibles a la distinción entre los planos pre-formal y formal, al igual que en el caso anterior, deberíamos preguntarnos si nos estamos refieriendo a la noción formal de "demostración" o a la noción intuitiva.

También de modo análogo a la discusión anterior, si de lo que se trata es de la noción formal, no existe la menor duda: las demostraciones deben ser algorítmicamente testables por definición. El problema emerge cuando nos preguntamos respecto a la noción intuitiva.

Como nota Chateaubriand, si se aceptan demostraciones cuya estructura es infinita (como el ejemplo anterior) entonces, en el sentido estándar al menos, debe abandonarse la exigencia de testabilidad algorítima. Pero el autor elabora además un argumento independiente. Supóngase que se trata de probar la ecuación siguiente

$$\sum_{i=1}^{i=n} i = \frac{n^2+n}{2}$$

Un modo habitual de demostrar tal ecuación consiste en apelar al principio de inducción. Pero considérese la siguiente demostración alternativa:

•
• •
• • •
• • • •
⋮
⋮
• • • ... •

¿Cuánto sería el cuadrado entero? Obviamente n^2. Pero si se lo divide a la mitad -es decir $n^2/2$- faltan la mitad de los n elementos de la diagonal –es decir, n/2- para obtener la suma 1+2+3...+n. Luego tal suma es igual a $(n^2 + n)/2$

Concluye Chateaubriand:

> This proof ... is entirely convincing, even though the steps are not algorithmically checkable in the standard sense.

Desde el punto de vista metodológico, tal como se señaló en el caso de la finitud, la estrategia argumental apunta a mostrar un desacuerdo entre el concepto pre-formal de "demostración" y el concepto formal correspondiente. El blanco es, nuevamente, la *tesis sintáctica*.

Estas dos líneas argumentales exhiben dificultades severas de la tesis en cuestión. Si, como hemos señalado, tal tesis es el fundamento de la plausibilidad del argumento de Tennant, el derrumbe de la misma arrastra consigo esta defensa de la dispensabilidad de los diagramas.

5 El argumento de Tennant y los sistemas formales

Cuestionar la adecuación de la tesis sintáctica podría pensarse que es una empresa filosófica especialmente exigente. ¿Podría elaborarse una réplica más económica al argumento de Tennant? Es decir, ¿la única forma de desactivar dicho argumento es apelando a la inadecuación de la tesis sintáctica? Sugeriré a continuación un cierto énfasis en dicho argumento y expondré una réplica al mismo que aparece en la literatura. En mi opinión, se trata de un argumento independiente al elaborado en la sección anterior.

La superioridad fundamental de las demostraciones formales respecto de las demostraciones pre-formales suele ubicarse en la ganancia en términos de rigor. Formalizar es, en esta perspectiva, rigorizar. Luego, la "demostración como tal" del argumento de Tennant es la demostración formal y lo es, precisamente, por estas garantías en términos de rigor que otorga el sistema formal en el cual la misma se desarrolla. Los diagramas son dispensables (desde este punto de vista) porque no aparecen en las demostraciones rigurosas y esto es una consecuencia trivial de la noción tradicional de sistema formal. Como se dijo arriba, las garantías de que, dada una demostración pre-formal, podamos contar con la adecuada contrapartida formalizada es lo que asegura la tesis sintáctica. Pero que en esta contrapartida formalizada no ocurran diagramas no es ya responsabilidad de la tesis sintáctica, por así decirlo, "en estado puro", sino de la caracterización tradicional de *sistema formal*. Es esta última también una importante asunción de la anterior defensa de la dispensabilidad de la representación diagramática.

El programa que han llevado adelante algunos lógicos ha sido, precisamente, la construcción de sistemas formales que reglan la construcción y uso demostrativo de diagramas de diversos tipos[9]. Puede pensarse que así como los sistemas formales corrientes rigorizan la inferencia sentencial, estos novedosos sistemas formales rigorizan la inferencia diagramática. Es importante observar que en ambos casos las demostraciones son, para decirlo con la expresión de Tennant, objetos sintácticos producidos en un lenguaje formal y caracterizados por reglas de naturaleza sintáctica.

Esta observación auspicia una crítica al argumento de Tennant que no exige abandonar la tesis sintáctica sino, simplemente, abandonar la noción tradicional de sistema formal por una concepción más hospitalaria. Una objeción de esta naturaleza es, en un sentido preciso, más "interna" a la concepción de Tennant. Es decir, si enriquecemos nuestra noción de sistema formal del modo esbozado antes, podemos tener demostraciones formales en las cuales los diagramas no se han desvanecido. Por lo tanto éstos se han convertido así en, para decirlo con sus propias palabras, "proof-theoretic devices".

---

[9] Ejemplos de tales sistema formales son los propuestos para los diagramas de Venn por Sun-Joo Shin (1996), para ciertos diagramas de Peirce por E. Hammer (1995), para un subsistema axiomático de la geometría plana por I. Luengo (1996) y, más recientemente, en Miller (2007); también para la geometría euclídea, véase un sistema de deducción natural en Avigad, Dean y Mumma (2009).

Si se asume (como lo hacen algunos autores[10]) que la objeción principal al uso de diagramas radica en las dificultades de su control y los peligros de caer en el error que tal uso supuestamente conllevaría, la formalización aparece como la aplicación de la misma "terapia" llevada adelante exitosamente en el caso de la argumentación sentencial pre-formal. De esta forma, la objeción desaparecería y los diagramas lograrían, por esta vía, la plenitud de derechos en el campo matemático.

6 Observaciones finales

La defensa de la concepción de la dispensabilidad de los diagramas apoyada en el argumento de Tennant parece tambalearse. En el contexto de dicho argumento, la plausibilidad de tal concepción depende –críticamente- de la admisión de la tesis sintáctica. Se han ofrecido razones poderosas para abandonar la tesis sintáctica. Pero, aún si se aceptara dicha tesis, el argumento de Tennat depende de otro supuesto difícilmente defendible: una concepción restrictiva de sistema formal. La contraofensiva del partidario de la dispensabilidad resulta muy difícil, pues debería ser capaz de rebatir las críticas a la tesis sintáctica y, además, elaborar una noción razonable de sistema formal, que excluya aquéllos que manipulan representaciones diagramáticas. La respuesta afirmativa a la pregunta del título de este ensayo, en base a argumentos como el de Tennant, luce así decididamente insostenible.

7 Referencias bibliográficas

Allwein, Gerard y Barwise, Jon, eds. (1996). *Logical Reasoning with Diagrams*. Oxford: Oxford University Press.
Avigad, Jeremy; Dean, Edward; Mumma, John (2009). "A Formal System for Euclid's *Elements*". *The Review of Symbolic Logic* 2, pp. 700-68.
Barwise, Jon y Etchemendy, John (1995). "Heterogeneous Logic". In Chandrasekaran, B. et al. (1995).
Barwise, Jon y Etchemendy, John (1996). "Visual Information and Valid Reasoning". In Allwein, Gerard. y Barwise, Jon (1996).
Chandrasekaran, B.; Glasgow, Janice; Hari Narayaran, N., eds. (1995). *Diagrammatic Reasoning*. Menlo Park: The MIT Press.
Chateaubriand, Oswaldo (2005). *Logical Forms Part II, Logic, Language and Knowledge*. Campinas: EDUNICAMP.

---

[10] Véase, por ejemplo, Faas, H. (2000).

Etchemendy, John (1983). "The Doctrine of Logic as Form". *Linguistics and Philosophy* 6, pp. 319-34.
Etchemendy, John (1990). *The Concept of Logical Consequence.* Cambridge: Harvard University Press.
Etchemendy, John (1998). "On logical consequence" (inédito).
Faas, Horacio (2000). "Diagrams and Proofs". In Manzano, María, comp. (2000). *First International Congress on Tools for Teaching Logic.* Salamanca: University of Salamanca.
Hammer, Eric. M. (1995). *Logic and Visual Information.* Stanfiord: CSLI.
Hammer, Eric. M. (1996). "Peircean Graphs for Propositional Logic". In Allwein, Gerard y Barwise, Jon (1996).
Lassalle Casanave, Abel (1999). "La concepción de demostración de Oswaldo Chateaubriand". *Manuscrito* XXII, 2, pp.95-108.
Luengo, Isabel (1996). "A Diagramatic Subsystem of Hilbert's Geometry". In Allwein, Gerard y Barwise, Jon (1996).
Miller, Nathaniel (2007). *Euclid and his twentieth century rivals: diagrams in the logic of Euclidean geometry.* Stanford: CSLI Publications.
Seoane, José (2006a). "The Concept of Mathematical Elucidation: theory and problems". *CLE e-prints (Section Logic)* 6, 4. Dirección electrónica: http://www.cle.unicamp.br/e-prints/vol_6,n_4,2006.html
Seoane, José (2006b). "Representar y demostrar. Observaciones preliminares sobre diagramas". *Representaciones* II, 2, pp. 105-125.
Seoane, José (2008). "Elucidando el concepto de demostración. Observaciones sobre Chateaubriand". *Manuscrito* 31, 1, pp. 279-92.
Sun-Joo Shun (1996). "Situation-Theoretic Account of Valid Reasoning with Venn Diagrams". In Allwein, Gerard y Barwise, Jon (1996).
Tennant, Neil (1984). "The withering away of formal semantic". *Mind and Language* 1, 4, pp. 302-18.

6
Visualizar e Manipular: Sobre el razonamiento diagramático y la naturaleza de la deducción*

JAVIER LEGRIS

Si se acepta que existen deducciones *sustantivamente* diagramáticas, entonces debe desarrollarse una teoría lógica que considere a los diagramas como una representación admisible de inferencias deductivas en el mismo nivel, por lo menos, que las representaciones lingüísticas. Dos cuestiones son centrales para una teoría semejante: (1) la construcción de cálculos formales con diagramas, (2) una definición de *deducción* que se aplique a diagramas. La primera cuestión consiste en formular reglas adecuadas para la construcción y transformación de diagramas, tal como se hace con los sistemas formales. Respecto de la segunda cuestión, la semántica de Peirce proporciona un marco conceptual útil y apropiado, según el cual la deducción consiste en la construcción de un ícono o diagrama, cuyas relaciones son análogas a las existentes en el "objeto del razonamiento". En lo que sigue se discuten ambas cuestiones, sugiriendo además algunas ventajas de la concepción *icónica* de Peirce acerca de la deducción. Los ejemplos que se mencionan son tomados de los *Gráficos Existenciales* de Peirce.

---

* Este trabajo fue realizado en el marco del proyecto PIP 112-200801-01334 financiado por el CONICET (Argentina). Quiero agradecer a Oscar Esquisabel, Abel Lassalle Casanave, Frank Sautter y especialmente a José Seoane por sus comentarios a versiones previas del trabajo.

1 Diagramas y Teoría Lógica

La lógica matemática presupone una concepción *lingüística* de la lógica. Desde luego, existen excepciones, pero este presupuesto es predominante. Las ideas fundamentales que caracterizan a esta concepción pueden sintetizarse rápidamente en los dos puntos siguientes:

(1) La relación de deducción se da entre entidades lingüísticas (en particular, enunciados).

(2) La relación de deducción se define para fórmulas de un *lenguaje formal*, que se considera (a veces con limitaciones) una traducción de los aspectos del lenguaje ordinario relevantes para caracterizar la inferencia deductiva.

Estas ideas sirvieron para desarrollar una teoría de la lógica coherente y razonablemente exitosa, que es la que se transmite, en diferentes versiones y variantes, en muchos de los tratados y libros de texto usuales. Esta teoría incluye problemas sintácticos y semánticos y ha servido de referencia para diferentes caracterizaciones de los conceptos lógicos, que ha conducido a la formulación de diferentes lógicas. En los resultados de la teoría de modelos y la teoría de la demostración quedan ejemplificados también los alcances de esta concepción.

En esta concepción lingüística, representaciones de otro tipo tales como diagramas, figuras, etc., cumplen únicamente un papel *auxiliar* y tienen una finalidad heurística o pedagógica, tal como señaló Martin Gardner medio siglo atrás en su libro clásico sobre el tema:

> En lógica, un buen diagrama tiene varias virtudes. Muchos individuos piensan con facilidad cuando pueden visualizar pictóricamente un razonamiento, y con frecuencia resulta que un diagrama les aclara cuestiones que hubieran comprendido con dificultad en forma verbal o algebraica. Por esta razón, los diagramas lógicos son dispositivos pedagógicos extremadamente valiosos. (Gardner 1958: 28)

Entre los muchos ejemplos existentes, tal vez el más familiar sean los diagramas introducidos por John Venn en 1880 que constan de círculos intersecados, a los que se añaden diferentes marcas. Estos son aplicables tanto a la silogística como a la lógica de enunciados, y se suelen ofrecer en cursos iniciales de lógica.

De todos modos, más allá de este valor pedagógico, se supone que los diagramas expresan información cuya genuina representación se da a través del lenguaje sin más - y de manera más exacta en un lenguaje formal. Como consecuencia, en las exposiciones tradicionales de la historia de la lógica matemática las representaciones y procedimientos diagramáticos ocupan un lugar muy secundario. El pasaje siguiente de Neil Tennant es citado frecuentemente como ejemplo de esta posición:

> [El diagrama] es tan sólo una heurística para sugerir determinadas cadenas de inferencia [...], es prescindible como recurso de la teoría de la demostración; más aún no tiene un lugar propio en la demostración como tal. Pues la demostración es un objeto sintáctico que consiste únicamente en enunciados organizados en un conjunto finito e inspeccionable. (Tennant 1986: 304)

Así, puede hablarse aquí de una suerte de *logocentrismo*, en el sentido de que toda teoría de la deducción es una *teoría acerca de estructuras lingüísticas*, que tiene aspectos sintácticos y semánticos. La filosofía de la lógica del siglo XX ha girado, con muchas variantes sin duda, en torno de teorías de este tipo[1].

Por el contrario, el creciente interés en el estudio de la práctica matemática, y más en general, la práctica deductiva en las diferentes empresas racionales, el desarrollo de procedimientos gráficos en las ciencias de la computación y el estudio de la visualización en la inteligencia artificial y las ciencias cognitivas, han llevado a *tomar en serio* las demostraciones *diagramáticas*. Ejemplos de esto son tanto la idea de razonamiento heterogéneo, ejemplificada en la *Hyperproof* de Barwise y Etchemendy, en la que tanto diagramas como símbolos lingüísticos aparecen conjuntamente en una deducción, como también la idea de fundamentar la matemática sobre la base de criterios cognitivos. Estas nuevas perspectivas también han auspiciado tanto una *reinterpretación* de algunas ideas de los iniciadores de la lógica simbólica como un examen atento de sus sistemas diagramáticos. Claramente, esta perspectiva no es logocéntrica en el sentido de que no privilegia la representación lingüística; ambas formas de representación van a la par y con la misma jerarquía. Como consecuencia, la concepción lingüística de la lógica es puesta en tela de juicio.

Si se acepta que hay deducciones *sustantivamente* diagramáticas, entonces debe desarrollarse una *teoría lógica* que, a diferencia de la usual, considere a los diagramas como una forma de representación de inferencias deductivas por derecho propio, que no tiene que reducirse a una representación lingüística.

---

[1] Este punto de vista ha sido discutido extensamente por José Seoane como la "concepción de la dispensabilidad de los diagramas", quien defiende, por el contrario, la *indispensabilidad* del razonamiento diagramático, si bien limitada al plano argumental y epistémico (véase Seoane 2006: 107).

Indagando en el panorama actual, uno encuentra al menos dos *marcos generales* a partir de los cuales desarrollar una teoría semejante: (1) teoría de la información, (2) semiótica. El primer marco parte de considerar la *extracción de información* como rasgo característico de la deducción y aspira a un concepto de información que sea independiente de la forma de representación (véase Barwise & Etchemendy 1996: 22). Así, unidades de información constituyen elementos semánticos básicos, a partir de los que se definen conceptos como el de verdad[2]. El segundo marco es la teoría del signo formulada por Charles S. Peirce y que incluye la conocida clasificación de los signos en índices, íconos y símbolos[3].

2 ¿Qué es un diagrama?

En un sentido amplio, un diagrama es una representación geométrica de relaciones entre entidades. Estas relaciones son espaciales y tienen un carácter topológico. Así, la idea de diagrama implica necesariamente un concepto de espacio. La siguiente es una caracterización más exacta:

> Un diagrama es un conjunto de objetos en el plano que denotan objetos en una situación [una estructura], cuyas mutuas relaciones espaciales y gráficas denotan relaciones en aquella estructura. (Lemon & Pratt 1997).

En este nivel de generalidad, un diagrama puede estar constituido por entidades cualesquiera. No obstante, la representación es únicamente *bidimensional,* de modo que se excluye cosas como los modelos a escala. Su rasgo más peculiar reside en que las relaciones entre los objetos del diagrama representan o denotan relaciones externas al diagrama mismo. En otras palabras, la estructura del diagrama pretende ser semejante a la estructura que el diagrama representa. Esta *semejanza estructural* a veces se ha calificado como un *isomorfismo* entre el diagrama y aquello que representa, o sea ambos comparten una *misma* estructura. Por ejemplo, para Gardner la relación de isomorfismo es esencial para definir un diagrama (véase Gardner 1958: 28). En todo caso, con esta semejanza estructural se ponen de relieve las diferencias entre la representación diagramática y la lingüística.

La referencia a relaciones espaciales y gráficas sugiere la complejidad que puede presentar la construcción de un diagrama en comparación con los símbolos de un lenguaje formal. Por ejemplo, son bien conocidas las dificultades de extender los diagramas de Venn a un número grande de términos.

---

[2] Esta idea es la que se encuentra, por ejemplo, en Devlin 1991.
[3] De acuerdo con Sun-Joo Shin, Peirce fue el primero en presentar un marco teórico abarcativo para sistemas heterogéneos (Shin 2004: 34).

De hecho, estos diagramas se vuelven irrealizables *desde el punto de vista gráfico*, y esto aparece como una importante limitación para el razonamiento diagramático (aunque, por cierto, no exclusivo de este). Asimismo, la formulación exhaustiva de las reglas de construcción de diagramas exige explicitar relaciones y propiedades espaciales de las figuras, como el hecho de estar arriba, o a la izquierda unas de otras. Da la impresión de que la *naturaleza* misma de los diagramas presupone de hecho una enorme cantidad de presupuestos y limitaciones, que tornan difícil plasmar en ellos los ideales de claridad y exactitud que guiaban la construcción de lenguajes formales y que arrojan sombras de duda a una teoría diagramática de la inferencia deductiva.

3 Cálculos Formales con Diagramas

En la lógica matemática los sistemas lógicos se construyen como *cálculos formales*. Esta construcción se basa en una gramática lógica, una sintaxis, especificada por medio de reglas para generar toda configuración de símbolos o figuras admisibles, y el cálculo mismo también contiene reglas para generar las expresiones válidas del sistema. En el caso de los cálculos lógicos usuales el lenguaje permite generar fórmulas, que representan enunciados, y los cálculos dan lugar a teoremas, que representan leyes lógicas. Las reglas de generación de fórmulas y de teoremas son *recursivas* y las estructuras sintácticas a las que dan lugar son, consiguientemente, recursivas. Al cálculo formal se le proporciona una semántica mediante reglas de designación y de verdad que asignan a las figuras del cálculo entidades externas al mismo. En la especificación, tanto del lenguaje como del cálculo, los problemas relativos al tamaño de las expresiones y a la construcción efectiva de expresiones con una longitud muy grande no son tenidos en cuenta. Basta aceptar que *en principio* son construibles a partir de las reglas del cálculo, que presuponen un número infinito de símbolos. De este modo, la sintaxis no se ocupa en realidad de las figuras como objetos concretos, sino de entidades abstractas, las que pueden dar lugar a un conjunto infinito. En este sentido, las estructuras sintácticas no son más que estructuras matemáticas de cierto tipo[4].

Ahora bien, es común que los lenguajes formales adopten, en su realización fáctica, una estructura lineal para sus expresiones, y que incluso hagan uso del alfabeto latino para algunos de sus símbolos. En este sentido parecen imitar a la escritura de las lenguas occidentales, dando la impresión de for-

---

[4] Un comentario semejante (aunque en función de un objetivo diferente) ha formulado Oswaldo Chateaubriand en la segunda parte de sus *Logical Forms* y lo ha llevado a afirmar que la concepción lingüística de la lógica implica un idealismo sintáctico (véase Chateaubriand 2005: 74 y s.).

malizar los contenidos expresados en estas lenguas y su escritura. Efectivamente, esta idea subyace a algunas de las concepciones de la lógica. Sin embargo, no es una condición *necesaria* del concepto de cálculo formal, sino que es un aspecto de la presentación *gráfica* (notación) del cálculo, que obedece a preferencias pragmáticas.

Los sistemas diagramáticos pueden presentarse a la manera de un *cálculo formal*, sobre la base de introducir los diagramas por medio de reglas sintácticas y semánticas. Las reglas sintácticas determinarán cuándo un símbolo complejo es aceptado como un diagrama, es decir, está "bien formado" y qué transformaciones pueden tener lugar dentro de los diagramas o entre diagramas, según el caso. Así se llega a una definición de *derivabilidad* respecto de un sistema diagramático. Las reglas semánticas indicarán las entidades a las que se refieren los diagramas, y establecerán una relación de *consecuencia lógica* para el sistema lógico diagramático. Sobre esta base puede establecerse la adecuación del sistema diagramático con una noción semántica de validez (el caso de los diagramas de Venn, ya mencionado, es tratado en profundidad en Shin 1994).

Esta perspectiva supone una noción *general* de cálculo formal como un procedimiento para la producción de figuras a partir de figuras básicas de acuerdo con ciertas prescripciones, las reglas básicas. Toda figura se compone de un repertorio de figuras o signos básicos. Las figuras resultan a partir de la composición de signos conforme a un conjunto de reglas con la *mayor generalidad* posible. Nada se presupone acerca de la naturaleza de estas figuras o de aquello que representan. Tal como sucedía en el caso de cálculos para los lenguajes formales, se está aquí frente a una sintaxis que genera entidades abstractas, que se especifican gráficamente en los diagramas. Obviamente, estos se construyen de acuerdo con la sintaxis recursiva.

En suma, los lenguajes formales son casos de estructuras sintácticas de carácter abstracto. Diferentes presentaciones gráficas, es decir, notaciones, ejemplifican una misma estructura sintáctica. Piénsese sencillamente en los casos de la notación polaca y la notación de Hilbert, cuyas diferencias se encuentran en cuestiones prácticas[5]. En cierto sentido, estas notaciones formalizan, en principio, maneras de normalizar o regimentar partes del lenguaje ordinario con la finalidad de desarrollar una teoría lógica. Lo mismo sucederá con los cálculos formales construidos sobre la base de diagramas. La diferencia estará en que formalizan formas *no lingüísticas* de representación (que expresan un nivel de abstracción seguramente mayor que el lenguaje ordinario), y en estas la disposición y apariencia espaciales son decisivas.

---

[5] La escritura conceptual de Frege ofrece un ejemplo más interesante, por su carácter bidimensional.

4 Los Gráficos Existenciales de Peirce

Como ejemplo de sistema diagramático al que se pueden aplicar todas las consideraciones precedentes se adoptará el de los *gráficos existenciales* concebidos por Charles Sanders Peirce. Estos gráficos revestirán especial interés para presentar la semiótica como marco general para una teoría de la lógica que abarque razonamientos tanto lingüísticos como diagramáticos. No hay dudas de que Peirce es uno de los fundadores de la lógica matemática. A partir de sus estudios sobre lógica de relaciones y al extender los resultados de Boole y sus contemporáneos, formuló uno de los "prototipos" de lo que conocemos ahora como lógica de primer orden. Los primeros trabajos lógicos de Peirce, confeccionados a partir de la década de 1860, son estrictamente algebraicos y se basan en el álgebra de la lógica desarrollada por Boole y en las ideas acerca de las relaciones formuladas por De Morgan. Simultáneamente Peirce comenzó a desarrollar su *semiótica*, como una teoría general de los signos. Dividió esta teoría en tres grandes partes: (i) gramática especulativa, (ii) lógica crítica y (iii) retórica formal (Peirce CP 1.444, 2.093). La lógica en sentido estricto es la segunda de estas partes. En esta perspectiva semiótica se enmarcan los gráficos de Peirce, y en esto se diferencia de otros autores de la misma época (por ejemplo Venn y Carroll) que también formularon métodos diagramáticos para la lógica.

Peirce comenzó a trabajar en sus gráficos existenciales prácticamente sobre el filo del siglo XX. Para esta época ya había hecho lo que en la historia tradicional de la lógica matemática aparecen como sus contribuciones más importantes. No obstante, él consideró a estos gráficos existenciales su *chef d'oeuvre*; en una carta le escribió a William James que esta debía ser la lógica del futuro (véase Roberts 1973: 11).

Cualquier sistema diagramático puede ser reconstruido como un cálculo formal. En el caso de los gráficos existenciales se obtiene una versión diagramática de la lógica de primer orden. Peirce desarrolló su sistema de gráficos existenciales "Alpha" para la lógica de conectivas y el sistema "Beta" para la cuantificación (en Hilpinen 2004: § 5 se hace una presentación resumida; una exposición detallada se encuentra en Roberts 1973)[6]. Dicho muy sucintamente, los gráficos alpha parten de suponer una hoja en blanco, la *hoja de aseveración* sobre la que se inscriben letras de enunciado y también círculos o elipses, a los que Peirce llama "cortes". Todo enunciado que aparece en la hoja se afirma como verdadero (véase Peirce CP 4.421 y 4.431). Los cortes representan negaciones y dos o más enunciados inscriptos dentro

---

[6] Aquí se sigue la interpretación de los gráficos existenciales como una presentación de la lógica de predicados. Los textos de Peirce hacen admisible esta interpretación. No obstante, existen otras interpretaciones, según la cual representan una lógica de conceptos.

un corte se interpretan como su conjunción. Con estos elementos se representan las funciones de verdad. Por ejemplo, un condicional "Si P entonces Q" como la negación de la conjunción de P y la negación de Q, lo que queda expresado por el gráfico siguiente:

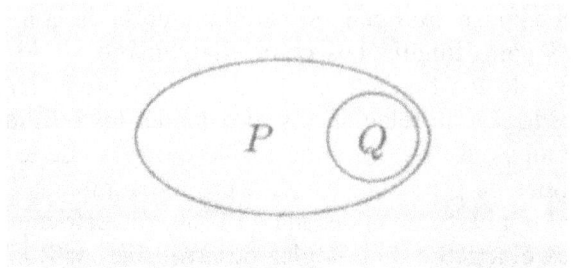

(véase Peirce CP 4.378).

No es difícil concebir reglas de formación para estos gráficos. El vocabulario estaría dado letras de enunciado P, Q, R, S, etc. y los círculos o elipses, los *cortes*, presuponiendo la hoja de aseveración:

(1) Cualquiera de las letras P, Q, R, S, T, eventualmente con subíndices, inscriptas en la hoja de aseveración son gráficos Alpha.

(2) Si $A_1, \ldots, A_n$ son gráficos de Alpha dispuestos en la hoja de aseveración, entonces todos ellos conjuntamente son un gráfico Alpha.

(3) Si A es un gráfico de Alpha, entonces el corte de A es un gráfico Alpha.

(4) Sólo son gráficos los producidos por las cláusulas (1) – (3).

Así se obtiene una *definición recursiva* del concepto de *ser gráfico Alpha*. Además, Peirce proporcionó una serie de reglas para realizar deducciones lógicas con los gráficos, que básicamente son reglas de inserción o borrado en la hoja de aseveración (véase Peirce CP 4.505-508). Estas reglas pueden formularse como las reglas de un cálculo formal, que requieren además especificar las áreas anidadas dentro de los cortes y la "hoja vacía". Como ejemplo, tenemos las tres siguientes, presentadas de un modo simplificado:

(R1) Regla de inserción: Dada un área con un número impar de cortes, puede insertarse cualquier gráfico.

(R2) Regla de iteración: Si un caso de un gráfico A aparece en un área, entonces puede insertarse otro caso de A en el área o en un área anidada en A.

(R3) Regla de doble corte: Dos cortes pueden ser inscriptos o removidos de cualquier gráfico, suponiéndose que ningún gráfico aparece entre ambos cortes.

Con reglas de este tipo puede definirse el concepto de *derivación en Alpha* de un gráfico (la conclusión) a partir de un número finito de gráficos (las premisas) como una sucesión de gráficos que parte de las premisas y llega a la conclusión y en el que los sucesivos gráficos diferentes de las premisas resultan de la aplicación de las reglas del sistema Alpha. Un *teorema en Alpha* será una derivación a partir de la hoja vacía.

La siguiente es una derivación de la ley lógica "Si P entonces P" como un teorema en el sistema Alpha a partir de la hoja de aseveración vacía que consta de cuatro pasos

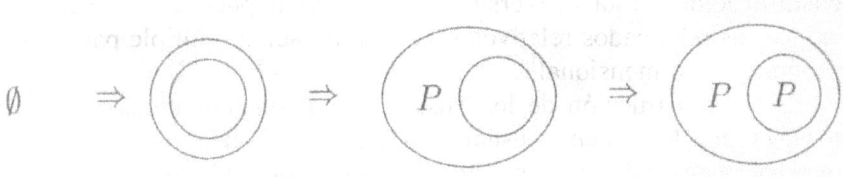

(véase Hilpinen 2004: 635). El símbolo ∅ representa la hoja vacía y la doble flecha indica la aplicación de reglas. El segundo gráfico se obtiene del primero por (R3), el tercero resulta del segundo por (R1) y el último por (R2)[7].

Observando los sistemas diagramáticos existentes, parece viable clasificarlos en dos grandes grupos: de un lado, aquellos en los que la conclusión queda diagramada al diagramar las premisas y, de otro lado, aquellos en los que los diagramas correspondientes a las premisas requieren ser transformados mediante reglas a fin de obtener la conclusión. Usando una terminología que aparece en Peirce, los primeros son *estáticos*, los segundos son *dinámicos*. Obviamente, los diagramas alpha pertenecen al segundo tipo[8].

---

[7] Nótese que el gráfico resultante también representa al principio de no contradicción "P y no P".

[8] Esta clasificación tiene importancia y está emparentada con a la distinción entre sistemas de *decisión* y sistemas de *demostración*. En los sistemas estáticos, las reglas sirven para construir diagramas que representan información. En los sistemas dinámicos las reglas prescriben sobre

Sobre esta base, puede pensarse en resolver problemas lógicos tales como la consistencia del sistema e incluso establecer su adecuación con la semántica usual de valores de verdad[9]. El análisis y la resolución de estos problemas no ofrecen diferencias sustanciales con el caso de sistemas formales no diagramáticos. Desde ya, pueden advertirse algunas dificultades en la explicitación de todas las reglas, dado que se emplean convenciones espaciales implícitas. Por lo demás, el sistema Alpha no es exclusivamente diagramático, pues las letras mayúsculas representan enunciados. Sin embargo, es interesante observar que los conceptos lógicos tienen una representación diagramática. *Los conceptos lógicos son visualizados mediante líneas dispuestas en la hoja de aseveración*. En el caso del sistema Alpha, todas las funciones de verdad de la lógica clásica pueden representarse mediante gráficos, siendo los cortes y la disposición de las letras dentro y fuera de los cortes los elementos básicos para construir los diagramas (en este sentido no muy lejos de las barras de la escritura conceptual de Frege). En el sistema Beta, otros signos se añaden para expresar los cuantificadores. Nótese también que la conversión del sistema Alpha en un sistema lineal es muy sencilla, pensando en corchetes en lugar de círculos o elipses para los cortes. Por ejemplo [P] representaría la negación de P. En el caso del sistema Beta para la lógica cuantificacional esta conversión es más difícil pues la representación que exigen los predicados relativos y la cuantificación múltiple parece ser necesariamente bidimensional[10].

Esta reconstrucción de los razonamientos diagramáticos como cálculos, los asimila a los sistemas usuales en lógica simbólica. Por consiguiente, sus peculiaridades, tal como se comentaba en la primera sección, no parecen ir más allá de cuestiones didácticas y perceptivas. Si esto es así, los sistemas diagramáticos no presentan rasgos que los tornen indispensables en la elucidación del concepto de deducción, y, en todo caso, el problema a discutir es la función de los lenguajes y sistemas formales en esta elucidación. Sin embargo, Peirce, con su perspectiva semiótica, vio en el razonamiento diagramático la deducción *par excellence*.

---

la transformación de diagramas ya dados, y serían sistemas que representan el proceso de deducción.

[9] Una semántica tarskiana para los gráficos existenciales está desarrollada en Hammer 1998.

[10] Los gráficos existenciales tornan visuales interesantes propiedades de los conceptos lógicos, como por ejemplo, la vinculación entre corte e hipótesis o supuesto, que ha llevado a comparar los gráficos existenciales con la deducción natural. También la noción de contradicción y el principio del *ex falso quodlibet* quedan sugerentemente representados. Finalmente, la comparación con la notación conceptual de Frege pone de relieve el fuerte carácter diagramático de este último sistema

5 Diagramas y la Naturaleza Icónica de la Deducción

Una de las clasificaciones semióticas de los signos (tal vez la más difundida) distingue entre íconos, índices y símbolos (véase Peirce CP: 2.247 y ss.). Los diagramas caen dentro de la categoría de íconos. La idea que se tiene de un ícono es, en general, la de un signo que se refiere a su objeto mediante una relación de similaridad. Para entender los rasgos distintivos de los diagramas en tanto íconos es indispensable aclarar en qué consiste esta relación de similaridad.

Peirce consideraba diagramática a toda forma de "razonamiento necesariamente válido" (es decir, razonamientos deductivos, véase, por ejemplo, Peirce CP: 4.431). Los diagramas son un tipo de íconos. Para Peirce los íconos son esencialmente signos que pueden ser manipulados con el fin de extraer información acerca de sus denotados. Esta caracterización implica la observación de signos y también acciones sobre estos, acciones que forman parte de lo que se denomina "visualización". En este marco, la deducción consiste para Peirce en la construcción de un ícono o diagrama, cuyas relaciones son análogas a las existentes en el "objeto del razonamiento". Por lo tanto, la función del ícono es en este caso hacer visible (o "visualizar") la *estructura del razonamiento* (y esto es algo que no es posible hacer en el lenguaje ordinario). En un pasaje de su obra *The New Elements of Mathematics*, Peirce afirma:

> Un diagrama es un ícono de un conjunto de objetos racionalmente relacionados. [...] El diagrama no sólo representa los correlatos vinculados, sino también, y de manera mucho más definida, la relación entre ellos. [...] El razonamiento necesario lleva a una conclusion *evidente*. ¿Qué es esta 'evidencia'? Ella consiste en el hecho de que la verdad de la conclusión es *percibida*, en toda su generalidad, y en la generalidad del cómo y por qué la conclusión es percibida. [...] Es [...] un rasgo muy extraordinario de los diagramas que ellos *muestran* [...] que se sigue una consecuencia. [...] De todos modos, no es el diagrama-ícono estático que muestra directamente esto, sino el diagrama-ícono construido con una intención. (Peirce, NEM IV: 316)

Así, la idea de Peirce acerca del carácter icónico de la deducción puede reconstruirse del modo siguiente. La relación de similaridad entre significante y significado que vale para el caso de los diagramas es el de una similaridad *estructural*; una similaridad exclusivamente entre las relaciones. El diagrama es una estructura compleja *que puede ser manipulada*, de modo de hacer lo que Peirce llama *'experimentos'* sobre ella. En estos experimentos se va determinando aquello que determina la *construcción* del diagrama. Es decir, al ver y manipular el diagrama se aprende sobre las reglas de su construcción[11]. De estas operaciones resulta un signo que *muestra* información implícita en el diagrama. Esta idea ya está presente en obras anteriores de Peirce. En su conocido trabajo de 1885 sobre álgebra de la lógica puede leerse:

> Todo razonamiento deductivo [...] contiene un elemento de observación, a saber, la deducción consiste en construir un icono o diagrama, la relación de cuyas partes presentan una completa analogía con aquellas de las partes del objeto de razonamiento, del experimentar sobre esta imagen en la imaginación y de observar el resultado, de modo de descubrir relaciones no advertidas y ocultas entre las partes. (Peirce CP: 5.165; 3.363)

Tanto los *diagramas* como las expresiones del *álgebra* son íconos y los sistemas construidos respectivamente en ambos casos realizan un *análisis* del proceso de deducción en sus elementos básicos (véase Peirce CP: 4.424).

Como consecuencia, el sistema del álgebra para la lógica tiene también un carácter icónico. La diferencia entre los signos algebraicos y los diagramas reside en que los aspectos icónicos son preponderantes en los diagramas; estos *hacen visible* la información lógica. Y este hecho es una ventaja que los diagramas tienen respecto del álgebra.

Se mencionó que el sistema diagramático de Peirce es dinámico: Los pasos determinados por la aplicación de reglas son pasos de un proceso, al que él llamaba *curso de pensamiento*:

> "Me refiero a un Sistema de diagramatización por medio del cual cualquier curso de pensamiento puede ser representado con exactitud". (Peirce CP: 4.530)

Vale concebir esta representación como un dibujo animado: *imágenes en movimiento del pensamiento*. Para entender mejor su funcionamiento, Peirce los compara con el uso de mapas en una campaña militar (*ibid.*): en el mapa se van señalando las diferentes ubicaciones posibles e hipotéticas según los diferentes cursos o caminos que vaya tomando una batalla. Así se entiende que los diagramas permitan hacer "experimentos", es decir manipular los diagramas de manera tal que sea posible visualizar las situaciones hipotéticas, y en este punto Peirce recurre a la analogía con los experimentos en química y física (*ibid.*). En estos casos los objetos de la investigación son estructuras físicas tales como estructuras moleculares y la experimentación concierne a las relaciones dentro y entre estructuras moleculares. En el caso de los diagramas lógicos, el objeto está constituido por la *forma de una rela-*

---

[11] Frederik Stjernfelt ha señalado que esta es una concepción *operacional* de similaridad, bien diferente de la semejanza psicológica perceptiva o la mera identidad (véase Stjernfelt 2006 y 2007: 90).

ción, y esta forma de la relación es la misma que la que se da entre dos elementos del diagrama. En suma, los diagramas *representan formas lógicas*. Las reglas de los gráficos existenciales son "reglas formales", por medio de las cuales "un gráfico puede ser transformado en otro sin peligro de pasar de la verdad a la falsedad y sin hacer referencia a interpretación alguna de los gráficos" (Peirce CP: 4.423).

6 Conclusiones

En el siguiente texto, Peirce resume sus ideas sobre el razonamiento diagramático:

> "Por razonamiento diagramático entiendo el razonamiento que construye un diagrama de acuerdo con un precepto expresado en términos generales, realiza experimentos sobre este diagrama, toma nota de sus resultados, se asegura de que experimentos realizados sobre cualquier razonamiento que sea construido con el mismo precepto tengan los mismos resultados, y expresa esto en términos generales." (Peirce NEM 4: 47-48)

De acuerdo con esto, el razonamiento diagramático es antes que nada un método de deducción. Como se mencionó antes, este método es el que representa mejor el "curso del razonamiento", esto es, la estructura de la deducción. La deducción se define como un *operar con diagramas*. Los diagramas son un modo de representación *estructural* (representa estructuras) que *privilegia aspectos visuales*. La faceta operativa y la estructural son *ambas* esenciales para caracterizar la deducción tal como Peirce lo hace, y es en los diagramas que ambos aspectos se ponen de manifiesto más expresamente. Las deducciones algebraicas son también diagramáticas, sólo que en mucha menor medida (es decir, el aspecto icónico, en sus dos facetas, es menos evidente). Sobre esta base, queda claro que no hay problema alguno en concebir cálculos formales con diagramas.

Desde el punto de vista semiótico, los lenguajes formales son sistemas de naturaleza muy diferente a la del lenguaje ordinario (o, mejor, a su escritura), de modo que no es posible establecer comparaciones exactas entre ambos. Como consecuencia, la teoría lógica resultante no es una reconstrucción de la "lógica del lenguaje ordinario" (aunque, obviamente, en el lenguaje ordinario también se representen las estructuras lógicas). A fines ilustrativos, la relación entre la representación diagramática y el lenguaje ordinario puede equipararse con la relación entre los sistemas de escritura y la lengua oral. En general, la escritura no es únicamente una transcripción de la lengua oral. Tal es claramente el caso de las escrituras llamadas ideográficas, las que son independientes de la lengua oral.

Ahora bien, los textos de Peirce no explicitan claramente la naturaleza de las entidades que los diagramas y su proceso de construcción representan. Frente a la opción de un platonismo *simpliciter*, que considere las formas lógicas como entidades abstractas visualizadas mediante los diagramas, la definición de razonamiento diagramático presupone *prima facie* una concepción *pragmática*. La elucidación de la relación entre el diagrama y lo que representa hace referencia a las *acciones* de quien construye el diagrama y de quien lo interpreta, y además es propio de los diagramas el hecho de tener una *pluralidad* de interpretaciones. En esta concepción son decisivos los aspectos cognitivos y las cuestiones semánticas se tornan inseparables de las pragmáticas. Ahti-Veikko Pietarinen lamenta que Peirce no ofrezca una explicación de *cómo* los gráficos nos dan a conocer visualmente el curso del pensamiento (v. Pietarinen 2006: 104-105). A modo de conjetura, las herramientas de la semántica basada en la teoría general de la demostración podrían ser útiles para completar esta teoría pragmática.[12]

7 Referencias

Barwise, Jon & John Etchemendy (1996). "Visual Information and Valid Reasoning". En *Logical Reasoning with Diagrams*. comp. por Allwein, Gerard & Jon Barwise. Nueva York – Oxford: Oxford University Press, 1996, pp. 3-22.

Chateaubriand, Oswaldo (2005). *Logical Forms. Part II. Logic, Language and Knowledge*. Campinas: UNICAMP, Centro de Lógica, Epistemologia e História da Ciência.

Devlin, Keith (1991). *Logic and Information*. Cambridge *et a.l*: Cambridge University Press.

Gardner, Martin (1958). *Logic Machines and Diagrams*. Nueva Cork – Toronto – Londres: McGraw-Hill.

Hammer, Eric M. (1998). "Semantics for Existential Graphs". *Journal of Philosophical Logic* XXVII, pp. 489-503.

Hilpinen, Risto (2004). "Peirce's Logic". *Handbook of the History of Logic, volumen 3. The Rise of Modern Logic: From Leibniz to Frege*. Compilado por Dov M. Gabbay & John Woods. Amsterdam *et al.*: Elsevier, pp. 611-658.

Lemon, Oliver & Ian Pratt (1997). "Spatial Logic and the Complexity of Diagrammatic Reasoning". *Machine Graphics and Vision* VI (1), pp. 89-108.

Peirce, Charles Sanders. CP. *Collected Papers*. 8 volúmenes, vols. 1- 6 compilados por Charles Hartshorne & Paul Weiss, vols. 7-8 compilados por Arthur W. Burks. Cambridge (Mass.): Harvard University Press, 1931-1958.

Peirce, Charles Sanders. NEM. *The New Elements of Mathematics* by Charles S. Peirce, 4 vols., comp. por Carole Eisele. The Hague: Mouton, 1976.

---

[12] Pietarinen mismo sigue un camino diferente y aplica la semántica basada en teoría de juegos desarrollada por Jaakko Hintikka, que tiene algunos puntos en común con la semántica basada en el concepto de demostración.

Peirce, Charles Sanders. W. *Writings of Charles Sanders Peirce. A Chronological Edition*, comp. por Peirce Edition Project. Bloomington & Indianapolis, Indiana University Press, 1981, 6 vols.

Pietarinen, Ahti-Veikko (2006). *Signs of Logic. Peircean Themes on the Philosophy of Language, Games and Communication*. Dordrecht: Springer.

Roberts, Don (1973). *The Existential Graphs of Charles. S. Peirce*. The Hague: Mouton.

Seoane, José (2006). "Representar y demostrar. Observaciones preliminaries sobre diagramas". *Representaciones. Revista de Estudios sobre Representaciones en Arte, Ciencia y Filosofía* II (2), pp. 105-125.

Shin, Sun-Joo (1994). *The Logical Status of Diagrams*. Cambridge, et al.: Cambridge University Press.

Shin, Sun-Joo (2004). *The Iconic Logic of Peirce's Graphs* . Cambridge, MA: MIT Press.

Stjernfelt, Friederik (2006). "Two Inconicity Notions in Peirce´s Diagrammatology". *ICCS 2006*, comp. por H. Schärfe, P Hitzer y P. Øhrstrøm, Berlin – Heidelberg: Springer.

Stjernfelt, Friederik (2007). *Diagramatology. An Investigation on the Boderlines of Phenomenology, Ontology and Semiotics*. Berlin – Heidelberg: Springer.

7
Provas como Figuras e Figuras como Provas em Wittgenstein

Luiz Carlos Pereira
Camila Jourdan

1 Introdução

O uso de diagramas em demonstrações matemáticas tem uma longa e interessante história que se confunde mesmo com o próprio desenvolvimento desta disciplina. Entretanto, a visão dominante hoje parece ser a de que tal uso teria apenas uma função pedagógica ou acessória nas demonstrações matemáticas. As figuras não seriam entendidas como componentes essenciais desse tipo de procedimento de justificação, mas deveriam sempre ser acompanhadas ou traduzidas, sem perda de conteúdo, por representações linguísticas proposicionais. A visão que pretendemos apresentar se afasta desta concepção dominante. Nosso objetivo aqui consiste em mostrar como as figuras não são elementos meramente acessórios para a concepção de prova defendida pelo segundo Wittgenstein. Muito pelo contrário, figuras exibiriam de modo particularmente claro algumas características que são fundamentais para uma compreensão adequada do conceito de demonstração matemática que Wittgenstein pretende sustentar. Não apenas as figuras seriam componentes essenciais das demonstrações, mas os componentes das demonstrações, em geral, deveriam funcionar como figuras. Buscaremos mostrar que a própria falência da distinção entre o meramente diagramático e o meramente sentencial é uma consequência natural do caráter normativo da matemática. Se nossa tese estiver correta, a relação entre provas e figuras pode contribuir de forma determinante para elucidar algumas noções e posições tão centrais, quanto polêmicas, da concepção *wittgensteiniana* de matemática. Neste texto, daremos especial atenção à (1) recusa de uma distinção entre um âmbito do *em princípio* e um âmbito do *factual* na matemática, e à (2) natureza dos raciocínios e juízos hipotéticos, em particular dos procedimentos por redução ao absurdo.

Visualização nas Ciências Formais.
Abel Lassalle Casanave & Frank Thomas Sautter (eds.).
Copyright © 2012.

Em um primeiro momento, procuraremos investigar a relação entre o papel essencial que figuras desempenham no estabelecimento de necessidades e a tese, que consideramos central para Wittgenstein, de que a matemática jamais supõe possibilidades dadas anteriormente (pré-determinadas) ao que é estabelecido (ou atualizado) por meio de uma prova. A partir disso, poderemos também ver, com relação aos raciocínios hipotéticos e, em especial, aos procedimentos por absurdo, que a ausência de possibilidades anteriores à atualização não anula o uso normativo das proposições no cálculo. Se a matemática não lida com a representação de um âmbito independente, as contradições supostas nos procedimentos por absurdo jamais foram possíveis *em princípio*, no mesmo sentido que as proposições provadas necessárias também não o foram. Deverá então ficar claro que não supomos possibilidades para o impossível exatamente do mesmo modo que não precisamos de possibilidades anteriores para o necessário.

2 Estabelecendo Novas Conexões

Para Wittgenstein, provas matemáticas deveriam ser capazes de estabelecer o caráter necessário das proposições matemáticas. Boa parte das observações do autor sobre o tema consiste em investigar como isto é possível, ou seja, em responder a questão: se provas matemáticas são capazes de conferir um estatuto especial às proposições provadas, que características elas devem possuir para poder fazer o que fazem? Ou, dito de outro modo: o que permite que uma prova matemática prove o que ela prova?

> What is unshakably certain about what is proved? To accept a proposition as unshakably certain – I want to say – means to use it as a grammatical rule: this removes uncertainty from it. "Proof must be capable of being taken in" really means nothing but: a proof is not an experiment. We do not accept the result of a proof because it results once, or because it often results. But we see in the proof the reason for saying that this *must be* the result. What proves is not that this correlation leads to this result – but that we are persuaded to take these appearances (pictures) as models for what it is like if....The proof is our new model for what it is like if nothing gets added and nothing taken away when we count correctly etc...(...) (*RFM*, III, 39)

Quando Wittgenstein investiga provas por figuras, ou como figuras podem funcionar como provas matemáticas, ele está buscando uma clarificação dos elementos envolvidos na própria noção de necessidade matemática em geral. Trata-se, portanto, de elucidar, ao mesmo tempo, como provas podem provar o que provam, conferindo necessidade a uma proposição; e o que torna uma figura fundamental para uma demonstração.

Proof, one might say, does not merely shew *that* it is like this, but: *how* it is like this. It shows *how* 13 + 14 yield 27. "A proof must be capable of being taken in" means: we must be prepared to use it as our guide-line in judging. When I say "a proof is a picture" – it can be thought of as a cinematographic picture. We construct the proof once for all. A proof must of course have the character of a model. The proof shews us the result of a procedure (the construction); and we are convinced that a procedure regulated in *this* way always leads to this configuration. (*RFM*, III, 22)

Seguindo então Wittgenstein, cumpre-nos inicialmente perguntar não apenas o que faz com que uma figura possa funcionar como uma prova, mas como provas matemáticas, no geral, podem funcionar como figuras.

(...) The proof does not serve as an experiment; but it does serve as the picture of an experiment. (*RFM*, I, 36)

When we say that a proof is a model, - we must, of course, not be saying anything new. Proof must be a procedure of which I say: Yes, this is how it has to be; this must come out if I proceed according to this rule. Proof, one might say, must originally be a kind of experiment – but is then taken simply as a picture. If I pour two lots of 200 apples together and count them, and the result is 400, that is not a proof that 200 + 200 = 400. That is to say, we should not want to take this fact as a paradigm for judging all similar situations. To say: "these 200 apples and these 200 apples come to 400" – means: when one puts them together, none are lost or added, they behave normally. (*RFM*, III, 23)

"This is the model for the addition of 200 and 200" – not: "this is the model of the fact that 200 and 200 added together yield 400". The process of adding did indeed yield 400, but now we take this as the criterion for the correct addition – or simply: for the addition – of these numbers. The proof must be our model, our picture, of how these operations have a result. The 'proved proposition' expresses what is to be read off from the proof-picture. The proof is now our model of correctly counting 200 apples and 200 apples together: that is to say, it defines a new concept: 'the counting of 200 and 200 objects together'. Or, as we could also say: "a new criterion for nothing's having been lost or added". (*RFM*, III, 24)

Primeiramente, de acordo com Wittgenstein, é necessário que a figura seja responsável pela introdução de novas relações conceituais sob o pano de fundo de relações já dadas. O estabelecimento de tais relações, no jargão *wittgensteiniano*, "internas", apenas ocorreria na medida em que o uso da figura se distanciasse do uso que ela poderia ter em um experimento:

What is the characteristic use of the derivation procedure as a calculation – as opposed to its use as an experiment? We regard the calculation as demonstrating an internal property (a property of the essence) of the structures. But what does that mean? The following might serve as a model of an 'internal property':

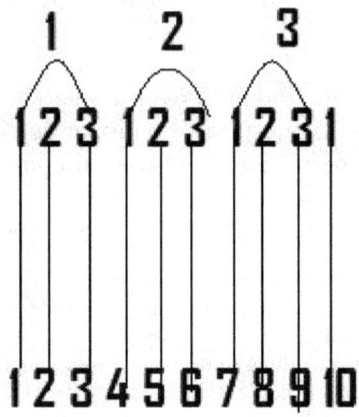

$10 = 3 \times 3+1$
Now when I say: 10 strokes necessarily consist of 3 times 3 strokes and 1 strokes – that does not mean: if there are 10 strokes there, then they have always got these figures an loops round them. (...) (*RFM*, I, 99)

Para que uma figura funcione como prova, ela não pode jamais dizer respeito às propriedades de um grupo particular de objetos, nem às características de um objeto particular apenas descobertas quando a figura é traçada.

One might for example take this figure:

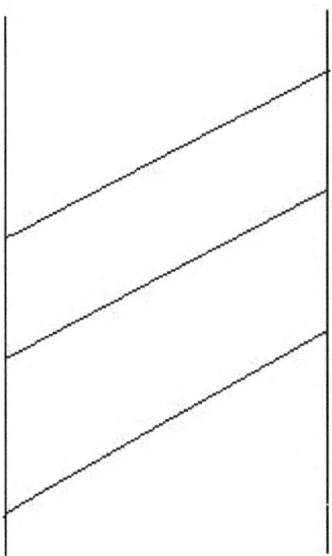

as a proof of the fact that 100 parallelograms arranged like this must yield a straight strip. Then, when one actually does put 100 together, one gets e.g. a slight curved strip. – But the proof has determined us to use this picture and form of expression: if they don't yield a straight strip, they were not accurately constructed. (*RFM*, I, 54)

Just think, how can the Picture (or procedure) that you shew me now oblige always to judge in such-and-such way? If what we have here is an experiment, then surely one is too little to bind me to any judgment. (*RFM*, I, 55)

Por meio de uma prova estabelecemos regras/padrões, pelos quais passamos a julgar a experiência. Uma figura funcionaria nesse sentido como uma prova quando fosse capaz de traçar conexões entre sistemas de relações de modo a introduzir novas normas: "Mathematical conviction might be put in the form 'I recognize this as analogous to that." (*LFM, Lecture VI*, p.63) Considerando-se os exemplos geométricos, a relação entre a modificação conceitual exercida por uma prova e a capacidade de 'reconhecer algo como análogo a outro algo' pode ficar mais clara. Dividindo-se um hexágono em seis triângulos, colocamos o hexágono em uma rede de relações conceituais, a partir das quais podemos usá-lo de maneira diversa, isto é, podemos relacioná-lo internamente com conceitos anteriormente independentes.

A rectangle can be made of two parallelograms and two triangles. Proof:

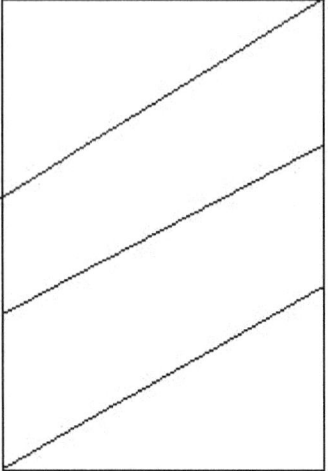

I can imagine the child, after having put the two parallelograms together in this way, not believing his eyes when he sees that they fit like that. 'They don't look as if they fitted together like that.' And I could imagine its being said: It's only through some hocus-pocus that it looks to us as if they yielded the rectangle – in reality they have changed their nature, they aren't the parallelograms any more. (*RFM*, I, 50)

O que permitiria a aparente mudança conceitual operada por este traçado de *relações internas* na prova é particularmente importante para a compreensão do que ocorreria em uma demonstração matemática, no geral, para Wittgenstein. Figuras funcionariam como demonstrações na medida em que introduzissem um novo conceito sob o pano de fundo de outras conexões[1], de tal modo que a proposição provada adquirisse um novo sentido e pudesse ser utilizada como norma em outros contextos nos quais ela não era antes utilizada.

3 Factuais com Estatuto em Princípio

Mas como realmente mudanças conceituais podem ser produzidas por prova? E qual a função de figuras no estabelecimento de tais mudanças? Por um lado, como já notamos, não se trata de realizar um experimento, dado o caráter necessário das relações em questão. Por outro lado, não se trata de um

---

[1] "But the change produces a surprise not produced by the recognition. If you search in a figure (i) for another figure (2), and then find it, you see (i) in a new way." *(PI,* II, XI)

procedimento que suponha ou diga respeito a condições 'em princípio' anteriormente determinadas, dado o caráter de modificação conceitual operada pela demonstração. Sendo assim, o que é construído mediante a prova não é um objeto atual, mas também não é a representação de um objeto previa e independentemente dado *em princípio*[2]. Trata-se, antes, do que gostaríamos de denominar aqui um *factual com estatuto de em princípio*. O que isso significa pode ficar mais claro mediante o exame das seguintes passagens:

> 39. What do I convince anyone of, if he has followed the film projection of the experiment with the hundred marbles? One might say, I convince him that *it happened like that?* – But this would not be a mathematical conviction. – But can't I say: *I impress a procedure on him*? This procedure is the regrouping of 100 things in 10 rows of 10. And this procedure can *as matter of fact* always be carried out again. And he can rightly be convinced of that.
>
> 40. And this is how the proof impresses a procedure on us by drawing projection-lines: the procedure of one-one correlation of the H and P. – "But doesn't it also convince me of the fact that this [nota marginal: Is 'this correlation' here the correlation of the patterns in the proof itself? A thing cannot be at the same time the measure and the thing measured.] correlation is *possible*?" – If that is supposed to mean: you can always carry it out –, then that doesn't have to be true at all. But the drawing of the projections-lines convinces us that there are as many lines above as angles below; and it supplies us with a model to use in correlating such patterns. – "But surely what the model shews in this way is that it does work, not that it did work this time? In the sense in which it wouldn't have worked if the top figure had

---

[2] "The drawing of a Euclidian proof may be inexact in the sense that the straight lines are not straight, the segments of circles not exactly circular, etc. etc. and at the same time the drawing is still an exact proof; and from this it can be seen that this drawing does not – e.g. – demonstrate that such a construction results in a polygon with five equal sides; that what it proves is a proposition of geometry, not one about the properties of paper, compass, ruler and pencil." (*RFM*, III, 1) "(...) One would like to say: the proof changes the grammar of our language, changes our concepts. It makes new connexions, and it creates the concept of these connexions. (It does not establish that they are there, they do not exist until it makes them.)" (*RFM*, III, 31) "What convinces us – that is the proof: a configuration that does not convince us is not the proof, even when it can be shewn to exemplify the proved proposition. That means: it must not be necessary to make a physical investigation of the proof-configuration in order to shew us what has been proved." (*RFM*, III, 39) "And yet there is something in saying that a mathematical proof creates a new concept. – Every proof is as it were an avowal of a particular employment of signs. (...) The idea that proof creates a new concept might also be roughly put a follows: a proof is not its foundations plus the rules of inference, but a new building – although it is an example of such and such a style. A proof is a new paradigm. (...) The proof creates a new concept by creating or being a new sign. Or – by giving the proposition which is its result a new place. (...) It is not something behind the proof, but the proof, that proof." (*RFM*, III, 41-42)

been I I I I I I instead of I I I I I". – How is that? Doesn't it work then? Like this e.g.:

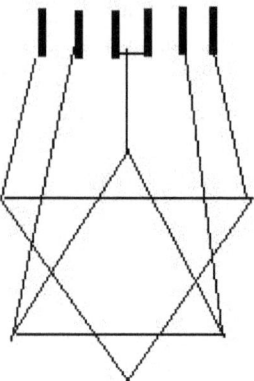

This figure too could be used to prove something. It could be used to shew that groups of these forms cannot be given a I-I correlation. 'A I-I correlation is impossible here' means, e.g., "these figures and I-I correlation don't fit together."
"I didn't mean it like that!" – Then shew me how you mean it, and I'll do it. But can't I say that the figures shews *how* such a correlation is possible and mustn't it for that reason also shew *that* it is possible? (*RFM*, I, 39, 40)

Estas passagens são interessantes porque nelas Wittgenstein parece, a partir de um diálogo imaginário, mostrar oscilações entre uma abordagem modal e uma abordagem factual de provas por meio de figuras. Essas oscilações deixam claro como a manutenção de apenas um dos aspectos não funciona e expressam como ambos os aspectos estão necessariamente presentes. Elas foram marcadas em itálico pelo próprio Wittgenstein nas passagens citadas. Ainda na passagem 39, a primeira resposta ao que ocorre mediante um suposto experimento com bolas de gude diz respeito a um aspecto completamente factual e temporal: 'alguém é convencido de que isso aconteceu'. Obviamente, isso não poderia ser uma convicção matemática, necessária, protesta um dos interlocutores, e a resposta faz já menção a algo com um estatuto geral: aparece a noção de um 'procedimento' que poderia, como uma questão de fato, ser sempre executado novamente. Esta última resposta, que apela a uma possibilidade que seria apenas factual, é também descartada logo em seguida como insuficiente, pois não seria sempre verdadeiro que podemos factualmente executar o procedimento. Nesta intervenção, aparece ainda uma nota muito importante, acrescentada na margem por Wittgenstein, questionando o caráter particular dos padrões nas provas por figuras: 'essa correlação' mencionada na passagem não diria respeito simplesmente à correlação na prova em questão, pois algo não pode ser ao mesmo tempo o padrão de medida e a coisa mensurada, ou seja, se fosse um padrão completamente particular, ele suporia a medida (ou as relações) que deveria representar. Sendo assim, chegamos à idéia pela qual a figura nos fornece *um modelo* para ser usado em relação com outros padrões semelhantes. Mas o interlocutor deseja ainda ressaltar o caráter não factual desse modelo, pois ele deve mostrar o que podemos fazer e não apenas o que fizemos esta vez, desde que, justamente, não poderíamos fazer uma correlação impossível. É aqui, portanto, já quase no final da passagem 40, que o aspecto relativo aos procedimentos por absurdo vem em socorro para mostrar o ponto em questão: a figura também poderia mostrar a impossibilidade, mas não porque supõe a possibilidade *em princípio* do desenho da relação impossível, mas porque por meio dela seguimos fazendo determinadas correlações e não outras, desistimos de colocar determinados padrões juntos e não outros. Sendo assim, é o caso que o particular tem ali um uso geral, e não que ele supõe ou represente alguma coisa com natureza geral dada independentemente. A partir disso, Wittgenstein conclui na passagem seguinte:

> (...) I should like to say that it is not merely these individual figures that are correlated in the proof, but the shapes themselves. But this surely only means that these shapes are well impressed on my mind; are impressed as paradigms. (...) (*RFM*, I, 41)

É nesta medida que regras seriam instanciadas em figuras particulares, não sendo dadas independentemente e não podendo ser entendidas como meramente representadas ou descritas por estas figuras.

4 Procedimentos por Absurdo e Juízos Hipotéticos

A eliminação de um âmbito de determinação *em princípio* na matemática certamente gera problemas imediatos pelo menos em relações a dois procedimentos centrais para nossa prática de cálculo: os juízos hipotéticos e a redução ao absurdo.

No caso da redução ao absurdo, parece que a suposição da qual a contradição é derivada deveria ser possível *em princípio*, para que pudesse figurar na prova com algum sentido sem que o procedimento se transformasse, ele mesmo, em um absurdo junto com a proposição refutada. Parece que se provamos algo por absurdo, supomos "a possibilidade do impossível", por assim dizer, e, em seguida, derivamos uma contradição, para negarmos a proposição inicial, chegando ao necessário. Mas, claro, se o impossível não tem sentido, considerando-se que o sentido fosse uma possibilidade, como a prova poderia proceder sem transformar-se também em um contra-senso?

> We can always imagine proof by reductio ad absurdum used in argument with someone who puts forward a non-mathematical assertion (e.g. that he has seen a checkmate with such-and-such pieces) which can be mathematically refuted. The difficulty which is felt in connexion with reduction ad absurdum in mathematics is this: what goes in this proof? Something mathematically absurd, and hence unmathematical? How – one would like to ask – can one so much as assume the mathematically absurd at all? That I can assume what is physically false and reduce it ad absurdum gives me no difficulty. But how to think the – so to speak – unthinkable? What an indirect proof says, however is: 'if you want *this* then you cannot assume *that*: for only the opposite of what you do not want to abandon would be combinable with that.' (*RFM*, V, 28)

De fato, este ponto ilustra bem o problema central que Wittgenstein pretende ressaltar em relação ao tratamento das proposições necessárias e o funcionamento da negação destas proposições. Já nas *Notes on Logic*, a abolição do sentido das leis lógicas entendidas como proposições particulares deriva-se do caráter não bipolar destas. A lógica não exclui a contradição porque não pode supor a possibilidade anterior do impossível:

> A function is like a line dividing points of a plane into right and left ones; then "p or not-p" has no meaning because it does not divide the plane. (*Notes on Logic*, *In:* Nachlass, Item 201a-2 Recto Page A4)

Neste sentido, a negação não corresponderia a um objeto adicional dado independentemente, mas seria interna à proposição atômica e constitutiva da forma lógica das proposições, exibidas em tabelas de verdade (esquema WF).

> One reason for thinking the old notation wrong is that it is very unlikely that from every proposition p an infinite number of other propositions not-not-p, not-not-not-not-p, etc., should follow. (*Notes on Logic*, *In:* Nachlass, Item 201a-2 Recto Page A1)

> To every molecular function a WF scheme corresponds. Therefore we may use the WF scheme itself instead of the function. Now what the WF scheme does is, it correlates the letters W and F with each proposition. These two letters are the poles of atomic propositions. Then the scheme correlates another W and F to these poles. In this notation all that matters is the correlation of the outside poles to the poles of the atomic propositions. Therefore not-not-p is the same symbol as p. And therefore we shall never get two symbols for the same molecular function. (*Notes on Logic*, *In:* Nachlass, Item 201a-2 Recto Page A3)

Desta forma, somos remetidos imediatamente à conhecida conclusão *tractatiana* pela vacuidade das proposições lógicas: o necessário não tem e não pode ter ele mesmo uma possibilidade anterior, e por isso as regras do simbolismo não são ditas de modo bipolar, mas exibidas em tabelas de verdade.

> What I mean to say is that we only then understand a proposition IF we know both what would be the case if it was false and what if it was true. (...) The proposition p has to poles (...). In fact all rules of the ab symbolism follow directly from the essence of the WF scheme. (Wittgenstein, *In*: Mcguinness; Von Wright, LW-BR, 1997, pp.47-48)

No *Tractatus*, isso significou tratar a negação como uma operação interna às proposições e não como uma função material, que pressuporia possibilidades independentes. A negação de P não seria um elemento adicional, correspondendo a um objeto, mas seria prejulgada na natureza bipolar de P.

> 5.44 As funções de verdade não são funções materiais. Se é possível, por exemplo, gerar uma afirmação por meio de uma dupla negação, estaria a negação – em algum sentido – contida na afirmação? '~~p' nega ~p ou afirma p? Ou faz ambas as coisas? A proposição '~~p' não trata da negação como de um objeto; mas a possibilidade da negação já está prejulgada na afirmação. E se houvesse um objeto chamado '~', '~~p' deveria dizer algo diferente do que 'p' diz. Pois, nesse caso, uma das proposições trataria precisamente de '~', a outra não.

> 5.2341 O sentido de uma função de verdade de p é uma função do sentido de p. Negação, adição lógica, multiplicação lógica, etc., etc. são operações (A negação inverte o sentido da proposição.)

> 5.512 '~p' é verdadeira se 'p' é falsa. Portanto, na proposição verdadeira '~p', 'p' é uma proposição falsa. Ora, como pode o traço '~' levá-la a afinar-se com a realidade? O que nega em '~p' não é, porém, o '~', mas o que é comum a todos os sinais dessa notação que negam p. Portanto, a regra comum segundo a qual '~p', '~~~p', '~p ∨ ~p', '~p ∧ ~p', etc, etc. (ad. inf.) são constituídas. E isso que lhes é comum espelha a negação.

> 4.0621 É importante, porém, que os sinais 'p' e '~p' possam dizer o mesmo. Pois isso mostra que ao sinal '~' nada corresponde na realidade. Que a negação ocorra em uma proposição não chega a ser uma característica de seu sentido (~~p=p). As proposições 'p' e '~p' têm sentido oposto, mas a elas corresponde uma e mesma realidade.

> 5.47 É claro que tudo que se possa em geral dizer de antemão sobre a forma de todas as proposições deve-se poder dizer de uma vez por todas. Com efeito, na proposição elementar já estão contidas todas as operações lógicas. Pois 'fa' diz o mesmo que '($\exists$x) fx x=a'. Onde há composição, há argumento e função, e onde eles estão, já estão todas as constantes lógicas. Poder-se-ia dizer: a única constante lógica é o que todas as proposições por sua natureza têm em comum. Mas isso é a forma proposicional geral.

Não poderíamos descrever a própria *forma lógica* proposicional, pois tal descrição suporia a possibilidade de seu oposto, e não haveria bipolaridade para as proposições necessárias.

> 4.12 A proposição pode representar toda a realidade, mas não pode representar o que deve ter em comum com a realidade para poder representá-la – a forma lógica. Para podermos representar a forma lógica, deveríamos poder-nos instalar, com a proposição, fora da lógica, quer dizer, fora mundo.
>
> 2.172 Sua forma de afiguração, porém, a figuração não pode afigurar: ela a exibe.
> 2.173 A figuração representa seu objeto de fora (seu ponto de vista é sua forma de representação), por isso a figuração representa seu objeto correta ou falsamente.
> 2.174 A figurão, porém, não pode colocar-se fora de sua forma de representação.
>
> 5.534 E vemos agora que pseudo-proposições como 'a=a', 'a=b.b=c→a=c', '(x) x=x', '∃x x=a', etc. não se podem absolutamente formular numa ideografia correta. (...)
> 5.5351 (...) (É um contra-senso por 'p→p' como hipótese de uma proposição a fim de assegurar-lhe argumentos da forma correta, já porque a hipótese, para uma não-proposição como argumento, não se torna falsa, e sim um contra-senso, e porque a própria proposição se torna um contra-senso por obra de argumentos da espécie errada, preservando a si própria dos argumentos errados, portanto, tão bem, ou tão mal, quanto a hipótese sem sentido anexada para este fim.)

Não nos cabe aqui abordar este tema no período inicial do pensamento de Wittgenstein, mas apenas entender que consequências terão seu desenvolvimento posterior para a sua Filosofia da Matemática, quando ele abandonar a suposição de um espaço lógico de possibilidades que se mostra em tabelas de verdade. Veremos então, por um lado, que a ausência da possibilidade da negação de uma proposição necessária não significará mais a anulação do sentido no âmbito normativo, e, por outro lado, que o sentido de uma proposição necessária não pressuporá qualquer possibilidade dada independentemente. O mesmo ponto argumentativo central, já presente na primeira fase de seu pensamento, adquire assim outro enfoque: supor que a determinação da verdade das proposições necessárias estaria dada em princípio significaria ainda supor a possibilidade do falso. Por outro lado, e este é o ponto importante, se ela não tem possibilidade anterior, isso não significa que não tenha um uso normativo em nossa prática de cálculo. É exatamente neste sentido que o uso das figuras no contexto normativo aparecerá como desempenhando um papel central.

> We would like to say: 'Negation has the property that when it is doubled it yields an affirmation', but the rule doesn't give a further description of negation, it constitutes negation. (...) Geometry no more speaks about cubes than logic does about negation. Geometry defines the form of a cube but does not describe it. If the description of a cube says that it is red and hard, then 'a description of the cube' is a sentence like 'This box has the form of a cube'. But if I describe how to make a cubical box, doesn't this contain a description of the form of a cube? A description only insofar as this thing is said to be cubical, and for the rest an analysis of the concept of cube. (...) It also looks as if the essence of negation had a double expression in language: the one whose meaning I grasp when I understand the expression of negation in a

sentence, and the sentence, and the consequences of this meaning on the grammar. (*PG*, I, II, 14-15)

(...) But suppose we see such a cube: are we immediately presented with the rules for the possible combinations, i.e., the geometry of the cube? Can I read of the geometry of the cube form a cube? Thus the cube is a notation for the rule. And if we had discovered such a rule, we really wouldn't be able to find anything better than the drawing of a cube to use as a notation for it. (...) (*PG*, I, II, 16)

Podemos falar de 'notação/signo' aqui, em relação às figuras, exatamente na medida em que correspondem às operações no *TLP*, isto é, não por designarem algo externo, dado independentemente, mas por expressarem o que não pode ser descrito. Esta é de fato a noção de 'signo' neste período no pensamento de Wittgenstein.

'Of course the grammatical possibilities of the negation sign reveal themselves bit by bit in the use of the signs, but I think negation all at once. The sign 'not' is only a pointer to the thought 'not'; it is only a stimulus to produce the right thought, only a signal.' (If I were asked what I mean by the word 'and' in the sentence "pass me the bred and butter" I would answer by a gesture of gathering together; and that gesture would illustrate what I mean, in the same way as a green pattern illustrates the meaning of 'green' and the T-F notation illustrates the meaning of 'not', 'and', etc.) For instance, this sign for negation:

P	
T	F
F	T

is worth no more and no less than any other negation sign; it is a complex of lines just like the expression 'not-p' and it is only made into a sign for negation by the way it works – I mean, the way it is used in the game. (The same goes for the T-F schemata for tautology and contradiction). (*PG*, I, II, 17)

E as figuras são então privilegiadas exatamente para deixar claro este caráter do signo que Wittgenstein pretende ressaltar neste momento:

Here it can easily seem as if the sign contained the whole of the grammar; as if the grammar were contained in the sign like a string of pearls in a box and he only to pull it out. (But this kind of picture is just what is misleading us). As if understanding were an instantaneous grasping of something from which later we only draw consequences which already exist in a ideal sense before they are drawn. As if the cube already contained the geometry of the cube, and I had only to unpack it. But which cube? Or is there an ideal geometrical cube? – Often we have in mind the process of deriving geometrical propositions from a drawing, a representation (or a model). But what is the role of the model in such a case? It has the role of a sign, a sign employed in a particular game. – And it is an interesting and remarkable thing how this sign is employed, how we perhaps use the drawing of a cube again and again in different contexts. – And it is this sign, (which has the identity proper to a

> sign) that we take to be the cube in which the geometrical laws are already laid up. (...) (*PG*, I, II, 18)

O signo expressa este duplo caráter de instância e caso (factual com caráter *em princípio*), e determina o sentido por colapsar o possível no atual, não representando algo externo. Isso acaba instituindo uma das características mais polêmicas, e aparentemente insustentáveis, da Filosofia da Matemática de Wittgenstein, a saber, sua recusa em aceitar qualquer noção independente de possibilidade *em princípio* no âmbito matemático:

> We have a feeling: There can't be possibility and actuality in mathematics. It's all on one level. And is in certain sense, actual. – And that is correct. For mathematics is a calculus; and the calculus does not say of any sign that it is merely possible, but is concerned only with the signs with which it actually operates. (Compare the foundations of set theory with the assumption of a possible calculus with infinite signs). (*PG*, II, VII, 40)

Como aparece nas *Philosophical Remarks*, todo 'em princípio' da nossa prática normativa matemática diria respeito ao atual, na medida mesma em que todo possível na matemática seria já necessário:

> The negation of 'It is necessary that *p* holds for all numbers' is of course 'It is not necessary that....' It is necessary that not...' But now we think: if it isn't *necessary* that *p* holds for all numbers, it's surely still possible. But this is where the fallacy lies, since we don't see that we've slipped into the extensional way of looking at things: the propositions 'it's possible – though not necessary – that p should hold for all numbers is nonsense. (*PR*, XIII, 154)

Tal abordagem, que acarreta o colapso entre atualidade e possibilidade no contexto matemático, surge dentro do pensamento do filósofo associada à crítica geral da noção de 'justificação' aplicada à prática normativa.

> Was beweist eigentlich ein mathematischer Beweis: beweist er, daß man den Satz p beweisen kann; oder beweist er den Satz p selbst? (Man könnte geneigt sein zu sagen nur das erstere sei Sache der Mathematik). Könnte Russell nicht am Ende jedes Beweises sagen: der und der Satz ließe sich also beweisen? (...) Und soll ich also sagen, der mathematische Beweis, beweise zwei mathematische Sätze auf einen Schlag: den bewiesenen Satz und den, daß er bewiesen werden könne? (Wittgenstein, Nachlass, Band XVII, *Philosophische Bemerkungen*, Item 121 p. 84v - Item 121 p. 85v)

Esta posição, apesar de internamente coerente com a crítica de Wittgenstein ao realismo, pareceu acarretar conhecidas conclusões aparentemente difíceis de serem aceitas, pelas quais ficaríamos, por um lado, em geral, com o esvaziamento da própria noção de necessidade matemática e, por outro lado, particularmente, com a ameaça de perdermos uma noção tão básica e fundamental como a de 'juízo hipotético'. O problema que a recusa à distinção entre factual e em princípio introduz para a redução ao absurdo aparece de um modo ainda mais simples para os juízos hipotéticos. Qualquer rejeição radical da noção de 'em princípio' na matemática pareceria gerar consequências drásticas para a noção de implicação, isto é, para nossa inocente 'Se A, então B'. Aparentemente, sem tal noção, não temos nem lógica, nem aritmética, seja clássica seja construtiva, nem mesmo qualquer derivação em uma cadeia dedutiva. Deste ponto de vista, o problema da determinação da necessidade em uma demonstração matemática supostamente entendida como responsável pelo próprio sentido da proposição provada seria apenas herdeiro, em Wittgenstein, deste problema mais básico e simples, envolvido já na extração de consequências a partir de hipóteses previamente aceitas. A leitura construtiva tradicional de um juízo hipotético consiste em definir 'A implica B' como: 'qualquer prova de A *pode* ser transformada em uma prova de B'. Evita-se, portanto, a referência a supostas condições de verdade independentes responsáveis pela determinação do sentido da implicação. Ocorre, entretanto, que este 'pode' não parece dizer respeito a uma possibilidade atual, desde que ele deve dar conta também dos casos nos quais não temos atualmente uma prova de A, e, mesmo nos casos em que as temos, ele não se refere à transformação dessas provas atuais (*conf.:* Van Atten, 2007, p. 02). Sendo assim, a própria noção de juízo hipotético e, mesmo, de derivação pura e simples, pareceria forçar imediatamente a manutenção de alguma noção de 'possibilidade em princípio'. Se isso é correto, um atualismo radical não seria apenas um revisionismo da prática matemática, mediante a rejeição de alguns princípios – o que já seria problemático do ponto de vista da Filosofia de Wittgenstein –, mas seria a completa destruição da prática inferencial. Tendo um mínimo de boa vontade com Wittgenstein, considerando a economia geral das posições por ele mantidas, não deve ser isso o que ele pretendeu sustentar.

É interessante notar que o argumento contra a posição de acordo com a qual as figuras poderiam constituir, elas mesmas, demonstrações faz apelo justamente ao caso da redução por absurdo, afinal nenhuma figura contraditória poderia ser desenhada. Mas o problema em relação à redução ao absurdo, do ponto de vista de filosofia de Wittgenstein, é que, se lidamos com a distinção entre *factual* e *em princípio*, a proposição refutada por absurdo não é apenas factualmente impossível, mas deveria ser também impossível *em princípio*. Entretanto, se assumimos isto, devemos nos perguntar imediatamente: que possibilidade assumimos para derivar a contradição? Este problema, para Wittgenstein, apenas surgiria porque pretendemos manter a distinção, que parece funcionar muito bem no caso das proposições contingentes, funcionando da mesma maneira no âmbito necessário. Notar isso consiste justamente em entender como o necessário não supõe uma possibilidade anterior à atualização, da mesma forma que o impossível também não tem e não pode ter tal possibilidade. Se o necessário tivesse possibilidade anterior, o impossível, por oposição e negação desta possibilidade, pareceria e deveria ser em algum sentido também possível. Daí Wittgenstein neste ponto aproximar-se muito de Brouwer quando este comenta o papel das contradições nas demonstrações matemáticas: as contradições nas demonstrações seriam observadas como *pontos de paradas*, a contradição seria simplesmente como "uma parede indicando que não podemos continuar por ali" (Z,687).

> In one particular case chain of syllogisms is of a somewhat different kind, which seems to come nearer to the usual logical figures an which actually seems to presuppose the hypothetical judgment from logic. This occurs when a structure is defined by some relation in another structure, while it is not immediately clear how to effect its construction. Here it seems that the construction is supposed to be affected, and that starting form this hypothesis a chain of hypothetical judgments is deduced. But this is no more than apparent; what actually happens is the following: one starting by setting up a structure which fulfills part of the required relations, thereupon one tries to deduce from these relations, by means of tautologies, other relations, ins such a way that these new relations, combined with those that have not yet been used, yield a system of conditions, suitable as a starting-point for the construction of the required structure. Only by this construction will it be proved that the original conditions cab be fulfilled. But, the logician will retort, it might have happened that in the course of these reasoning a contradiction turned up between the newly deduced relations and those that had been kept in store. This contradiction, to be sure, will be observed as a logical figure, and this observation will be based upon the principium contradictionis. To this we can reply: the words of your mathematical demonstration merely accompany a mathematical construction that is effected without words. At the point where you announce the contradiction, I simply perceive that the construction no longer goes, that the required structure cannot be imbedded in the given basic structure. And when I make this observation, I do not think of a principium contradictionis. (Brouwer, 1907, pp.72-73)

O que dizer das figuras neste caso então? Nós não afiguramos o impossível, da mesma maneira que não supomos a sua possibilidade *em princípio*. Mas a prova pode funcionar se aquele factual for ele mesmo em princípio, isto é, se não se tratar de um caso particular no qual a construção impossível não funciona, mas daquilo que expressa uma ausência de condições para a construção. O que não podemos desenhar é um exemplo de figura contraditória, mas se estamos dizendo que as figuras expressam justamente este caráter geral, sem suporem com isso uma possibilidade em princípio correspondente, o que estamos dizendo é que a figura pode expressar a ausência de condições, pela qual a tentativa do desenho em questão falha.

Da mesma maneira, a expressão da contradição não significaria a possibilidade do impossível, porque não haveria tal possibilidade, mas expressaria um limite para o cálculo. Ou seja, não é preciso desenhar a impossibilidade, do mesmo modo que não poderíamos afigurar a impossibilidade em geral, mas apenas usar uma figura para reconhecer um limite no interior do cálculo. Tal como avaliamos é justamente para este ponto o que pretende chamar a atenção Wittgenstein quando pensa as provas matemáticas em geral como figuras: não podemos afigurar contradições apenas no mesmo sentido em que não podemos supor a possibilidade do impossível. A expressão da contradição ocorre, como no caso da tentativa de um desenho impossível, por meio de uma falha.

Quando uma prova institui uma necessidade, ela não o faz por exclusão ou suposição de um âmbito 'em princípio', mas apenas porque colapsa caso e regra na figura. Uma prova não é, para Wittgenstein, jamais a instância exemplar de um em princípio dado, mas a introdução da própria necessidade. O que está envolvido neste caráter normativo seria exatamente o que permite tomar, por um lado, figuras como provas e provas como figuras. De fato, seria preciso que as demonstrações matemáticas funcionassem ao mesmo tempo como regra e casos, ou, como *factuais em princípio*. Figuras expressariam exatamente isso, ou melhor, figuras seriam provas precisamente quando fossem tomadas como instâncias que introduzem *ao mesmo tempo* um sistema de condições. Tal sistema não é introduzido pela exclusão de algo também possível, que deveria ser suposto quando a possibilidade do sistema também é. Dessa forma, não justificaríamos a normatividade por algo independente que instituiria a possibilidade exatamente daquilo que o padrão normativo exclui. A abordagem de Wittgenstein das provas por figuras parece ilustrar bem em que sentido uma prova matemática precisa funcionar ao mesmo tempo como *type* e *token*.

> What is in common between the purpose of a Euclidean construction, say the bisection of a line, and the purpose of deriving a rule from rules by means of logical inferences? The common thing seems to be that by the construction of a sign I compel the acceptance of a sing. (*RFM*, III, 29)

A partir disso, a relação entre as provas por figuras e o caso das inferências na dedução de instâncias particulares a partir de uma proposição geral é estabelecida da seguinte forma:

> It (the proof) is the model for what is called such-and-such." But what is the transition from '(x)fx' to 'fa' supposed to be a model for? At most for how inferences can be drawn from signs like '(x)fx'. I thought of the model as a justification, but here it is not a justification. The pattern (x) fx :. Fa does not justify the conclusion. If we want to talk about a justification of the conclusion, it lies outside this schema of signs. And yet there is something in saying that a mathematical proof creates a new concept. – Every proofs is a it were an avowal of a particular employment of signs. But what is it an avowal of? Only of *this* employment of the rules of transition from formula to formula? Or is it also an avowal in some sense, of the 'axioms'? Could I say: I avow $p \to p$ as a tautology? I accept '$p \to p$' as a maxim, e.g. of inference.

> The idea that proof creates a new concept might also be roughly put as follows: a proof is not its foundations plus the rules of inference, but a new building – although it is an example of such and such a style. A proof is a new paradigm. (...) The proof creates a new concept by creating or being a new sign. Or–by giving the proposition which is its result a new place. (For the proof is not a movement but a route.) (*RFM*, III, 41)

O caráter necessário das demonstrações se relaciona diretamente com a capacidade de se tomar um particular (atual) como tendo caráter geral, isto é, como um paradigma, *em princípio*, sem que isso jamais signifique supor a determinação (ou justificação) adicional do caso particular por um âmbito *em princípio* independente. Sendo assim, esta abordagem não implica negar a necessidade envolvida nas derivações e práticas matemáticas, mas, ao contrário seria a maneira correta de compreender coerentemente o funcionamento do âmbito normativo da linguagem.

Como já notamos, a impossibilidade de se pensar um âmbito de possibilidades em princípio no contexto normativo da matemática se segue, dentro do pensamento de Wittgenstein, da assimetria relativa ao âmbito necessário da linguagem no que diz respeito ao funcionamento da negação. Para Wittgenstein, não podemos supor sentido para o impossível e por isso não podemos pensar que uma proposição matemática exclui uma proposição igualmente possível. Dessa forma, não valeria para proposições matemáticas o princípio da anterioridade do sentido com relação à verdade: uma proposição matemática não teria um sentido dado independentemente de sua demonstração. Necessitamos, contudo, que a proposição matemática tenha um caráter que cumpra já esta função do 'em princípio', que a insira em um sistema de proposições "formalmente" análogas que seja capaz de determinar as condições de construção da proposição, sem instituir, com isso, algo que ultrapassasse e fosse independente do factual. E isso é o que a compreensão de Wittgenstein das demonstrações por figuras busca elucidar.

5 Conclusão

Os componentes em uma prova deveriam poder ser compreendidos ao mesmo tempo como factuais e como determinações conceituais com estatuto e determinação em princípio. Para Wittgenstein, a matemática seria completamente composta por proposições necessárias, para as quais não temos uma separação entre a determinação da verdade e a determinação do sentido. A compreensão das provas matemáticas como figuras é capaz de fornecer uma abordagem coerente deste aspecto das demonstrações e permitir uma caracterização interessante da necessidade matemática compatível com as posições de Wittgenstein.

Da mesma maneira que não afiguramos o impossível quando se trata de uma figura, não podemos supor a sua possibilidade na redução ao absurdo. Vemos assim que não precisamos supor exatamente a possibilidade anterior do necessário em uma demonstração matemática qualquer que seja. Assim como o impossível, o necessário também não teria uma possibilidade anterior. Supor tal possibilidade anterior para o necessário seria tão sentido quanto supô-la para o impossível.

A contradição derivada na redução também não tem possibilidade anterior, ela é simplesmente a marca da impossibilidade em questão. Ela não era antes possível e se tornou atual ao ser provada: ela simplesmente significa que o cálculo pára ali, é um limite para nossa prática. Então, se no caso do impossível, não precisamos supor uma possibilidade anterior para a proposição, sob pena mesmo de contradição, e ele funciona muito bem naquilo que chamamos um julgamento hipotético, por que precisaríamos supor no caso do necessário? Daí podermos dizer, de modo muito *wittgensteiniano*: o impossível marca o que não fazemos no âmbito normativo, e o necessário marca o que fazemos no âmbito normativo, não há nada oculto. A idéia é: expulsa-se o que se pode fazer em princípio, isto é, a possibilidade "de segunda ordem", mantém-se o que se pode ou não fazer realmente, e todo *regresso ao infinito*[3] de nossa *prosa* sobre a necessidade matemática seria assim evitado. Na prática normativa, o que fazemos ou não fazemos já tem um estatuto relativo ao que é possível. Mas, por esta razão, o sentido de "é possível" ou de "não podemos assumir isso", nas demonstrações por absurdo, não se refere a negar ou afirmar a possibilidade da proposição, mas diz respeito à possibilidade, *por fora*, por assim dizer, de todo o procedimento em questão.

As demonstrações por meio de figuras nos levam a ver que a necessidade de uma prova não precisa significar que a relação entre o seu primeiro e o seu último passo já esteja dada 'em princípio', mas sim que a própria necessidade exclui esta determinação/justificação anterior. A noção de *surveyabi-*

---

[3] Tal regresso ao infinito apareceria, de acordo com a Filosofia de Wittgenstein, em toda em qualquer tentativa de se justificar regras por outras regras, pois as regras usadas para tanto ou bem se tratam das mesmas regras (são já internamente supostas) e, nesse caso, não há realmente qualquer justificação, ou bem são regras distintas e, nesse sentido, temos que justificar a relação entre elas, gerando um regresso ao infinito. Particularmente em relação à Filosofia da matemática, esta abordagem de Wittgenstein significou a recusa à meta-matemática, pois todo suposto meta-cálculo seria, no final das contas, mais um cálculo e não poderia fundamentar o cálculo em geral. "What is a proof of provability? It's different from the proof of proposition. And is a proof of provability perhaps the proof that a proposition makes sense? But then, such a proof would have to rest on entirely different principles from those on which the proof of the proposition rests. There cannot be an hierarchy of proofs! On the other hand there can't in any fundamental sense be such a thing as meta-mathematics. Everything must to be of one type (or, what comes to the same thing, not of a type)." (*PR*, XIII, 153)

lity que Wittgenstein exige para as demonstrações expressa justamente este caráter particularmente evidente nas figuras e tão importante para a crítica que Wittgenstein faz ao logicismo. Quando as conexões entre proposições são estabelecidas por meio de uma prova, não há mais espaço para passos intermediários. Isso faria com que a proposição introduzida dessa maneira deixasse de ser um objeto de julgamento e passasse a ser aquilo pelo que julgamos algo, que é o que significa atribuir um caráter normativo à proposição, ou seja, tratá-la mais como um paradigma do que como uma proposição. "We do not judge the pictures, we judge by means of the pictures. We do not investigate them, we use them to investigate something else."(*RFM*, IV, 12) Segundo Wittgenstein, usamos figuras para julgar e investigar, e é exatamente este papel que as figuras desempenham que nos ajuda a compreender melhor a compatibilidade entre necessidade e modificação conceitual, bem como a recusa de Wittgenstein à distinção entre um âmbito factual e um âmbito em princípio no domínio da Matemática.

6 Referências

BROUWER, L.E.J. *The Foundations of Mathematics*. Thesis. 1907.
MCGUINNESS, B.; VON WRIGHT, G.H. (Eds.) *Cambridge Letters: correspondence with Russell, Keynes, Moore, Ramsey, and Sraffa*, 1997.
VAN ATTEN, M. "The hypothetical judgement in the history of intuitionistic logic" LMPS Beijing, 2007, pp.1-13.
WITTGENSTEIN, L. *Tractatus logico-philosophicus* (*TLP*) Tradução, apresentação, e estudo introdutório: Luiz Henrique Lopes dos Santos. Introdução: Bertrand Russel. São Paulo: Editora da Universidade de São Paulo, 1993.
_____ *Philosophical Investigations* (*PI*) New York, Macmillan Publishing, 1968.
_____ *Remarks on Foundations of Mathematics* (*RFM*) Edited by G.H.von Wright, R. Rhees and G. E. M. Anscombe. Translated by G. E. M. Anscombe. Oxford: Blackwell, 1967.
_____ *Wittgenstein's lectures on the foundations of mathematics.* (LFM) Diamond (ed.). The Haverster, 1976.
_____ *Philosophical Remarks.* (*PR*) Trad.: Raymond Hargreaves, Roger White. University of Chicago Press, 1980.
_____ *Philosophical Grammar.* (*PG*) Org.: R. Rhees. Oxford: Blackwell, 1974.
_____ *Zettel* (Fichas) (*Z*) Lisboa: Edições 70, 1989.
_____*Wittgenstein's Nachlass*. The Bergen Electronic Edition. Oxford University, 2000.

8
Enunciar e Mostrar: Derivações como Diagramas

Wagner de Campos Sanz

1 Introdução

O presente ensaio delineia um quadro sob o qual se pretende sejam interpretados os formalismos de Dedução Natural (*DN*) e Cálculo de Sequentes (*CS*) na forma em que foram definidos por Gentzen (1935). Esse quadro assume o ponto de vista de que as representações das derivações em ambos os cálculos devem ser entendidas como diagramas cuja visualização na prova dos metateoremas em teoria da prova desempenha um papel similar ao dos diagramas geométricos na prova das proposições geométricas. O mesmo quadro também contém distinções quanto a natureza e os propósitos de *DN* e *CS* segundo dicotomias paralelas de clivagem: enunciar-mostrar; notação-diagrama.

    O tema que motiva os artigos do presente volume induz questões de natureza estética em uma área usualmente avessa às considerações dessa natureza. Historicamente, a visualização desempenha um papel relevante na aquisição do conhecimento, em particular do conhecimento lógico-matemático, vide a geometria euclidiana. Mesmo os que defendem que os elementos visuais de uma prova matemática são elementos inessenciais ao discurso argumentativo matemático não podem negar a importância histórica que as configurações espaciais que chamamos diagramas tiveram para a comunicação das ideias e a justificação dos teoremas matemáticos correspondentes.

    Consideramos que a atividade matemática não pode ser completamente reduzida ao discurso ou à linguagem. Diagramas contêm algo intrínseco à natureza da matemática. A matemática é uma ciência de formas sem estar limitadas às formas linguísticas, muito embora conceitos linguísticos possam dar origem a uma forma. A natureza íntima das formas não é discursiva, embora seja possível discorrer sobre elas. Formas são o conteúdo de operações mentais e têm uma relação intrínseca com a nossa percepção e a nossa imaginação. Por esta razão dizíamos que o tema proposto envolve questões de estética, pois aqui propomos investigar a natureza dos julgamentos sobre formas em um contexto específico.

Apresentaremos algumas teses interpretativas relativas às derivações lógicas, traçando um paralelo entre o uso de diagramas e a "visualização" em teoria da prova lógica.

Parece ser consenso que o CS apresenta em comparação ao cálculo DN um formalismo de melhores propriedades. Esse juízo é com frequência associado ao juízo de que CS representaria uma perspectiva mais básica para a expressão dos princípios lógicos[1]. Acreditamos que esse julgamento contém um equívoco de avaliação da natureza e dos objetivos dos dois cálculos para não dizer um equívoco de avaliação histórica. Historicamente, Gentzen (1935) teria obtido seu CS após refletir sobre DN^2. Tanto a ordem de apresentação dos formalismos em Gentzen (1935, III.1.1) quanto um comentário em Gentzen (1938, §1, 1.5, pág. 259) sugerem isso:

> A posição especial da negação, em particular, que constituía uma exceção problemática no cálculo natural ... foi completamente removida de um modo aparentemente mágico. A maneira pela qual essa observação está expressada é sem dúvida justificável já que eu mesmo fui completamente surpreendido por essa propriedade do 'cálculo LK'.[3]

As teses que serão defendidas neste ensaio podem ser resumidamente apresentadas:
- As derivações em DN são primitivas com respeito às de CS se se trata de analisar os passos lógicos embutidos na prova de um teorema.
- As derivações CS e DN visam apresentar coisas distintas.
- Os objetos espelhados em CS são secundários com respeito aos objetos espelhados em DN.
- A visualização desempenha papel relevante na metateoria dos sistemas DN e CS. Essa metateoria só trata dos objetos pertencentes à DN e CS de um modo esquemático, como formas, as quais, por sua vez, são representadas espacialmente por meio de diagramas.

2 As Provas Matemáticas e seus Procedimentos Argumentativos

As provas matemáticas são espécie do gênero argumentação. Uma prova incorreta não é uma prova, mas ainda é uma argumentação. A diferença es-

---

[1] Ver Sundholm (2006).
[2] Observamos que Jaskowski (1934) tem a precedência na formulação de DN. Contudo, seu formalismo diverge de modo não desprezível do formalismo gentzeniano.
[3] Cf. mais abaixo, LK é o sistema de sequentes para a lógica clássica.

pecífica de uma prova está no fato de que a conclusão será uma proposição verdadeira sempre que as premissas forem proposições verdadeiras[4].

Dentre os vários papéis que podemos valorizar na axiomatização de uma teoria matemática, entendemos que um dos mais destacados é o de estabelecer com precisão um quadro de instrumentos básicos para a enunciação e a prova dos teoremas do respectivo âmbito de objetos. Embora as inferências logicamente válidas estejam incluídas nesse quadro de instrumentos, elas raramente vêm explicitadas nas formulações axiomáticas das teorias matemáticas. No máximo são apresentadas as definições, postulados, axiomas ou noções comuns referentes ao âmbito em questão. Para que uma argumentação matemática seja reconhecida como uma prova é preciso ao menos uma noção parcial de quais instrumentos são admissíveis na construção de uma prova. Não faz sentido dizer em geral que a solução de um problema matemático requer apenas a apresentação de uma construção, pois também é preciso indicar quais são os materiais e as ferramentas admitidas na construção. Uma apresentação axiomática deve explicitar de modo mais completo possível esse âmbito. Provas matemáticas também usam um conjunto restrito de instrumentos lógico-argumentativos, não sendo aceitos vários procedimentos argumentativos comuns em outras áreas teóricas. Por exemplo, provas matemáticas não admitem argumentos comuns no Direito como o *argumento à contrário*. A inovação dos sistemas formalizados consistiu na explicitação sintática embora parcial desses instrumentos ou na proposição de alguns sub-rogantes para eles.

O conceito de argumento na sua acepção técnica lógico-matemática[5] é a de um par ordenado constituído por um conjunto de proposições - as *premissas* - e uma proposição destacada - *a conclusão* – e os chamaremos de *par-argumento*. Um par-argumento válido é aquele no qual a asseribilidade das premissas garante a asseribilidade da conclusão. Argumentações reais, todavia, envolvem outros atos linguísticos além dos atos assercionais. Um exemplo são as suposições. Não faz sentido tomar uma suposição como espécie do gênero asserção. A prova de uma negação por *reductio* parte da suposição aplicada a uma proposição falsa. Outro exemplo são os imperativos do tipo faça isto ou aquilo. Os imperativos também não são asserções. A construção de um diagrama em meio a uma prova é muitas vezes dada por meio de um imperativo.

Dois elementos podem ser distinguidos em uma argumentação ou texto argumentativo: o seu par-argumento, conforme conceituação acima, e a sua cadeia de raciocínio. A argumentação tem apresentação linear, pois é realizada por uma série de atos linguísticos no tempo, o que não significa que sua

---

[4] A verdade dessas premissas é estabelecida em uma argumentação prévia ou é considerada uma verdade básica em um âmbito matemático.
[5] Espécie de modelo matemático dos argumentos reais.

cadeia de raciocínio, ou estrutura, seja linear. Se em uma argumentação encontramos várias asserções intermediárias que desempenham papel de premissa e de conclusão ao mesmo tempo, então o argumento como um todo reúne dois ou mais sub-textos argumentativos cuja relação pode não ser linear. Olhando de outro ponto de vista, com frequência existem uma ou mais bifurcações na estrutura da argumentação geral. As instâncias textuais de prova matemática são apresentadas linearmente e, como os teoremas matemáticos são asserções, poderia parecer que a elucidação da estrutura das provas se resume a oferecer um sistema que admita sequências lineares de expressões para asserções. Isso é um equívoco.

3 Provas e Derivações

Capturar os elementos da estrutura lógica das provas matemáticas foi tarefa levada a cabo por inúmeros autores desde fins de séc. XIX. Entre eles podemos citar Frege, Hilbert, Peano e Russell. Não podemos dizer que o objetivo da elaboração dos sistemas lógicos tenha sido unicamente o de espelhar a estrutura das provas reais. Porém, a própria noção de prova matemática forneceu o elemento base para a investigação e proposição desses sistemas e, em maior ou menor medida, todos eles contemplam a possibilidade de construir contrapartes formais para as provas reais.

O primeiro passo na elaboração desses sistemas consistiu no desenvolvimento de uma notação que espelhasse a estrutura semântica fundamental das proposições matemáticas: aqui entram as linguagens formais vistas como definição precisa das expressões que correspondem às proposições de uma teoria matemática (regras de formação). Em seguida, as expressões da linguagem são apresentadas como relacionadas entre si por meio de regras inferenciais e axiomas (regras de transformação). Os sistemas logísticos *à la* Hilbert contêm ambos componentes e o problema da adequação desses sistemas é a questão de saber se eles podem espelhar qualquer prova matemática admissível em um determinado âmbito axiomático ou, pelo menos, representar todos os teoremas e as estruturas lineares formais - ditas *provas formais* - destes teoremas para esse âmbito.

Não podemos confundir âmbito axiomático e sistema formal. Os sistemas logísticos estão afastados da natureza procedimental envolvida nas provas matemáticas reais. Tomando por base o exemplo da geometria euclidiana, na sua formulação original, nem as suposições nem os imperativos - que são abundantes no texto de Euclides - podem ser espelhados em um sistema logístico, não ao menos de modo direto. Para obter a contraparte formal de uma prova na geometria euclidiana é necessário um esforço de tradução e adaptação dessa prova aos instrumentos disponíveis no sistema logístico. Por exemplo, a geometria de Hilbert usualmente substitui os postulados de construção por axiomas existenciais[6].

O problema da adequação de um sistema para o espelhamento das cadeias de raciocínio das provas matemáticas estaria bem resolvido se cada passo envolvido em uma prova fosse direta e identicamente representável dentro do sistema formal. Isso não ocorre. Contudo, sistemas formais que dão mais ênfase às regras de dedução do que aos axiomas aproximam-se mais desse ideal, mais do que os sistemas logísticos usuais. Concluir uma conjunção a partir de uma prova de cada um dos conjunctos é algo que não depende e nem está relacionado ao uso de *modus ponens*. No entanto, os sistemas logísticos mais tradicionais têm que envolver o uso dessa regra se o objetivo for representar a prova de uma conjunção. As regras para constantes lógicas são mais aptas a capturar a própria dinâmica de construção das provas em sua estrutura lógica - ou cadeia de raciocínio.

Os sistemas *DN* de Gentzen e Jaskowski foram os primeiro sistemas que procuraram capturar os procedimentos lógicos probatórios - explicita ou implicitamente presentes em uma prova matemática - por meio de regras que espelhassem aquela estrutura íntima desses procedimentos probatórios. Mais precisamente, nesses sistemas procura-se espelhar a cadeia lógico-dedutiva subjacente à argumentação probatória[7]. Mesmo assim, não podemos dizer que as derivações em *DN* espelham de modo inteiramente adequado a estrutura dos procedimentos lógicos nas provas matemáticas reais.

As regras *DN* são usualmente divididas em dois grupos: as introduções e as eliminações. As primeiras estabelecem sob quais condições podemos usar um determinado símbolo lógico; as segundas quais consequências tirar do uso de um símbolo lógico.

4 O Formalismo de Dedução Natural

Os sistemas *DN* de Gentzen não respeitam uma ordem linear. Com frequência foi objetado que isso dá um caráter não-natural ao sistema com respeito às provas reais. As derivações em *DN* têm forma de árvore tal que suas folhas abertas correspondem às premissas, e a raiz da árvore à conclusão de

---

[6]Ver Hilbert (1899).
[7]A estrutura geral das regras *DN* de Gentzen já podia ser observada nos sistemas logísticos de Hilbert (1928), exceto o caso da implicação. Cada uma das regras *DN* para os demais conectivos corresponde estritamente a um axioma, tal que a barra de conclusão vem substituída pela própria implicação. Os sistemas logísticos contemplam também a regra de eliminação da implicação (*modus ponens*), que passa então a "realizar" todo o trabalho inferencial. A regra de introdução da implicação não está entre as contempladas. Ao invés, eram dados quatro axiomas. Esses axiomas junto com *modus ponens* são suficientes para demonstrar o teorema da dedução – $\Gamma, A \vdash B \Rightarrow \Gamma \vdash A \rightarrow B$ – o qual corresponde à regra de introdução da implicação.

um argumento. Esse desvio da prática matemática revela na verdade um traço importante.

Como Corcoran (1989), pensamos que a correção de uma prova não decorre simplesmente da correção dos seus passos elementares. Ela depende também de assumir uma estrutura transitiva que preserve a correção: a estrutura da cadeia de raciocínios. Não basta averiguar a correção de um passo imediato, é preciso lembrar disso e garantir que o encadeamento preserva correção. Segundo Corcoran, existem diversas estruturas que desempenhariam esse papel. Desde essa perspectiva, a estrutura em árvore das derivações em *DN* faculta-nos, na verdade, espelhar a estrutura transitiva da cadeia de raciocínio das provas matemáticas reais, que dista de ser linear.

Um exemplo, as derivações *DN* envolvendo predicação utilizam o conceito de parâmetro (em primeira ordem um parâmetro individual) e a regra de introdução do quantificador universal requer que o parâmetro que "será quantificado universalmente" – "o objeto genérico" -, não ocorra nas fórmulas-topo não descartadas. Esse fato implica que nem toda composição de duas derivações será uma derivação, antes é preciso garantir que os parâmetros de cada uma das duas derivações pertençam a conjuntos distinto. Considere uma composição de derivações da seguinte forma:

$$
\begin{array}{c}
\phantom{\Gamma_1, B \{} \begin{array}{c} \Gamma_2 \\ \Pi_2 \end{array} \Big\} \begin{array}{c} \Gamma_2 \\ \Pi_2 \end{array} \\
\Gamma_1, B \left\{ \begin{array}{c} \Gamma_1, B \\ \Pi_1 \\ A(a) \\ \hline \forall x A(x) \end{array} \right. \quad B \\
\Pi_1 \\
\dfrac{A(a)}{\forall x A(x)}
\end{array}
$$

Mesmo que o parâmetro a não ocorra em B nem ocorra em Γ_1, se ele ocorre em Γ_2, a composição das duas derivações Π_1 e Π_2 não será uma derivação correta, embora as duas derivações fossem individualmente corretas. Assim, se as derivações devem espelhar à cadeia de raciocínio de uma argumentação real, então nem todo tipo de encadeamento de argumentações corretas será aceitável, conforme o exemplo acima.

Uma das interpretações mais frequentemente associada aos sistemas DN[8] entende serem as introduções e eliminações regras de inferência para a construção de provas. Inferências envolveriam asserções ou, no mínimo, julgamentos. A asserção das premissas seria garantia suficiente para a asserção da

---

[8]Ver [PRA65].

conclusão. Eventualmente, em alguns casos especiais, a conclusão não dependeria de nenhuma premissa - costuma dizer-se neste caso que todas as ocorrências topo da derivação foram descartadas. Acreditamos que a tese não se sustenta, pois dificilmente conseguimos explicar a implicação desse modo, examinaremos o problema logo adiante.

Provas matemáticas são usualmente argumentos abertos, que dependem de premissas; no caso derradeiro, as premissas são axiomas de um âmbito matemático. Na verdade, há duas formas costumeirtas de encarar os axiomas: como julgamentos que são prova *sui*, tal que a conclusão não depende de nenhuma premissa; ou como uma espécie de assumpção fundamental. Que um axioma seja considerado prova *sui* é na melhor das hipóteses um faz-de-conta útil. Há muito deixamos de considerar os axiomas como verdades necessárias e evidentes. Com efeito, a validade de um axioma envolve algum tipo de argumentação extrasistemática, que já não é considerado como representável dentro de um sistema axiomático, muito menos de um sistema formal. Tomando as provas como espécie do gênero argumentação, uma elucidação dos passos lógicos de uma prova deve ser espécie da elucidação dos passos lógicos de uma argumentação.

Doravante, usaremos a palavra *derivação* para referir a qualquer estrutura *DN* que então será entendida como uma estrutura ou objeto formal organizado cujo objetivo é o de espelhar as cadeias de raciocínio das argumentações (abertas), de modo primário. Infelizmente, não são todas as cadeias de raciocínio que podem ser representadas por esses objetos, mas apenas aquelas contidas numa argumentação em algum âmbito matemático, usando linguagem matemática. As provas matemáticas serão espelháveis na medida em que todas elas são espécie do gênero argumentação e que, portanto, devem envolver uma cadeia de raciocínio.

Dizer que as derivações *espelham* certa realidade significa dizer que as derivações são objetos formais definidos como contraparte elucidatória de certos fenômenos, objeto de investigação ou elucidação. Enquanto objetos formais as derivações são objetos abstratos. Esses objetos são o correspondente elucidatório das cadeias de raciocínio das argumentações reais. Dessa forma, os metateoremas para *DN* e *CS* são teoremas sobre objetos abstratos. Supõe-se que, pelo fato de espelharem argumentações reais, as propriedades desses objetos abstratos estendem-se a essas argumentações via a relação de espelhamento. Usamos o termo "espelhamento" na falta de um termo mais adequado e com o propósito de não determinar de antemão aquilo que é o próprio objeto da investigação. Mas há também um sentido no qual as derivações, enquanto objetos formais, ultrapassam seus correspondentes fáticos. Embora não se tenha produzido e nunca venha a ser produzida uma argumentação que tenha $10^{10^{10}}$ palavras, as derivações *qua* objetos formais não sofrem dessa restrição. Por outro lado, certas argumentações apresentam provas cuja cadeia de raciocínio não pode ser finitamente representada, já que certas cadeias podem envolver uma infinidade de premissas. Desconsideraremos este último casos em nossas análises dos sistemas *DN* e *CS*.

Segundo nosso ponto de vista, as ocorrências de fórmula de uma derivação *DN* não espelham asserções. As fórmulas espelham proposições ou formas proposicionais. O conceito de derivação prescinde de caracterizar atitudes proposicionais tais como: asserção, suposição, etc. As derivações em *DN* espelham a relação de consequência lógica entre as ocorrências topo e a ocorrência final da derivação. Em outros termos, dado que uma argumentação **mostra** a cadeia de raciocínio que lhe é subjacente, então uma derivação **mostra** que certa relação de consequência dedutiva se dá entre um conjunto finito de fórmulas (ocorrências-topo) e uma fórmula final (a conclusão), agora não mais interpretadas como asserção, mas tomadas unicamente como proposições ou formas proposicionais. A interpretação usual de que as fórmulas correspondem às sentenças de uma linguagem não é realista. A regra de introdução do universal requer como premissa imediata uma fórmula que na melhor das hipóteses será uma função proposicional sobre um objeto genérico. Regras *DN* não são genericamente interpretáveis como regras de inferência, já que, por definição, as inferências devem envolver asserções. Serão aqui entendidas como regras de dedução aplicadas às proposições ou formas proposicionais.

As fórmulas que ocorrem em uma derivação *DN* estão por proposições ou formas proposicionais. Essa alternativa parece ser a mais coerente quando se trata de interpretar a regra *DN* de introdução da implicação:

$$\frac{\begin{array}{c}\Gamma,[A]^i\\ \Pi\\ B\end{array}}{A \to B}$$

Se $A \to B$ espelhasse uma asserção e a regra de introdução da implicação fosse uma regra inferencial, toda a cadeia de fórmulas de B para cima até A também deveria espelhar uma asserção. Embora, à primeira vista, parecesse razoável entender que A poderia estar por uma asserção, isto implicaria assumir adicionalmente que a posse da prova da asserção de A está sendo suposta. Ocorre que a condição para a asserção da negação de uma proposição tem a mesma estrutura da regra acima com o absurdo ($\bot$) no lugar de B pois $\neg B \equiv B \to \bot$. Todavia, não faz sentido dizer que o/um absurdo é asserido no decorrer de uma prova matemática. Na melhor das hipóteses poderíamos dizer que seria asserível caso *A* fosse asserido, mas então não estamos verdadeiramente partindo da asserção de *A* e sim da suposição de que *A* tenha sido asserido. E isso não pode ser equivalente a asserção de *A* acompanhada da suposição da posse da prova. Para perceber o equívoco basta substituir o verbo/substantivo "provar/prova" no lugar do verbo "asserir/asserção" nas três frases anteriores.

Derivações *DN* estão por uma sequência de passos dedutivos. Mais precisamente, elas **espelham o ato que mostra** como se constitui uma determinada relação de consequência dedutiva, o ato que mostra a cadeia dedutiva de uma argumentação, pelo emprego de passos elementares que preservam a correção da cadeia dedutiva já produzida. Elas não espelham atos linguísticos como os de asserção, suposição, etc., mas espelham algo que não é de natureza linguística numa argumentação: a cadeia de raciocínio. Na prática matemática, o ato de mostrar as relações de consequência dedutiva é imanente ao procedimento argumentativo. A transição de uma proposição à outra carrega grau de evidência para um determinado público. Os passos lógicos elementares são passos dedutivos de grau atômico em termos de evidência e não podem ser ulteriormente desdobrados. Por causa da sua simplicidade são mais frequentemente omitidos no texto argumentativo.

5 O Formalismo do Cálculo de Sequentes

Os sistemas *DN* usam fórmulas para representar proposições ou formas proposicionais. As derivações *CS* usam expressões notacionais mais complexas. Na última, as expressões são formadas por duas listas de fórmulas (eventualmente vazias), uma de cada lado do símbolo de sequente. As expressões são chamadas de *sequentes* e são da forma: $A_1,...,A_n \Rightarrow B_1,...,B_m$, em que A_i e B_j são fórmulas. Há várias formas de interpretar um sequente. Gentzen diz que as vírgulas do lado esquerdo podem ser tomadas como conjunções e as do lado direito como disjunções. Nesse caso, o sequente é comparável a uma fórmula implicativa.

Em *CS* não existem regras de eliminação de sequente, nem regras de introdução de sequente (com exceção, talvez, dos sequentes básicos: $A \Rightarrow A$). Sequentes são naturalmente interpretáveis como notação para asserções. O símbolo de sequente representa uma relação entre duas listas de fórmulas. A própria palavra *sequente* (no original alemão *sequenz*) sugere que há uma relação de sequência entre as duas listas, a saber, uma relação de consequência dedutiva. Em consequência, sequentes servem como notação para proposições de um tipo especial, já que toda asserção deve ter um conteúdo proposicional. Sequentes espelham asserções de consequência dedutiva. As fórmulas que compõem um sequente representam proposições ou formas proposicionais, mas não asserções. As fórmulas à direita e à esquerda são na verdade termos dentro de uma relação. A relação é a relação de consequência dedutiva e seus argumentos são dois: a lista à esquerda e a lista à direita do símbolo.

Em resumo, o símbolo de sequente representa uma relação e as fórmulas à direita e à esquerda do símbolo são termos para proposições e formas proposicionais. Não podem ser termos para asserções, pois um problema similar àquele relativo à regra de introdução do universal se repetiria aqui. Como cada sequente é interpretável como uma asserção, é perfeitamente admissível interpretar as regras do cálculo de sequentes como regras inferenciais, portando, portanto, sobre asserções. Assim sendo, as derivações *CS* espelham cadeias de raciocínio de determinadas provas. Resta saber que tipo de provas. Naturalmente as regras de *CS* são regras dedutivas corretas, pois todas inferências são regras dedutivas corretas, mas nem toda regra dedutiva correta é uma regra inferencial.

O *CS* é um cálculo de um só predicado, com regras inferenciais explicitando quais asserções de consequência dedutiva podem ser inferidas de outras asserções de consequência dedutiva. Uma derivação *CS* sempre espelha uma prova estrito senso à medida que cada sequente é uma asserção correta e as premissas são tomadas como imediatamente verdadeiras (axiomas), entre elas aqueles da forma $A \Rightarrow A$. As provas das quais as derivações no *CS* são a imagem especular envolvem um único predicado: o predicado de consequência lógica, representado pelo símbolo de sequente. A cadeia de raciocínio das argumentações usuais não pode de modo geral ser espelhada no *CS*. No máximo, um sequente pode refletir pares-argumentos, quando a lista à direita está restrita a no máximo uma ocorrência. Um par-argumento é como uma "argumentação desmiolada", eviscerada de sua cadeia de raciocínio. O único tipo de cadeia de raciocínio que uma derivação em sequentes pode espelhar é aquela envolvida numa sequência de asserções sobre consequência dedutiva.

Se entendermos que uma derivação *DN* mostra a relação de consequência dedutiva entre proposições, então *CS* mostra provas para asserções de consequência dedutiva. Ou seja, aquilo que uma derivação *DN* **mostra** (a relação de consequência dedutiva) um sequente **assere,** tal que a prova desse sequente em *CS* **mostra** a fundamentação dessa asserção (de consequência dedutiva). Mais precisamente, o sequente apenas representa a proposição usada para asserir a relação de consequência dedutiva. Assim, para cada derivação *DN* existe um sequente correspondente que expressa a relação de consequência dedutiva mostrada pela derivação *DN*. Todavia, nem todo sequente corresponde imediatamente a uma derivação em *DN*, já que existem sequentes com mais de uma ocorrência de fórmula do lado direito do símbolo de sequente, na lógica clássica.

A diferença entre os *CSs* clássico *LK* e intuicionista LJ^p está no número de ocorrências de fórmulas na lista à direita do símbolo de sequentes. Com exceção daquelas situações em que a lista à direita é vazia, cada sequente *LJ* demonstrável corresponde a pelo menos uma derivação no sistema intuicionista *NJ* de dedução natural[10]. A mágica a que Gentzen se refere (conforme citação mais acima) diz respeito à possibilidade de resolver o problema de tratar a negação transferindo as fórmulas da esquerda para a direita e vice-versa dentro do sequente, com o acréscimo do símbolo de negação. A representação da lógica clássica por meio de sequentes requer que se admita mais de uma ocorrência de fórmula à direita do símbolo de sequente em *LK*. Como cada derivação *DN* tem uma única conclusão, não haverá derivações correspondentes no sistema clássico *NK* de dedução natural a vários dos sequentes prováveis em *LK*. Isso não impede demonstrar uma forma de equivalência dos cálculos *LK* e *NK*. Por outro lado, para qualquer derivação *NK* sempre haverá uma derivação em *LK* provando a relação de consequência dedutiva que a derivação *NK* mostra. É como se *LK* contivesse elementos ideais que ajudam a fechar o sistema para representar o conceito de consequência dedutiva inerente à lógica clássica. Certamente o conteúdo desta última observação não é óbice para que se interprete os sequentes como representação de uma proposição em que a lista de fórmulas à direita é considerada consequência dedutiva da lista à esquerda.

Em resumo, uma derivação *DN* mostra a relação de consequência dedutiva entre proposições premissa e uma proposição conclusão, uma derivação *CS* mostra a cadeia de raciocínio envolvida na prova da asserção da relação de consequência dedutiva entre listas de proposições. O que *DN* mostra um sequente de *CS* representa e/ou permite enunciar; e isso que o sequente permite enunciar a própria derivação *CS* prova, ou seja, mostra. Todavia, não se vê com frequência textos argumentativos naturais que apresentem asserções na forma de sequentes. O *CS* não tem o objetivo de espelhar argumentações em geral, mas argumentações envolvendo o predicado de consequência dedutiva. É essa correlação entre eles que permite interpretar *CS* como um metacálculo para *DN*.

---

[9] A designação dos cálculos é originária de Gentzen (1935).
[10] Uma alternativa à formulação de *LJ* com lista vazia à direita consiste em sempre acrescentar o símbolo de absurdo ($\perp$) à direita.

6 Diagramas e Notação

Assumiremos o ponto de vista de que notações são diagramas usados em alguma função sintática dentro de uma oração. Fórmulas como *tipo* não são notação. Elas espelham proposições ou estruturas proposicionais, segundo uma teoria das formas proposicionais. Também podem espelhar asserções. Fórmulas como *token* são notação para proposições ou estruturas proposicionais, segundo essa mesma teoria de formas proposicionais. Sequentes como *tipo* espelham proposições ou estruturas proposicionais de consequência lógica, e eventualmente espelham asserções. Sequentes como *token* são notação para estruturas proposicionais envolvendo a relação de consequência dedutiva.

O que são as derivações em *DN* e *CS*? São, estritamente falando, objetos matemáticos definidos indutivamente. Intuitivamente, as derivações *DN* espelham cadeias de raciocínio e mostram uma relação de consequência dedutiva; as derivações *CS* espelham a prova de uma asserção de consequência dedutiva e a cadeia de raciocínio subjacente a essa prova. Os objetos abstratos derivação não são notação. Em alguns casos os diagramas para derivações poderiam ser utilizados como notação, mas raramente o são.

No ato de enunciação distinguem-se certos papéis. Os papéis são aqueles que as expressões de uma linguagem desempenham segundo uma intenção em um ato linguístico: denotar, predicar, asserir, etc. Não existem papéis enunciativos que possam ser intencionalmente atribuídos às cadeias de raciocínio. Nem elas denotam, nem elas predicam, nem elas podem ser assimiladas a atos linguísticos como os de asserção, etc. Cadeias de raciocínio são apresentadas ou mostradas por meio de um texto argumentativo. Argumentações mostram ou procuram tornar claras as cadeias de raciocínio.

Dissemos que as derivações, seja em *DN* seja em *CS*, mostram algo. Porém, se as derivações são objetos matemáticos, como elas podem mostrar algo?

As derivações em ambos cálculos são objetos abstratos definidos indutivamente. Esses objetos não podem mostrar nada no sentido estrito da palavra. São as suas representações por meio de diagramas que podem mostrar algo. A definição do objeto derivação, das derivações enquanto tipo, procura capturar elementos relevantes de uma argumentação: o que convencionamos chamar a sua forma. Os mesmos diagramas que usamos para representar podem ser objetos da intuição, da percepção e da imaginação. São estes artefatos que, propriamente falando, espelham a estrutura de uma cadeia de raciocínio. Esses elementos intuitivos devem ser conceptualizados para que deles possamos construir alguma ciência. Sua conceptualização corresponde à definição das derivações como objetos matemáticos. O objeto abstrato derivação é a contraparte conceitual de uma ou mais formas diagramáticas. São as formas as entidades que efetivamente espelham as cadeias de raciocínio. Essas formas derivacionais são plasmáveis por meio de diagramas espaciais. Compõem esses diagramas certas expressões notacionais, fórmulas em *DN*, sequentes formados de termos representando fórmulas em *CS*. Diagramas usualmente condensam uma série de informações cuja enunciação ou é impossível ou altamente não-perspícua. Assim, são os diagramas e as formas inerentes a eles para as derivações que podem mostrar algo. Mostrar é um ato e frequentemente depende da realização de uma sequência de procedimentos. Notações servem primariamente para comunicar, nem sempre servem para mostrar. Nos casos em que a notação é usada para mostrar, elas mostram um objeto, mas não um procedimento. Sob uma interpretação adequada, diagramas representam objetos e procedimentos amalgamados em uma configuração espacial. Há uma dicotomia objeto-procedimento que perpassa a dicotomia notação-diagrama. De modo geral, notações estão por objetos, diagramas por procedimentos.

Uma forma de notação disponível para derivações *DN* é aquela que representa seus pares-argumento e essa notação é dada por sequentes da forma $\Gamma \Rightarrow A$, em que Γ é uma lista de fórmulas topo da derivação *DN* e *A* é a fórmula conclusão da derivação *DN*. Essa notação é uma espécie de descrição do tipo "entrada/saída" para as derivações *DN*. Enquanto objetos formais, os sequentes, por si só, são demasiado pobres em sua estrutura para constituir base suficiente para a enunciação de vários teoremas metalógicos em teoria da prova, apesar de denotarem derivações *DN*. Todavia, a própria prova do sequente pode oferecer essas informações. Existe um paralelo notável entre as informações que podemos extrair da prova de um sequente e da respectiva derivação *DN* que o sequente final representa, entre elas os teoremas de normalização. Diagramas de *DN* e *CS* permitem a apreensão *in toto* de uma série de informações relativas a um objeto abstrato derivação ou uma classe de objetos derivação. Esses diagramas são análogos dos diagramas da geometria euclidiana. O conhecimento metateórico acerca dos cálculos *DN* e *CS* envolve o uso da nossa capacidade estética de apreensão de formas, em um modo análogo ao da geometria euclidiana. Assim, para poder dizer que uma derivação mostra algo é preciso considerar os diagramas que representam os objetos abstratos que são essas derivações. Objetos abstratos não podem mostrar nada. São os respectivos diagramas que mostram alguma coisa. Isso explica porque é fácil confundir uma derivação com o diagrama que a representa.

Assim como o discurso filosófico-estético revela imensas dificuldades na apreensão e organização dos seus conceitos, também o mesmo se dá no discurso sobre visualização nas provas matemáticas. Consideramos que a visualização nas provas matemáticas é a visualização de diagramas que por seu turno capturam formas percepto-intuitivas, inclusive da nossa imaginação, e que podem ser controladas e corrigidas por um apelo a objetos abstratos definidos formalmente, ao menos este é o caso dos objetos matemáticos em questão neste ensaio: as derivações.

7 Diagramas e Dedução

O conceito de derivação compreende uma infinidade de objetos abstratos. Reuní-los em subgrupos e considerar suas propriedades é uma tarefa que chamamos de investigação. Quando suas propriedades são enunciadas como teoremas chamamos isto de metalógica. Nem sempre existe utilidade em considerar de um ponto de vista conceitual exato alguns desses sub-grupos, uma breve referência a sua forma é suficiente, como meio para a apresentação e prova de propriedades metalógicas.

Frente as notações em sentido estrito, os diagramas tem uma característica peculiar que os faz mais adequados à representação das derivações. As entidades que chamamos formas e que constituem a intuição base para a definição de um conceito podem ser agrupadas segundo similaridades estruturais. No caso das derivações trata-se das similaridades que haveria entre os procedimentos levados à cabo para a constituição da cadeia de raciocínio numa argumentação espelhada pela respectiva derivação. A tese é de que os diagramas representam espacialmente procedimentos operativos que não fazem parte do objeto abstrato e, por isso, os diagramas permitem uma representação das derivações segundo similaridades procedimentais. O diagrama de um triângulo representa espacialmente as operações de determinar três segmentos de retas fechando um espaço e unidos pelos seus extremos, dois a dois.

Para o caso de *DN*, por exemplo, algumas vezes não há modo de oferecer uma derivação específica que apresente a validade de um par-argumento. Isso não impede que se dê uma representação diagramática esquemática mostrando a validade do par-argumento. Em outros termos, a validade do par-argumento é garantida por uma classe de derivações e essa classe de derivações pode ser representada esquematicamente por um diagrama. Ou seja, se tratarmos os sistemas *DN* como sistemas de objetos formais que correspondem a formas dedutivas válidas, haverá classes de derivações, todas elas comungando algum tipo de similaridade estrutural ou procedimental, tal que não há nenhuma regra de dedução derivável que lhe corresponda. Por exemplo, suponha uma conjunção de *n* fórmulas da seguinte forma: $A_1 \wedge (A_2 \wedge ... (A_{n-1} \wedge A_n)...)$. Para $1 \leq i \leq n$, cada umas das fórmulas A_i pode ser obtida por uma sequência de eliminações da conjunção, e isto pode diagramaticamente ser representado da seguinte forma:

$$\frac{A_1 \wedge (A_2 \wedge ...(A_{n-1} \wedge A_n)...)}{A_i}$$

Assim como os três pontos indicam um certo processo de escritura, os distintos processos para a obtenção da projeção de cada um dos componentes da conjunção estão representados pela linha dupla[11]. A forma acima só corresponderá aproximadamente a uma derivação DN se o índice i for 1. A forma acima representa uma classe de derivações. Qualquer descrição conceitual dessa classe só poderia ser efetuada usando um diagrama de sequentes, um diagrama que representaria toda uma classe de sequentes, mas sem indicar um procedimento nem a repetição e a similaridade das operações a serem empregadas, isto é da cadeia de eliminações que leva a fórmula de conclusão. A forma acima pode ser diretamente usada na prova de alguma propriedade metalógica em um sistema DN.

Alguns dos problemas filosóficos envolvidos na relação entre o conhecimento geométrico e seus diagramas transladam-se ao domínio das derivações em DN e CS. O problema mais imediato é o da representação. Assim como as questões filosóficas atinentes à geometria começam pela pergunta de quais seriam os entes representados pelos diagramas, o mesmo vale para os diagramas de DN e CS. No caso da geometria, os objetos de que se fala - triângulos, retas, pontos, etc. - não são objetos ou fenômenos físicos, embora possam estar em algum tipo de relação de espelhamento com objetos ou fenômenos físicos. Como já dissemos, derivações em DN ou CS são objetos formais abstratos definidos por indução. Sua definição pressupõe a definição de outros objetos formais, as expressões de uma linguagem formal. A relação que temos designado como espelhamento suscita inúmeras dúvidas e problemas e não nos propomos a dissertar sobre ela. Nossa tese é a de que em sentido estrito o espelhamento não pode se dar entre os objetos abstratos e os fenômenos originais (no presente caso as argumentações), mas entre formas percepto-intuitivas e os fenômenos originais. Os objetos abstratos são os correlatos matemáticos destas formas. Limitaremo-nos a fazer algumas considerações breves sobre a relação entre os diagramas e as derivações a seguir.

---

[11]Gentzen usou desse mesmo artifício na apresentação da prova do seu Hauptsatz para o CS.

8 Visualização

A relação entre diagramas derivacionais e as próprias derivações não é uma relação de cópia. Um diagrama pode não explicitar todos os elementos que compõem o objeto formal derivação. Como já foi dito, os diagramas são usados para destacar propriedades estruturais comuns a diversas derivações distintas. Um diagrama como aquele da figura acima não denota uma única derivação, ele representa uma classe de derivações com base em certas similaridades procedimentais. Um diagrama não é assimilável a um predicado, pois não há indicação de objeto ao qual ele estaria sendo aplicado. Não pode tampouco ser asserido, pois não tem forma proposicional. Em resumo, não é possível atribuir papel enunciativo algum a um diagrama para derivações. Por isso, eles não podem ser considerados notação, se conceituamos as notações como figuras espaciais cujo papel arquetípico encontra seu *locus* em uma enunciação desempenhando uma certa função sintática.

O quadro conceitual acima elaborado para as derivações *DN* e *CS* pode ser transladado por analogia ao caso da geometria. Na geometria os diagramas não são cópia de um objeto abstrato, não denotam um objeto abstrato, não denotam um conceito (já que não podem desempenhar papel enunciativo), etc. Os diagramas permitem delimitar esteticamente certas classes de objetos abstratos identificados segundo algo que lhes seria comum: a forma percepto-intuitiva que lhes associamos. Mesmo que os diagramas contenham distorções, as características relevantes do respectivo diagrama para a prova de uma proposição geométrica ou ficam inalterados pelas distorções ou admitem ainda alguma espécie de tratamento genérico quando excluídos casos limites (considere por exemplo, o caso em que a reta AB seja dada por um único ponto na prova da proposição I do livro I de Euclides). Como os diagramas permitem delimitar e referir classes de objetos abstratos, uma operação sobre um objeto dessa classe será representável por meio de diagrama quando a operação afeta formas presentes no diagrama. Caso contrário, se a operação afeta elementos não contidos no diagrama, a diagramação dos efeitos da operação requereria uma constatação de que a forma representada sempre corresponde a uma outra forma diagramável, em outro registro, sobre a qual representaríamos os efeitos da operação tal que essa forma ainda seria determinada a partir da mesma classe de objetos abstratos.

Ao resolver problemas matemáticos com frequência saímos do âmbito de instrumentos admissíveis para a confecção da prova estrita. Já demos a entender que esse âmbito de instrumentos é explicitamente delimitável por uma formulação axiomática. Entretanto, importa saber como fazer para transladar o resultado ao conjunto de instrumentos admissíveis. Vejamos um exemplo, a fórmula que expressa o somatório dos n primeiros números naturais é:

$$\sum\nolimits_{1}^{n} i = \frac{n(n+1)}{2}$$

A igualdade anterior é parte trivial da teoria dos números naturais, que por sua vez está axiomatizada pela Aritmética de Peano. Uma das heurísticas bem conhecidas da prova dessa igualdade usa um diagrama representando ou um caso particular ou um caso genérico (indicado por meio de reticências). Seu uso depende de um conhecimento espacial acerca da área dos quadrados, os quais não são imediatamente objetos da aritmética de números naturais:

```
1  *  o  o  o
2  •  *  o  o
3  •  •  *  o
4  •  •  •  *
```

O desenho acima é um diagrama particular. O caso genérico é facilmente assimilável à forma do caso particular e a equação que obtemos a partir da consideração do diagrama é desenvolvida do seguinte modo:

$$\sum\nolimits_{1}^{n} i = \frac{(n-1)^2}{2} + n = \frac{n(n+1)}{2}$$

A primeira parcela da soma indica a metade da área do quadrado de lado $n-1$ e a segunda parcela indica o número de elementos da diagonal n. Se os instrumentos para a produção de uma prova estrita são limitados, os instrumentos para encontrar a ideia geral da prova, o "jeitão" da prova, não o são. É a própria disposição espacial dos elementos que oferece a compreensão de qual é a solução do problema da somatória. Todavia, é preciso atentar para o fato de que a representação espacial ou será apenas de um caso particular ou no máximo de um caso genérico em que são empregadas as reticências de modo a deixar em aberto o problema de saber qual o tamanho do lado do quadrado. Neste último caso "sabemos" que o procedimento pode ser indefinidamnete estendido.

Estritamente falando, a solução aritmética dada pela fórmula do somatório e as divisões espaciais no diagrama quadrado são incomparáveis, num sentido preciso. Ao passo que no primeiro caso faz-se uso de uma notação, no segundo caso faz-se uso de um diagrama o qual por sua vez permite mostrar como chegamos à notação composta de determinadas operações aritméticas. O diagrama **mostra** a solução. A solução envolve dividir a área pela diagonal, somando a própria diagonal. Usualmente interpretamos que a notação aritmética não contém referências a nenhum procedimento; já o diagrama só mostra a solução se entendemos que ele mostra de modo genérico um procedimento de agrupamento que pode em princípio ser aplicado a qualquer n.

Além da representação geométrica acima, há ainda uma outra heurística bem conhecida para resolver o mesmo problema. Vamos examiná-la a seguir. Nossa tese é a de que essa heurística também envolve o uso de um diagrama, mesmo que sua composição contenha mais elementos notacionais que o caso anterior. Abaixo estão representadas duas formas gerais de uma operação de escritura - $1+...+n$ e $n+...+1$, cada uma exige tempo para sua execução:

$$+\frac{\begin{array}{c}\sum_1^n i = 1+...+n \\ \sum_1^n i = n+...+1\end{array}}{2\sum_1^n i = n(n+1)}$$

Visivelmente, a representação estabelece certas relações espaciais com as parcelas na mesma vertical. Até bem poderia ser o caso de que essa relação espacial estivesse pela estrutura de um conceito - relação 1 a 1 entre duas ordens. A questão é: a relação 1 a 1 daria-se entre dois objetos abstratos designados pelas respectivas notações? É duvidoso que a configuração $1+...+n$ seja uma notação, já que os três pontos invocam um procedimento continuado. Para que fosse uma notação, seus componentes teriam que ser notação. Tanto $\sum_1^n i$ quanto $=$ tem função enunciativa (termo e relação, respectivamente). O diagrama $1+...+n$ como notação deve ter um modo de apresentação distinto de $\sum_1^n i$, já que a equação acima não poderia ser demonstrada se somente a identidade das referência das respectivas notações fosse considerada:

$$+\frac{\begin{array}{c}\sum_1^n i = \sum_1^n i \\ \sum_1^n i = \sum_1^n i\end{array}}{2\sum_1^n i = 2\sum_1^n i}$$

Por sua própria natureza, a configuração $1+...+n$ seria na melhor das hipóteses uma notação funcional dependente da escolha de n. Ocorre que, sob essa hipótese, o modo de apresentação falha para os casos $n=1$ e $n=2$, já que, estritamente falando, obteríamos a expressão $1++1$ e a expressão $1++2$. Em outros termos, enquanto o primeiro desenho - com duas áreas separadas pela diagonal - apresentava um caso particular (apontando ao caso geral), o segundo desenho contêm uma configuração que não pode corresponder à enunciação de um conceito geral, pois, estritamente falando, a configuração $1+\ldots+n$ não comportaria no seu "modo de apresentação" o caso dos dois primeiros números naturais. Aliás, pouco adiantaria adotar outro modo de apresentação como $1+\ldots$ e $n+\ldots$, por exemplo. Se isso fosse feito, a primeira delas perderia seu caráter funcional sobre n. Assim, a confiuguração contendo o alinhamento das parcelas da série $1+\ldots+n$ com a série $n+\ldots+1$ deve ser considerado um diagrama, mas não uma notação. A presença dos três pontos é um indício de que estamos representando um procedimento: o procedimento de escritura das parcelas da somatória. A correlação um a um é estabelecida sobre os resultados respectivos de cada passo do procedimento de escritura das parcelas. A percepção da existência dessa correspondência junto com a observação de que a soma das parcelas verticais é sempre $n+1$ oferece a evidência necessária ao estabelecimento da justificação do enunciado de somatória.

Também essa segunda prova depende tanto quanto a primeira da observação da estrutura de um diagrama, ou seja, envolve intuição/percepção de uma forma.

9 Consideração Final

Mesmo naqueles casos que consideraríamos mais simples, o uso e a presença de um diagrama para capturar procedimentos aponta ao fato de que uma parcela não desprezível dos nossos pensamentos formais não são de natureza inteiramente linguístico-conceitual. A visualização desempenha um papel último irredutível na construção de uma justificação. Não há porque considerar que o caso das derivações seria diferente. Até mesmo a elucidação de certos procedimentos linguístico-conceituais deve se apoiar, em ultima análise, numa compreensão que nos envolve no ato de mostrar algo, de visualizar algo. Acima, procuramos defender essa tese e desenvolver as consequências de sua aceitação com respeito aos conceitos de derivação tanto em *DN* quanto no *CS*.

Há uma tese estética que subjaz ao enredo deste ensaio. É a tese de que podemos comunicar, operar, capturar, perceber, compreender e julgar formas. As formas não se reduzem a meras formas linguístico-conceituais. Um objeto de arte como uma escultura ou uma pintura obviamente não se reduz à apresentação de formas linguístico-conceituais. Julgamentos estéticos portam, entre outras coisas, sobre formas, em especial o julgamento da beleza.

Tudo parece indicar que nossa percepção, nosso entendimento e nossa racionalidade lidam com entidades primitivas que chamamos de formas percepto-intuitivas, as quais não podem ser inteiramente reduzidas a conceitos. Não se pretende com isso dizer que elas não podem ser descritas ou conceptualizadas, significa apenas que elas são entidades básicas no arcabouço da nossa racionalidade.

Referências

Corcoran, J (1989). *Argumentations and Logic*. Argumentation 3 (1):17-43.
Gentzen, G. (1934). *Investigations into Logical Deduction*. The Collected Papers Of Gerhard Gentzen, ed. M.E.Szabó, págs. 68-131, North--Holland, 1969.
Gentzen, G (1936). *The Consistency of Elementary Number Theory*. The Collected Papers Of Gerhard Gentzen, ed. M.E.Szabó, págs. 132-213, North--Holland, 1969.
Gentzen, G. (1938). *New Version of the Consistency Proof*. The Collected Papers Of Gerhard Gentzen, ed. M.E.Szabó, págs. 252-286, North--Holland, 1969.
Hilbert, D. (1899). *Foundations of Geometry*. Open Court, 1999.
Hilbert, D. (1928). *I Fondamenti della Matematica* (tradução italiana de *Die Grundlagen der Mathematik*). Ricerche Sui Fondamento della Matematica, ed. e trad. V.M. Abrusci, págs. 267-289, Bibliópolis, 1978.
Jaskowski, S. (1934). *On The Rules of Suppositions in Formal Logic*. Polish Logic, ed. S.McCall, Oxford University Press, 1967.
Prawitz, D. (1965). *Natural Deduction*. Almqvist & Wiksell, 1965.
Raggio, A. (1988) *The 50th Anniversary of Gentzen's Thesis*. Contemporary Mathematics, v.69, eds. W.Carnielli & L.P.Alcântara, AMS, 1988.
Schroeder-Heister, P. (2003). *On the Notion of Assumption in Logical Systems*. Proceedings of GAP.5, Bielefeld, 22.--26.09.2003. http://www.gap5.de/proceedings/pdf/027-048_schroeder-heister.pdf
Sundholm, G. (2006). *Semantic Values for Natural Deduction Derivations*. Synthese, 148 (3), págs. 623-638.

9
Linear K
Frank Thomas Sautter

1 Introdução

Apresento uma extensão da silogística categórica aristotélica[1], esboço um método de decisão para essa extensão, e argumento a favor da seguinte inversão: essa extensão da silogística categórica aristotélica é o que devemos propriamente admitir como *a* silogística categórica[2], enquanto que a silogística categórica aristotélica deve ser simplesmente admitida como uma *restrição* da silogística categórica. Esse argumento apela para as relações de oposição próprias dessa extensão e sustento que elas têm o mesmo direito à cidadania no universo da lógica do que as relações de oposição da silogística categórica aristotélica, à exceção da relação de oposição contraditória.

Na segunda seção apresento essa extensão da silogística categórica aristotélica, mostro um octógono de relações de oposições relacionado a essa extensão, e forneço razões para a tese de que a legítima silogística categórica inclui essa extensão. Na terceira seção apresento as 96 (noventa e seis) formas silogísticas positivas válidas dessa extensão, e esboço um método de decisão, denominado "Linear K", para essa extensão. Esse método de decisão é um híbrido entre um método gráfico e um método não gráfico, e pode ser útil na sugestão e avaliação de critérios para a distinção entre métodos gráficos e métodos não gráficos.

---

[1] Considero apenas aqueles silogismos nos quais há exclusivamente termos gerais. Desconsidero aqueles silogismos cuja validade depende de pressupostos existenciais dos termos envolvidos, embora esses pressupostos sejam levados em consideração na discussão sobre as relações do octógono de oposições (ver segunda seção).
[2] Entendo uma silogística como uma coleção de argumentos que operam por "triangulação", ou seja, nos quais a relação entre dois termos é estabelecida pela mediação das relações desses dois termos com um terceiro. Um silogismo, um argumento pertencente à silogística, é categórico quando ele compõe-se exclusivamente de juízos acerca da presença ou ausência de subordinação entre termos (rigorosamente, conceitos associados a termos); assim, por exemplo, os juízos universais da silogística categórica aristotélica afirmam a presença de subordinação entre termos – o juízo universal afirmativo a subordinação do termo sujeito ao termo predicado, o juízo universal negativo a subordinação do termo sujeito ao complemento do termo predicado – enquanto que os juízos particulares da silogística categórica aristotélica afirmam a ausência de subordinação entre termos – o juízo particular afirmativo a não subordinação do termo sujeito ao complemento do termo predicado, o juízo particular negativo a não subordinação do termo sujeito ao termo predicado.

Visualização nas Ciências Formais.
Abel Lassalle Casanave & Frank Thomas Sautter (eds.).
Copyright © 2012.

2 A extensão de Keynes

John Neville Keynes, pai do renomado economista britânico John Maynard Keynes, publicou, em 1906, a quarta edição do livro "Studies and Exercises in Formal Logic", no qual estendeu a silogística categórica aristotélica ao incluir quatro novas relações entre pares de termos gerais. Se x é um termo e $\bar{x}$ é o termo cuja extensão corresponde ao complemento da extensão de x com respeito ao universo do discurso[3], as oito relações entre pares de termos gerais – as quatro primeiras universais e as quatro últimas particulares – são as seguintes (Keynes 2008: 141):

1. Axy, ou seja, todo x é y.
2. $A x\bar{y}$, cuja notação adotada por Keynes é $A'xy$.
3. Exy, ou seja, nenhum x é y.
4. $E x\bar{y}$, cuja notação adotada por Keynes é $E'xy$.
5. Ixy, ou seja, algum x é y.
6. $I x\bar{y}$, cuja notação adotada por Keynes é $I'xy$.
7. Oxy, ou seja, algum x não é y.
8. $O x\bar{y}$, cuja notação adotada por Keynes é $O'xy$.

A Figura 1 é uma reprodução do octógono de oposições lógicas entre essas relações binárias entre termos gerais, proposto por Keynes.

Há quatro pares de opostas contraditórias: Axy e Oxy, Exy e Ixy, $A'xy$ e $O'xy$, $E'xy$ e $I'xy$. Essa relação de oposição não pressupõe o comprometimento existencial de nenhum dos termos envolvidos: nem do termo sujeito, nem do termo predicado, nem do complemento do termo *sujeito e nem do complemento do termo predicado. Ela se caracteriza por* um elemento do par ser o caso e o outro elemento do par não ser o caso.

Há dois pares de opostas complementares: Axy e $A'xy$, Exy e $E'xy$.

Há dois pares de opostas subcomplementares: Ixy e $I'xy$, Oxy e $O'xy$.

Há quatro pares de opostas contracomplementares: Axy e $O'xy$, Exy e $I'xy$, Ixy e $E'xy$, Oxy e $A'xy$.

As oposições complementares, subcomplementares e contracomplementares não pressupõem o comprometimento existencial de quaisquer dos termos envolvidos. Quando as relações de um par complementar são ambas o caso, os termos sujeito e predicado (ou complemento do termo predicado) são coextensionais; quando as relações de um par contracomplementar são

---

[3] Algumas proposições e derivações abaixo dependem da verdade de $\bar{\bar{x}} = x$.

ambas o caso, o termo sujeito está propriamente extensionalmente incluído no termo predicado (ou complemento do termo predicado); quando as relações de um par subcomplementar são ambas o caso, os termos sujeito e predicado são extensionalmente incomparáveis.

Há quatro pares de opostas contrárias: Axy e Exy, Axy e $E'xy$, Exy e $A'xy$, $A'xy$ e $E'xy$. Essa relação de oposição pressupõe o comprometimento existencial do termo sujeito no primeiro par, do complemento do termo predicado no segundo par[4], do termo predicado no terceiro par e do complemento do termo sujeito no quarto par. Ela se caracteriza por não ser o caso que ambos os elementos do par sejam o caso.

Há quatro pares de opostas subcontrárias: Ixy e Oxy, Ixy e $O'xy$, Oxy e $I'xy$, $I'xy$ e $O'xy$. Essa relação de oposição pressupõe o comprometimento existencial do termo sujeito no primeiro par, do termo predicado no segundo par, do complemento do termo predicado no terceiro par e do complemento do termo sujeito no quarto par. Ela se caracteriza por não ser o caso que ambos os elementos do par não sejam o caso.

Há oito pares de opostas subalternas: Ixy é subalterna de Axy, Oxy é subalterna de Exy, $I'xy$ é subalterna de $A'xy$, $O'xy$ é subalterna de $E'xy$, Ixy é subalterna de $A'xy$, $O'xy$ é subalterna de Exy, $I'xy$ é subalterna de Axy e Oxy é subalterna de $E'xy$. Essa relação de oposição pressupõe o comprometimento existencial do termo sujeito nos dois primeiros pares, do complemento do termo sujeito nos dois pares seguintes, do termo predicado nos dois pares seguintes e do complemento do termo predicado nos dois últimos pares. Ela se caracteriza pelo primeiro elemento do par – o subalterno - ser o caso quando o segundo elemento do par – o sobrealterno - for o caso.

---

[4] Outra lição dessa extensão da silogística categórica aristotélica consiste em esclarecer que o debate em torno da pressuposição de comprometimento existencial de termos não se restringe somente aos termos sujeito e predicado, mas também aos complementos desses termos, o que, evidentemente, não constitui o mesmo problema.

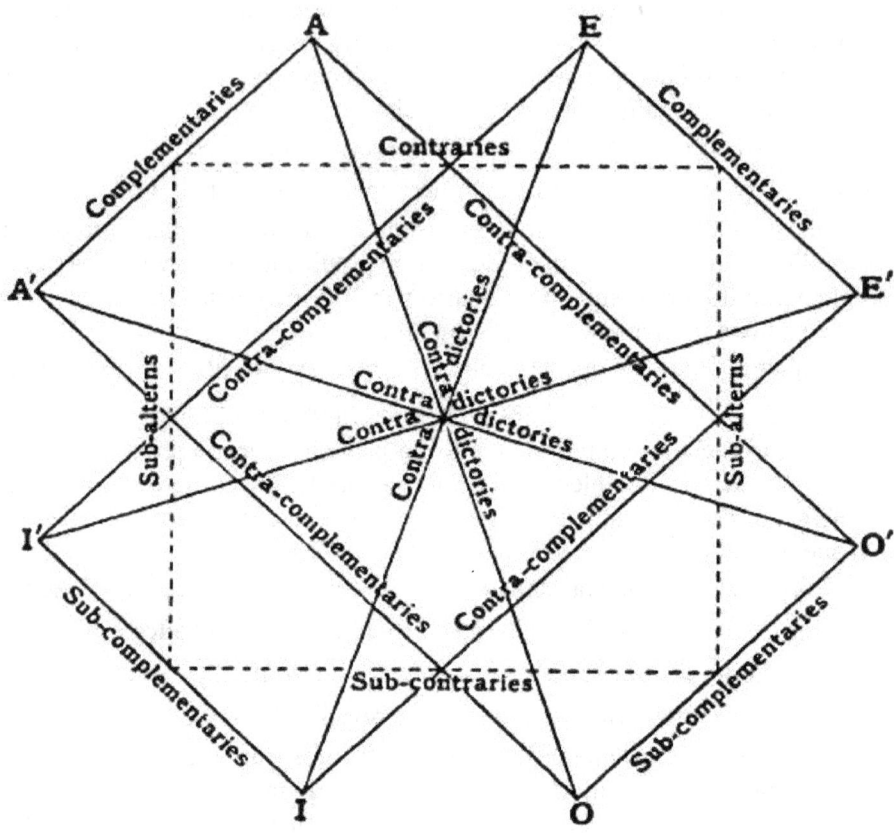

Figura 1. Octógono de oposições lógicas de Keynes (2008: 144).

Se aceitarmos a tese de que a lógica não têm compromissos ontológicos, pelo menos não o tipo de compromisso ontológico exigido pelas relações de oposição acima descritas, então a única relação lógica da silogística categórica aristotélica é a relação de oposição contraditória. Por outro lado, as relações de oposição complementar, subcomplementar e contracomplementar, por não possuírem tais compromissos ontológicos, devem ser acolhidas como legítimas relações lógicas. Por isso, sustento que a extensão acima apresentada deve ser propriamente admitida como a legítima silogística categórica. Essa tese será reforçada, na próxima seção, com o reconhecimento de que uma formulação positiva – uma formulação na qual são empregados somente termos positivos – de todas as formas silogísticas válidas que podem ser obtidas nos diagramas de Carroll (1986) ou, alternativamente, nos diagramas de Venn (1881) acrescidos de uma oitava área, somente pode ser obtida com a utilização dessa extensão da silogística categórica aristotélica.

A Figura 2 é uma reprodução do octógono de oposições lógicas entre as relações binárias entre termos gerais, proposto por Hacker, descoberto de forma aparentemente independente.

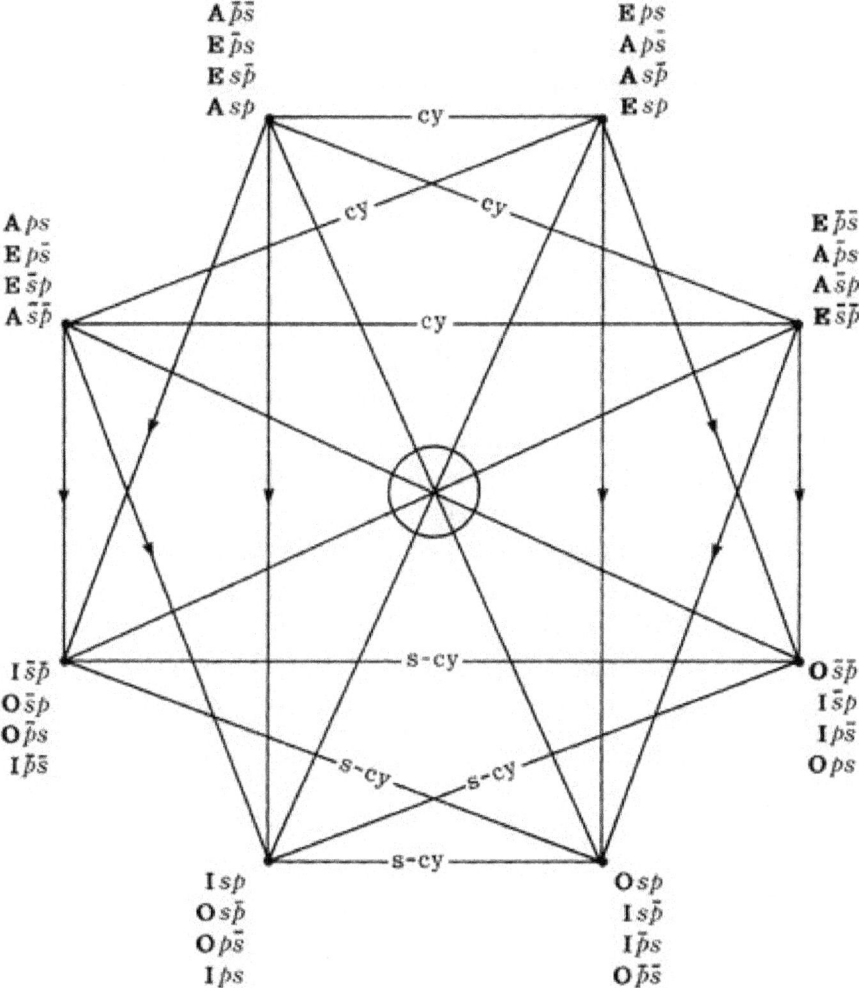

Figura 2. Octógono de oposições lógicas de Hacker (1975: 353).

3 Um Método de Decisão Diagramático

Keynes (2008: 146) mostra que todas as relações gerais podem ser expressas por intermédio da relação de tipo *E*, e todas as relações particulares podem ser expressas por intermédio da relação de tipo *I*. Adotarei essa solução de Keynes, porque *E* e *I* são relações conversíveis, isto é, *Exy* se e somente se *Eyx* e *Ixy* se e somente se *Iyx*, e isso simplificará o método de decisão aqui proposto. Além disso, *E* e *I* são relações pertencentes à silogística categórica aristotélica e têm formas simples de expressão nas linguagens naturais. As oito relações binárias entre termos gerais são, portanto, expressas do seguinte modo:

1. $Ex\bar{y}$ é outro modo de expressar a relação binária *Axy*.
2. $\overline{Ex}y$ é outro modo de expressar a relação binária $A'xy$.
3. *Exy*.
4. $\overline{Ex\bar{y}}$ é outro modo de expressar a relação binária $E'xy$.
5. *Ixy*.
6. $I\overline{xy}$ é outro modo de expressar a relação binária $I'xy$.
7. $Ix\bar{y}$ é outro modo de expressar a relação binária *Oxy*.
8. $\overline{Ix}y$ é outro modo de expressar a relação binária $O'xy$.

Há exatamente 24 (vinte e quatro) formas silogísticas válidas expressas em função de *E* e de *I*, e em função de uma distribuição de termos – positivos e negativos – da primeira figura da silogística categórica aristotélica:

1. Emp, $Es\bar{m}$, ∴ Esp.
2. Emp, $\overline{Es}m$, ∴ $\overline{Es}p$.
3. Emp, Ism, ∴ $Is\bar{p}$.
4. Emp, $\overline{Is}m$, ∴ $\overline{Is}p$.
5. Imp, Esm, ∴ $\overline{Is}p$.
6. Imp, $\overline{Es}m$, ∴ Isp.
7. $E\overline{m}p$, Esm, ∴ Esp.
8. $E\overline{m}p$, $\overline{Es}m$, ∴ $\overline{Es}p$.
9. $E\overline{m}p$, $Is\overline{m}$, ∴ $Is\bar{p}$.
10. $E\overline{m}p$, $\overline{Is}\overline{m}$, ∴ $\overline{Is}p$.
11. $\overline{Im}\,p$, $Es\overline{m}$, ∴ $\overline{Is}p$.
12. $\overline{Im}\,p$, $\overline{Es}\overline{m}$, ∴ Isp.
13. $\overline{Emp}$, Esm, ∴ $Es\bar{p}$.
14. $\overline{Emp}$, $\overline{Es}m$, ∴ $\overline{Es}\bar{p}$.

15. $E\overline{mp}$, $Is\overline{m}$, ∴ Isp.
16. $E\overline{mp}$, $\overline{Ism}$, ∴ $\overline{Isp}$.
17. $\overline{Im}\,\overline{p}$, $Es\overline{m}$, ∴ $\overline{Isp}$.
18. $\overline{Im}\,\overline{p}$, $\overline{Esm}$, ∴ $Is\overline{p}$.
19. $Em\overline{p}$, $Es\overline{m}$, ∴ $Es\overline{p}$.
20. $Em\overline{p}$, $\overline{Esm}$, ∴ $\overline{Esp}$.
21. $Em\overline{p}$, Ism, ∴ Isp.
22. $Em\overline{p}$, $\overline{Is}m$, ∴ $\overline{Isp}$.
23. $\operatorname{Im}\overline{p}$, Esm, ∴ $\overline{Isp}$.
24. $\operatorname{Im}\overline{p}$, $\overline{Es}m$, ∴ $Is\overline{p}$.

Essas vinte e quatro formas silogísticas válidas foram sistematicamente obtidas do seguinte modo. A Figura 3 apresenta um diagrama triliteral de Lewis Carroll (1986)[5]. O interior do quadrado exterior representa o universo do discurso; a linha vertical com extremidades na aresta superior e na aresta inferior do quadrado exterior divide o universo do discurso em indivíduos designados pelo termo sujeito – à esquerda da linha – e indivíduos não designados pelo termo sujeito – à direita da linha; a linha horizontal com extremidades na aresta esquerda e na aresta direita do quadrado exterior divide o universo do discurso em indivíduos designados pelo termo predicado – acima da linha – e indivíduos não designados pelo termo predicado – abaixo da linha; o quadrado interior ao universo do discurso o divide em indivíduos designados pelo termo médio – a região externa ao quadrado interior – e indivíduos não designados pelo termo médio – a região interna ao quadrado interior. A Figura 4.1 apresenta a diagramação de Emp^6, a Figura 4.2 apresenta a diagramação de Ism^7 e a Figura 4.3 apresenta a diagramação de Osp, a conclusão validamente derivável de Emp e Ism. A Figura 4.4 apresenta a diagramação de Osp em um diagrama biliteral de Lewis Carroll; o diagrama biliteral é, nesse caso, uma "redução" do diagrama triliteral pela desconsideração do termo médio. A Figura 5 apresenta o grafo correspondente ao diagrama triliteral de Lewis Carroll da Figura 3[8]. Cada vértice representa uma região do diagrama de Carroll e cada aresta representa um par de regiões

---

[5] Trata-se de uma obra póstuma, dividida em duas partes, das quais a primeira parte foi publicada em vida, em 1896.
[6] A marcação "vazada" em uma região do diagrama indica ausência de indivíduos naquela região.
[7] A marcação "cheia" na divisa entre regiões do diagrama indica a presença de indivíduos em alguma dessas regiões ou em ambas.
[8] Desconheço que esse grafo e o método de decisão a ele associado, abaixo exposto, tenham sido sugeridos anteriormente por outro autor.

vizinhas do diagrama de Carroll. As Figuras 6.1 – 6.3 apresentam os grafos correspondentes às diagramações de 4.1-4.3, respectivamente. Um grafo representa um silogismo se e somente se houver exatamente uma aresta horizontal marcada (uma aresta "vazada" ou uma aresta "cheia"[9]) – uma premissa do silogismo –, exatamente uma aresta vertical marcada – a outra premissa do silogismo –, e exatamente uma aresta diagonal marcada – a conclusão do silogismo. O silogismo é válido se e somente se as marcações obedecerem a uma das disposições apresentadas na Figura 7, onde P indica que a marcação corresponde a uma premissa e C indica que a marcação corresponde à conclusão[10]. A vantagem do grafo sobre o diagrama é a possibilidade de ler diretamente uma marcação em termos de E e de I. Por exemplo, na Figura 6.1 temos a premissa Emp, na Figura 6.2 a premissa Ism e na Figura 6.3 a conclusão $Is\overline{p}$. Uma construção sistemática de silogismos válidos obedecendo às restrições acima fornecerá as dezesseis formas silogísticas válidas anteriormente listadas, e somente elas.

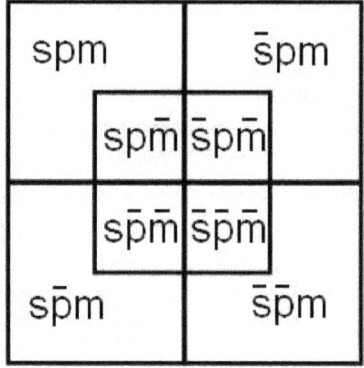

Figura 3. Diagrama Triliteral de Lewis Carroll.

---

[9] Uma aresta "vazada" (uma marcação "vazada") representa ausência de indivíduos no par de regiões correspondente à aresta; uma aresta "cheia" (marcação "cheia") representa presença de indivíduos em alguma região correspondente à aresta, ou em ambas as regiões correspondentes à aresta.

[10] Se substituirmos aresta cheia por aresta vazada e vice-versa, na Figura 7, temos um conjunto correto e completo de regras para a silogística categórica aristotélica para a preservação de *falsidade*. Esse fenômeno – para determinados sistemas lógicos, entre os quais a silogística categórica aristotélica, a dualização das operações lógicas transforma a preservação da verdade em preservação da falsidade – e suas implicações quanto à impossibilidade de diferenciar internamente verdade de falsidade em determinados sistemas lógicos é uma descoberta de Sanz (2008).

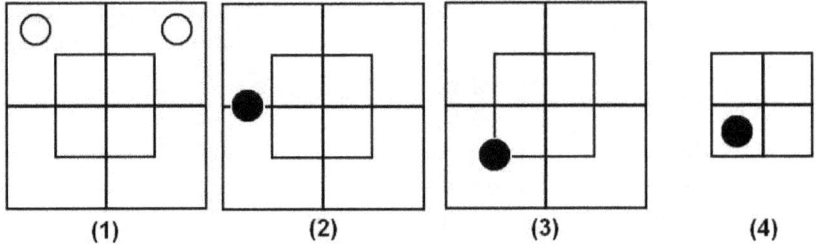

Figura 4. Exemplos de diagramação no Diagrama Triliteral de LewisCarroll (três primeiros casos) e no Diagrama Biliteral de Lewis Carroll (último caso).

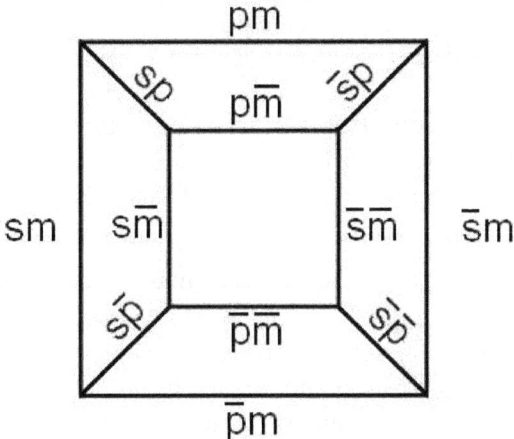

Figura 5. Grafo de Lewis Carroll.

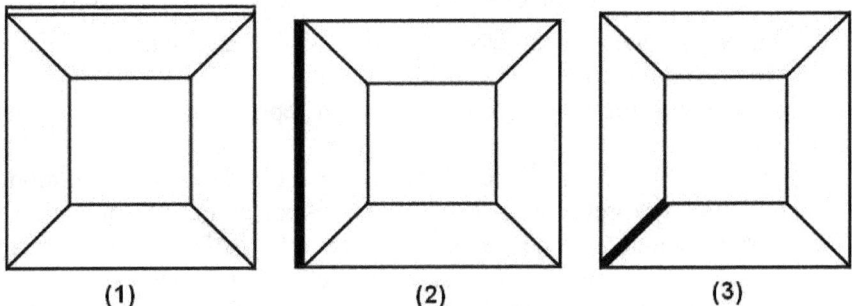

Figura 6. Grafos correspondentes à diagramações da Figura 4.1-4.3.

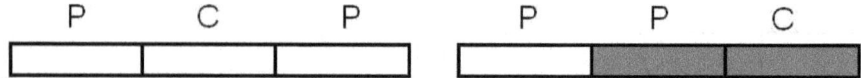

Figura 7. Disposições de marcação relacionadas a silogismos válidos.

Cada uma das vinte e quatro formas silogísticas válidas, expressas em função de E e de I e em função de uma distribuição de termos – positivos e negativos – da primeira figura da silogística categórica aristotélica, corresponde a 4 (quatro) formas silogísticas válidas expressas em função de uma distribuição de termos exclusivamente positivos. Por exemplo, em "Emp, $Es\overline{m}$, ∴ Esp", Emp também pode ser expressa como Epm, $Es\overline{m}$ é expressa, em termos exclusivamente positivos, como Asm e $A'ms$. Há, portanto, 96 (noventa e seis) formas silogísticas válidas expressas em função de uma distribuição de termos exclusivamente positivos.

As 24 (vinte e quatro) formas silogísticas válidas obedecem a duas regras de distribuição:
1. Um silogismo com as três proposições expressas em termos de E é válido se e somente se há um termo m e um termo $\overline{m}$, há dois termos s ou dois termos $\overline{s}$, e há dois termos p ou dois termos $\overline{p}$. Por exemplo, "Emp, $Es\overline{m}$, ∴ Esp" é um silogismo válido, porque respeita essa regra de distribuição; mas "Emp, Esm, ∴ Esp" não é um silogismo válido, porque há dois termos m.
2. Um silogismo com uma premissa e a conclusão expressas em termos de I e a outra premissa expressa em termos de E é válido se e somente se há dois termos m ou dois termos $\overline{m}$, há um termo s e um termo $\overline{s}$, e há dois termos p ou dois termos $\overline{p}$; ou há dois termos m ou dois termos $\overline{m}$, há dois termos s ou dois termos $\overline{s}$, e há um termo p e um termo $\overline{p}$. Por exemplo, "$Imp, Esm, ∴ Is\overline{p}$" é um silogismo válido, porque respeita essa regra de distribuição; mas "$Imp, Esm, ∴ Isp$" não é um silogismo válido.

Agora só precisamos nos preocupar com a representação ideogramática das relações E e I.

A representação ideogramática da relação E é obtida do seguinte modo:
1. Obtenha a representação gráfica de Exy por diagramas de Euler. Essa representação consiste em duas circunferências – uma para x e a outra para y – que não se intersectam (cf. Figura 8.1).
2. Obtenha um segmento de reta extenso o suficiente para conter os centros dos círculos correspondentes às duas circunferências e os quatro pontos de interseção do segmento de reta com as duas circunferências (cf. Figura 8.2).

3. Apague o segmento de reta e as circunferências, deixando somente quatro pequenos arcos das circunferências nos pontos em que elas intersectam o segmento de reta. O resultado, expresso em termos de abre e fecha parênteses no lugar dos arcos, é *( ) ( )*, tal que o primeiro par de abre e fecha parênteses corresponde a um termo e o segundo par de abre e fecha parênteses corresponde ao outro termo (cf. Figura 8.3).
4. Substitua os arcos (parênteses) pelas expressões dos termos correspondentes. O resultado – *xxyy* e *yyxx* – são os ideogramas para *Exy*. Observe que, se lidos em sentido contrário, são o mesmo ideograma. Não poderíamos esperar algo diferente de um ideograma adequado para a relação *E*, pois ela é conversível. Empregaremos *xxyy* e *yyxx* como o mesmo ideograma, eles são o mesmo ideograma módulo seu sentido de leitura. Os demais ideogramas receberão o mesmo tratamento.

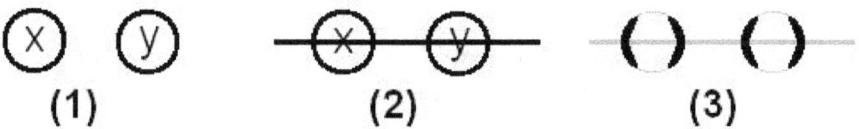

(1)　　　　　　(2)　　　　　　(3)

Figura 8. Passos na obtenção do ideograma para *Exy*.

Um procedimento similar é utilizado na obtenção da representação ideogramática de *Ixy*. As três situações, nas quais a relação *Ixy* é o caso, são representadas pelos seguintes ideogramas: *yxxy*, *xyyx* e *yxyx*[11].

Adotando a expressão das relações gerais por intermédio da relação *E* e das relações particulares por intermédio da relação *I*, as oito relações são representadas ideogramaticamente do seguinte modo:

1. *Exy* é representada pelo ideograma *xxyy*.
2. *Axy* ($E x \bar{y}$) é representada pelo ideograma $x x \overline{y y}$ que, em termos puramente positivos, é representada pelo ideograma *yxxy*.
3. *A'xy* ($\overline{E x} y$) é representada pelo ideograma $\overline{x x} y y$.
4. *E'xy* ($\overline{E x \bar{y}}$) é representada pelo ideograma $\overline{x x \, y y}$.
5. *Ixy* é representada pela tríplice disjunção dos ideogramas *yxxy*, *xyyx* e *yxyx*.

---

[11] Bernhard (2006: 51) arrola uma quarta situação contemplada quando *Ixy* é o caso, a saber, quando *x* e *y* são coextensionais. Porém, não precisamos levar em conta essa situação, porque elas estão contempladas na inclusão extensional de *x* em *y*, e de *y* em *x*.

6. Oxy ($Ix\overline{y}$) é representada pela tríplice disjunção dos ideogramas $\overline{y}xx\overline{y}$, $x\overline{yy}x$ e $\overline{y}x\overline{y}x$ que, em termos puramente positivos, é representada pela tríplice disjunção dos ideogramas $xxyy$, $xyyx$ e $xyxy$.
7. $O'xy$ ($\overline{Ixy}$) é representada pela tríplice disjunção dos ideogramas $y\overline{xx}y$, $\overline{x}yy\overline{x}$ e $y\overline{x}y\overline{x}$.
8. $I'xy$ ($\overline{Ixy}$) é representada pela tríplice disjunção dos ideogramas $\overline{yxxy}$, $\overline{xyyx}$ e $\overline{yxyx}$.

Utilizarei, no método de decisão denominado "Linear K", abaixo esboçado, o axioma único $Em\overline{m}$ ($Ex\overline{x}$ é verdadeiro para qualquer x)[12], ou seja, $mm\overline{mm}$, e a partir dessa disposição inicial determinarei a disposição dos outros termos – s, p, $\overline{s}$, $\overline{p}$, conforme o silogismo sob exame. Observe que, em $mm\overline{mm}$, somente pode haver algo entre os m's ou entre os $\overline{m}$'s.

O método de decisão "Linear K" prescreve quatro regras sintáticas[13,14]:

---

[12] Łukasiewicz (1977: 78) utiliza Axx, a versão puramente positiva de $Ex\overline{x}$, como axioma – uma lei de identidade, segundo Łukasiewicz. Um segundo axioma adotado por Łukasiewicz é Ixx. Esse último axioma não é aceitável neste trabalho, porque estabelece a não vacuidade da extensão do termo x.
[13] Devo a Hércules de Araújo Feitosa a sugestão da formulação explícita dessas regras.
[14] Uma restrição de Linear K, adequada somente à silogística categórica aristotélica, denominada "Linear E" ("E" de Euler) utiliza as seguintes três regras sintáticas (evidentemente não é necessário utilizar o axioma $Em\overline{m}$ neste fragmento puramente positivo):
1. Regra de leitura indiferente:

$$\frac{\alpha_1 \alpha_2 \alpha_3 \alpha_4}{\alpha_4 \alpha_3 \alpha_2 \alpha_1}$$

onde α_i é "s" ou "p" ou "m", para $0 < i < 5$.

2. Regra de amálgama:

$$\frac{\alpha_1 m A_1 m A_2}{\alpha_2 m A_3 m A_4}$$
$$\overline{A_5 m_a A_6 m_a A_7}$$

onde α_i é "s" ou "p" ou o símbolo vazio, para $0 < i < 3$;

A_i é "s" ou "p" ou "ss" ou "pp" ou o símbolo vazio, para $0 < i < 5$;

A_5 é $\alpha_1\alpha_2$ ou $\alpha_2\alpha_1$;

A_6 é uma combinação de todos os símbolos de A_1 e A_3 (pode haver mais de uma combinação);

A_7 é uma combinação de todos os símbolos de A_2 e A_4 (pode haver mais de uma combinação);

a regra pode gerar mais de uma sequência de saída para as mesmas sequências de entrada;

1. Regra de leitura indiferente:

$$\frac{\alpha_1\alpha_2\alpha_3\alpha_4\alpha_5\alpha_6}{\alpha_6\alpha_5\alpha_4\alpha_3\alpha_2\alpha_1}$$

α_i é "s" ou "m" ou "p" para $0 < i < 5$.
α_j é "s" ou "m" ou "p" ou o símbolo vazio para $4 < j < 7$.

2. Regras de expansão:

a) $\dfrac{\alpha\alpha\beta\beta}{\alpha\alpha\overline{\alpha}\beta\beta\overline{\alpha}}$

b) $\dfrac{\alpha\beta\beta\alpha}{\alpha\beta\beta\alpha\overline{\alpha}\overline{\alpha}}$

c) $\dfrac{\alpha\beta\alpha\beta}{\alpha\beta\alpha\overline{\alpha}\beta\overline{\alpha}}$

d) $\dfrac{\beta\alpha\alpha\beta}{\alpha\hat{\beta}\alpha\overline{\alpha}\beta\overline{\alpha}}$

$\alpha = m$ e $\overline{\alpha} = \overline{m}$, ou $\alpha = \overline{m}$ e $\overline{\alpha} = m$.
β é "s" ou "p" ou "$\overline{s}$" ou "$\overline{p}$".

3. Regra de amálgama:

a regra pressupõe uma normalização das sequências de entrada, por intermédio da regra de leitura indiferente, de tal modo que sempre há no máximo um símbolo à esquerda do símbolo "*m*" mais à esquerda.

3. Regra de redução:

$$\frac{A_1 m_a A_2 m_a A_3}{A_1 A_2 A_3}$$

onde A_i é uma sequência de símbolos "*s*" e "*p*" ou o símbolo vazio, para $0 < i < 3$.

$$\frac{mA_1 m\overline{m} A_2 \overline{m}}{mA_3 m\overline{m} A_4 \overline{m}}$$
$$\frac{}{m_a A_5 m_a \overline{m}_a A_6 \overline{m}_a}$$

A_i é uma combinação de todos os símbolos de A_{i-2} e A_{i-4}, para i = 5 ou i = 6, respeitadas as seguintes restrições:
* símbolos com circunflexo têm precedência sobre símbolos sem circunflexo (vêr o funcionamento desta restrição no Exemplo 1),
* símbolos com circunflexo perdem o circunflexo na sequência amalgamada (vêr o funcionamento desta restrição no Exemplo 1).

A_i é uma seqüência com os símbolos "s", "p", "$\overline{s}$" e "$\overline{p}$", ou a sequência vazia, para 0 < i < 5.
Pode haver mais de uma combinação de A_i's para i = 5 ou i = 6 (ver o Exemplo 2).

4. Regra de redução:

$$\frac{m_a A_1 m_a \overline{m}_a A_2 \overline{m}_a}{A_1 A_2}$$

A_i é uma sequência com os símbolos "s", "p", "$\overline{s}$" e "$\overline{p}$", para 0 < i < 3.

Mostrarei, para concluir, o funcionamento desse método de decisão com poucos, mas significativos, exemplos:

Exemplo 1: BARBARA é um silogismo válido.

Este primeiro exemplo utiliza a introdução de símbolo com circunflexo por intermédio da aplicação de regra de expansão e sua posterior eliminação por intermédio da aplicação da regra de amálgama.

1. *pmmp*: premissa.
2. *mssm*: premissa.
3. *m$\hat{p}$m$\overline{m}$p$\overline{m}$* : regra de expansão aplicada a 1.
4. *mssm$\overline{m}\overline{m}$* : regra de expansão aplicada a 2.
5. $m_a pssm_a \overline{m}_a p\overline{m}_a$: regra de amálgama aplicada a 3 e 4.
6. *pssp*: regra de redução aplicada a 5.

 pssp é o ideograma de *Asp* .

Exemplo 2: FESTINO é um silogismo válido.

Este segundo exemplo utiliza as diversas regras e os diversos ideogramas para compor uma prova complexa deste silogismo da segunda figura.

1. $ppmm$: premissa.
2. $mssm \lor smms \lor msms$: premissa.
3. $mmpp$: regra de leitura indiferente aplicada a 1.
4. $mm\overline{m}pp\overline{m}$: regra de expansão aplicada a 3.
5. $mssm\overline{m}\overline{m}$: regra de expansão aplicada ao primeiro disjuntivo de 2.
6. $m_a ssm_a \overline{m}_a pp\overline{m}_a$: regra de amálgama aplicada a 4 e 5.
7. $sspp$: regra de redução aplicada a 6.
8. $m\hat{s}m\overline{m}s\overline{m}$: regra de expansão aplicada ao segundo disjuntivo de 2.
9. $m_a sm_a \overline{m}_a pps\overline{m}_a$: regra de amálgama aplicada a 4 e 8.
10. $spps$: regra de redução aplicada a 8.
11. $m_a sm_a \overline{m}_a psp\overline{m}_a$: regra de amálgama aplicada a 4 e 8.
12. $spsp$: regra de redução aplicada a 11.
13. $m_a sm_a \overline{m}_a spp\overline{m}_a$: regra de amálgama aplicada a 4 e 8.
14. $sspp$: regra de redução aplicada a 13.
15. $msnm\overline{m}s\overline{m}$: regra de expansão aplicada ao terceiro disjuntivo de 2.
16. $m_a sm_a \overline{m}_a pps\overline{m}_a$: regra de amálgama aplicada a 4 e 15.
17. $spps$: regra de redução aplicada a 16.
18. $m_a sm_a \overline{m}_a sp\overline{m}_a$: regra de amálgama aplicada a 4 e 15.
19. $spsp$: regra de redução aplicada a 18.
20. $m_a sm_a \overline{m}_a spp\overline{m}_a$: regra de amálgama aplicada a 4 e 15.
21. $sspp$: regra de redução aplicada a 20.

A disjunção dos ideogramas $sspp$ (passos 7, 14 e 21), $spps$ (passos 10 e 17) e $spsp$ (passos 12 e 19) é a representação de Osp.

Exemplo 3: As premissas Amp e Esm não produzem silogismo válido.

1. $pmmp$: premissa.
2. $ssmm$: premissa.
3. $m\hat{p}m\overline{m}p\overline{m}$: regra de expansão aplicada a 1.

4. $mmss$: regra de leitura indiferente aplicada a 2.
5. $mn\overline{m}ss\overline{m}$: regra de expansão aplicada a 4.
6. $m_a pm_a \overline{m}_a pss\overline{m}_a$: regra de amálgama aplicada a 3 e 5.
7. $ppss$: regra de redução aplicada a 6.
8. $m_a pm_a \overline{m}_a sps\overline{m}_a$: regra de amálgama aplicada a 3 e 5.
9. $psps$: regra de redução aplicada a 8.
10. $m_a pm_a \overline{m}_a ssp\overline{m}_a$: regra de amálgama aplicada a 3 e 5.
11. $pssp$: regra de redução aplicada a 10.

Os ideogramas $ppss$ (passo 7) e $pssp$ (passo 11) não compõem a representação de nenhuma relação entre s e p.

Exemplo 4. BA'RBA'RA' é um silogismo válido.

Este silogismo pertence à primeira figura da versão expandida da silogística categórica aristotélica!

1. $\overline{m}\overline{m}pp$: premissa.
2. $\overline{s}\overline{s}mm$: premissa.
3. $\overline{m}\overline{m}mppm$: regra de expansão aplicada a 1.
4. $mppm\overline{m}\overline{m}$: regra de leitura indiferente aplicada a 3.
5. $mm\overline{s}\overline{s}$: regra de leitura indiferente aplicada a 2.
6. $mn\overline{m}\overline{s}\overline{s}m$: regra de expansão aplicada a 5.
7. $m_a ppm_a \overline{m}_a \overline{s}\overline{s}m_a$: regra de amálgama aplicada a 4 e 6.
8. $pp\overline{s}\overline{s}$: regra de redução aplicada a 7.
9. $\overline{s}\overline{s}pp$: regra de leitura indiferente aplicada a 8.

$\overline{s}\overline{s}pp$ é o ideograma de $A'sp$.

Exemplo 5. As premissas Emp e I'sm não produzem silogismo válido.

1. $mmpp$: premissa.
2. $\overline{m}\overline{s}\overline{s}\overline{m} \lor \overline{s}\overline{m}\overline{m}\overline{s} \lor \overline{m}\overline{s}\overline{m}\overline{s}$: premissa.
3. $mn\overline{m}pp\overline{m}$: regra de expansão aplicada a 1.
4. $\overline{m}\overline{s}\overline{s}\overline{m}mm$: regra de expansão aplicada ao primeiro disjuntivo de 2.
5. $mn\overline{m}\overline{s}\overline{s}m$: regra de leitura indiferente aplicada a 4.
6. $m_a m_a \overline{m}_a pp\overline{s}\overline{s}m_a$: regra de amálgama aplicada a 3 e 5.
7. $pp\overline{s}\overline{s}$: regra de redução aplicada a 6.

8. $m_a m_a \overline{m}_a \overline{ps}\overline{ps}\overline{m}_a$: regra de amálgama aplicada a 3 e 5.
9. $\overline{ps}\overline{ps}$: regra de redução aplicada a 8.
10. $m_a m_a \overline{m}_a \overline{pss}p\overline{m}_a$: regra de amálgama aplicada a 3 e 5.
11. $\overline{pss}p$: regra de redução aplicada a 10.
12. $m_a m_a \overline{m}_a \overline{ss}pp\overline{m}_a$: regra de amálgama aplicada a 3 e 5.
13. $\overline{ss}pp$: regra de redução aplicada a 12.
(...)
Não é necessário prosseguir com a prova, pois os ideogramas $pp\overline{ss}$ (passo 7), $\overline{ps}\overline{ps}$ (passo 9), $\overline{pss}p$ (passo 11) e $\overline{ss}pp$ (passo 13) não compõem a representação de nenhuma relação entre s e p.

Retornando à sugestão inicial, quanto ao interesse desse método em relação ao debate sobre a distinção entre métodos gráficos e métodos não gráficos, caberia perguntar-se o quanto, nos processos de leitura indiferente, expansão, amálgama e redução, utilizamos as propriedades topológicas dos ideogramas, e se poderíamos nos habituar a evitá-las, caso nos fosse exigida a mera utilização das regras sintáticas de manipulação dos mesmos!

4 Referências

Bernhard, Peter (2006). "Euler diagrams as a visual method of proof in syllogistic". *Representaciones*, II, 2, pp. 47-60.
Carroll, Lewis (1986). *Symbolic Logic.* New York: Clarkson N. Potter.
Euler, Leonhard (1833). *Letters of Euler v. 1: On different subjects in natural philosophy addressed to a german princess.* New York: J. & J. Harper.
Hacker, Edward (1975). "The Octagon of Opposition". *Notre Dame Journal of Formal Logic*, XVI, 3, pp. 352-353.
Keynes, John Neville (2008) [1906]. *Studies and Exercises in Formal Logic.* Fourth edition. Nashville: Jackson Press.
Łukasiewicz, Jan (1977) [1957]. *La silogística de Aristóteles: desde el punto de vista de la lógica formal moderna.* Madrid: Tecnos.
Sanz, Wagner (2008). "Falsity preservation". *CLE e-prints (Online)*, 8, 2, 2008. 14 p.
Venn, John (1881). *Symbolic Logic.* Cambridge: Macmillan.

10

Alegrias e Tristezas da Visualização: estudos de casos de diagramas para negação[1]

Paulo A. S. Veloso, Sheila R. M. Veloso, Paula M. Veloso

A Elisa D. Velloso, in memoriam

1 Introdução

Diagramas e figuras são bastante importantes úteis em vários ramos da ciência e na vida prática. Apresentaremos aqui algumas ideias sobre o papel de diagramas na visualização. Após algumas observações gerais sobre diagramas, estudaremos um caso específico de visualização da negação.

A estrutura deste trabalho é como se segue[2]. Começaremos na seção 2 com algumas observações gerais sobre diagramas e figuras, ressaltando sua importância e utilidade na ciência e na vida prática. Daremos início ao estudo de caso na seção 3 revendo as ideias usadas por Jean Piaget para estudar o comportamento da negação clássica e seus resultados. Esse enfoque de Piaget vai sugerir algumas generalizações, como considerar outros casos de negação e o que poderia ocorrer nesses casos, conforme indicado na seção 4. Isso leva a algumas conjecturas e questões que serão examinadas na seção 5, onde analisaremos metodicamente a negação clássica (em 5.1), um caso de negação trivalente (em 5.2) e a negação intuicionista (em 5.3), comparando os resultados (em 5.4) e deixando alguns detalhes para o apêndice. Na seção 6 esboça-se uma versão mais geral dessas ideias e um método para analisar tais estruturas. A seção 7 conclui o trabalho com algumas considerações finais.

---

[1] Trabalho apoiado em parte pelas agências CNPq, FAPERJ e FAPESP.
[2] A apresentação visa a transmitir as ideias, sem pressupor conhecimentos detalhados de lógica ou álgebra.

Visualização nas Ciências Formais.
Abel Lassalle Casanave & Frank Thomas Sautter (eds.).
Copyright © 2012.

2 Visualização e Diagramas

Inicialmente faremos algumas observações gerais sobre diagramas e figuras a fim de ressaltar sua importância e utilidade, tanto na ciência quanto na vida prática.

Com esse objetivo, examinaremos o uso de diagramas e figuras por meio de algumas perguntas (e possíveis respostas): por que (razão), onde (realização), como (representação) e para que (uso).

Incialmente, por que costumam ser utilizados diagramas e figuras? Provavelmente, a razão para isso está ligada à conveniência fornecida para expressar e perceber ideias. Ouve-se frequentemente o ditado "uma figura vale por mil palavras".

Às vezes, um diagrama vem a ser essencial para expressar corretamente a informação desejada: esse é o caso de fórmulas estruturais para compostos orgânicos.

$$
\begin{array}{ccccccccccc}
& H & & H & & & & H & & H & \\
& | & & | & & & & | & & | & \\
H & - & C & - & C & - & O & - & H & \quad H & - & C & - & O & - & C & - & H \\
& | & & | & & & & | & & | & \\
& H & & H & & & & H & & H & \\
\end{array}
$$

Álcool   Éter

Fórmulas estruturais de C_2H_6O

Onde são desenhados diagramas e figuras? Parece haver uma certa variedade de realizações.
- Desenhar, o usual seria no papel, no quadro, na areia, etc.
- Outra alternativa, à primeira vista menos usual, envolveria diagramas e figuras imaginados na cabeça. (Há livros de Geometria (Descritiva) sem absolutamente nenhuma figura; aparentemente para educar o leitor.) Esse parece ser o caso com figuras difíceis de desenhar ou com diagramas envolvendo movimento, como indicado abaixo:

Convenções sobre diagramas (como os de autômatos) permitem captar aspectos temporais.

• Uma alternativa útil envolve ambas as maneiras: no papel e na cabeça. Esse parece ser o caso com diagramas complexos, como em Teoria de Categorias, conforme ilustrado abaixo:

$$C \begin{matrix} \nearrow & A & \searrow \\ & & \\ \searrow & B & \nearrow \end{matrix} A \times B \quad \Rightarrow \quad C \begin{matrix} \nearrow & A & \searrow \\ & \dashrightarrow & \\ \searrow & B & \nearrow \end{matrix} A \times B$$

Como um diagrama ou uma figura representa um objeto ou uma ideia? De novo, parece haver uma certa variedade de noções de representação por semelhança.
• Podemos representar uma casa desenhando-a no papel ou pintando um quadro. A despeito de objeções de Magritte ("Ceci n'est pas une maison"), uma tal representação poderia ser dita assemelhar-se à casa: mesmo um esboço tosco pode lembrar uma casa.
• Um arquiteto pode representar uma casa de maneira mais abstrata por meio de uma planta. Projetando a casa na horizontal, alguns detalhes são omitidos, mas nem todos, e uma planta em escala pode ser bastante útil para fazer predições, por exemplo, sobre a futura disposição de móveis em um determinado cômodo.
• Um engenheiro pode representar um circuito elétrico por um diagrama, como na figura abaixo. Trata-se de uma representação topológica (indicando conexões), envolvendo representações convencionais para dispositivos como resistores, capacitores, etc.

Digrama de circuito elétrico

Nesses três últimos exemplos (desenho, planta de arquitetura, circuito elétrico), pode-se perceber uma cadeia crescente de abstração e decrescente de semelhança entre o diagrama e o objeto representado. Aliás, o diagrama pode servir de guia para se construir o objeto.

Para que servem diagramas e figuras? Aqui também se encontram vários usos e propósitos.
• Uma figura pode servir para se ver uma propriedade. Por exemplo, em construção civil, emprega-se o chamado 2-3-5 – que vem a ser um es-

quadro na forma de um triângulo retângulo – para verificar que a parede está de fato perpendicular ao piso. Um diagrama triangular também ajuda a ver por que a soma dos n primeiros naturais dá 1/2 n(n + 1):

$$1 + \ldots + n = \begin{matrix} \circ \\ \vdots \\ \circ \ \ldots \ \circ \end{matrix} = \frac{n^2}{2} + \frac{n}{2}$$

- Diagramas servem para predição e para planejamento. Um mapa serve para planejar uma viagem. Um diagrama das linhas do metrô serve para projetar um deslocamento, prevendo possíveis trocas de linhas, como na figura a seguir. Em algumas estações, encontra-se um dispositivo que sugere uma boa rota para outras estações.

Deslocamentos em metrô

```
                    Châtelet
                  1         4
                 ↗           ↘
        Bastille               Odéon
                 ↘           ↗
                  5         10
                    Austerlitz
```

- Diagramas servem para sugerir conjecturas e para testá-las. Os chamados diagramas de Venn, em vários formatos, fornecem exemplos desses usos. Um outro exemplo vem do problema de tiro a um alvo móvel. Um caçaador mira instintivamente à frente da ave que ele quer abater. Talvez ele visualize diagramas como mostra a figura abaixo. Esses diagramas indicam também como pode ser calculado o ângulo de disparo, o que poderia vir a ser usado para produzir tabelas de tiro para artilharia.

Tiro a alvo móvel

```
        ▷ →            ○ --→ ▷
        ↑                /
        △               △
       ‾‾‾‾‾           ‾‾‾‾‾
      situação         visada
```

Esses três últimos exemplos (esquadro 2-3-5, indicador de rotas de metrô, tabelas de tiro) compartilham o fato de se ter um artefato que reifica e implementa uma figura ou diagrama. Isso não é acidental: uma ferramenta útil no estudo de Linhas de Transmissão é o diagrama de Smith, às vezes também chamado carta de Smith, ou até mesmo, ábaco de Smith.

As breves observações apresentadas acima ressaltam a importância e a utilidade de diagramas e figuras, tanto na ciência quanto na vida prática.

A seguir, vamos examinar visualização da negação. Esse exame servirá para ilustrar alguns aspectos do emprego de diagramas: como instrumento de cálculo, seu poder heurístico em sugerir conjecturas e como eles podem servir para fornecer visões melhores para várias questões.

3 Transformações de Piaget

Agora, passaremos a examinar um enfoque usado por Jean Piaget - na década de 1950 - para estudar o comportamento da negação no caso da lógica sentencial (ou proposicional) clássica.

3.1 Transformações clássicas de Piaget

Vamos rever as ideias básicas usadas por Piaget para estudar o comportamento da negação clássica em lógica sentencial (ou proposicional).

Piaget considerou três maneiras de se transformar uma fórmula sentencial (ou proposicional), dependendo de onde se aplica a negação à fórmula: externamente, internamente ou ambos.

- Inversão: negar externamente, e.g. $\mathcal{N}[p \to q] = \neg(p \to q)$.
- Reciprocidade: negar internamente, e.g. $\mathcal{R}[p \to q] = (\neg p \to \neg q)$.
- Correlação: externa e internamente, e.g. $\mathcal{C}[p \to q] = \neg(\neg p \to \neg q)$.

Além disso, pode-se não aplicar negação nenhuma, o que dá a transformação identidade, e. g. $I[p \to q] = (p \to q)$.

A ideia é considerar fórmulas sentenciais a menos de equivalência lógica '$\equiv$'. Assim, teremos ([Pia 67], p. 417; [Pia 71], p. 31, fn. 9):

- Inversão (externa) $\mathcal{N}[p \to q] = \neg(p \to q) \equiv (p \wedge \neg q)$;
- Reciprocidade (interna) $\mathcal{R}[p \to q] = (\neg p \to \neg q) \equiv (q \to p)$;
- Correlação (ambos) $\mathcal{C}[p \to q] = \neg(\neg p \to \neg q) \equiv (\neg p \wedge q)$.

Assim, para um conetivo binário '$\star$' ($\wedge$, $\vee$, $\to$, etc), temos as quatro transformações seguintes.

- (I) Identidade ("identité"): I[p⋆q] := (p⋆q).
- (N) Inversão ("inversion"): $\mathcal{N}$[p⋆q] := ¬(p⋆q).
- (R) Reciprocidade ("réciprocité"): $\mathcal{R}$[p⋆q] := (¬p⋆¬q).
- (C) Correlação ("corrélation"): $\mathcal{C}$[p⋆q] := ¬(¬p⋆¬q).

A Figura 1 representa graficamente essas quatro transformações de Piaget.

$$I \circlearrowleft (p \star q) \quad \begin{array}{c} \nearrow^{\mathcal{N}} \neg(p \star q) \\ \xrightarrow{\mathcal{C}} \neg(\neg p \star \neg q) \\ \searrow_{\mathcal{R}} (\neg p \star \neg q) \end{array}$$

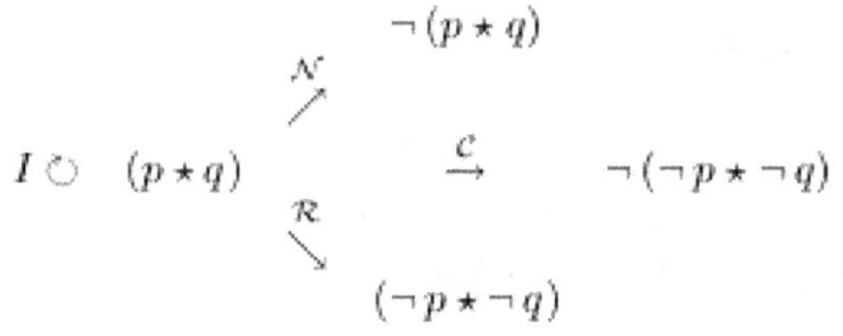

Figura 1. As quatro transformações de Piaget

Pode-se aplicar repetidamente as transformações acima a menos de equivalência. Por exemplo, aplicando duas vezes a inversão (externa), obtemos a transformação composta: $\mathcal{N}$[$\mathcal{N}$[p⋆q]] = $\mathcal{N}$[¬(p⋆q)] = ¬(¬(p⋆q)) ≡ (p⋆q), i. e. $\mathcal{N}$[$\mathcal{N}$[p ⋆ q]] ≡ (p ⋆ q) = I[p ⋆ q], ou resumidamente $\mathcal{N} \cdot \mathcal{N}$ = I. Piaget examinou o efeito de aplicar repetidamente as quatro transformações da Figura 1. Isso é ilustrado graficamente na Figura 2.

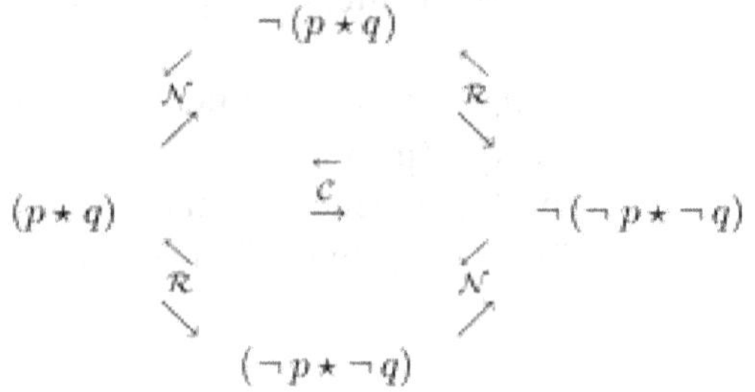

$$\begin{array}{ccc} & \neg(p \star q) & \\ \nearrow^{\mathcal{N}} & & \searrow^{\mathcal{R}} \\ (p \star q) & \xleftarrow{\mathcal{C}} & \neg(\neg p \star \neg q) \\ \searrow_{\mathcal{R}} & & \nearrow_{\mathcal{N}} \\ & (\neg p \star \neg q) & \end{array}$$

Figura 2. Grafo (parcial) das transformações de Piaget

3.2 Estrutura das transformações de Piaget

Examinando o comportamento das quatro transformações acima sob composição, Piaget identificou uma estrutura familiar e importante.

O comportamento das transformações de Piaget sob composição pode ser descrito por meio de uma tabela: vide Tabela 1.

·	I	$\mathcal{N}$	$\mathcal{R}$	$\mathcal{C}$
I	I	$\mathcal{N}$	$\mathcal{R}$	$\mathcal{C}$
$\mathcal{N}$	$\mathcal{N}$	I	$\mathcal{C}$	$\mathcal{R}$
$\mathcal{R}$	$\mathcal{R}$	$\mathcal{C}$	I	$\mathcal{N}$
$\mathcal{C}$	$\mathcal{C}$	$\mathcal{R}$	$\mathcal{N}$	I

Tabela 1. Tabela das transformações de Piaget

Certas características são aparentes dessa tabela. Por exemplo, como seria de se esperar, a composição com a identidade não altera a transformação; isso é mostrado pela primeira linha (I· I = I, I· $\mathcal{N}$ = $\mathcal{N}$, I · $\mathcal{R}$ = $\mathcal{R}$, I · $\mathcal{C}$ = $\mathcal{R}$) e pela primeira coluna (I · I = I, $\mathcal{N}$ · I = $\mathcal{N}$, $\mathcal{R}$ · I = $\mathcal{R}$, $\mathcal{C}$ · I = $\mathcal{C}$).

Essa tabela permite constatar outras propriedades importantes das transformações. Algumas dessas são de natureza "geométrica": a diagonal consiste de I's e a tabela apresenta simetria em relação `a diagonal. Torna-se, porém, mais fácil visualizar algumas dessas propriedades usando-se uma representação gráfica. A figura abaixo representa o comportamento dessas transformações por meio de um diagrama, como o de um autômato. Trata-se de seu diagrama de Cayley ([GM 64], p. 45).

Propriedades de natureza "geométrica" saltam à vista desse diagrama, e. g. aplicando-se duas vezes qualquer uma das três transformações, a segunda aplicação desfaz o efeito da primeira ($\mathcal{N}$ ·$\mathcal{N}$ = I, $\mathcal{R}$·$\mathcal{R}$ = I, $\mathcal{C}$ · $\mathcal{C}$ = I). Desse modo, percebe-se que essas transformaçõees são inversíveis; temos um grupo de transformações, que vamos denotar por $\mathfrak{T}_C$.

Piaget identificou esse grupo de transformações; trata-se de um grupo familiar e importante: o chamado grupo de Klein (das simetrias do retângulo).

Para ver isso, vamos descrever o grupo de Klein e compará-lo com o grupo $\mathfrak{T}_C$ de Piaget.

Considere um retângulo plano, como $\begin{smallmatrix}A\\D\end{smallmatrix}\square\begin{smallmatrix}B\\C\end{smallmatrix}$, começando no topo à esquerda). Suas simetrias são transformações rígidas dando superposição. Além da identidade, temos as transformações seguintes (cf. [PW 66], p. 80).

Reflexão sobre o eixo horizontal $\quad\begin{smallmatrix}A\\D\end{smallmatrix}\square\begin{smallmatrix}B\\C\end{smallmatrix}\stackrel{h}{\mapsto}\begin{smallmatrix}D\\A\end{smallmatrix}\square\begin{smallmatrix}C\\B\end{smallmatrix}$

Reflexão sobre o eixo vertical $\quad\begin{smallmatrix}A\\D\end{smallmatrix}\square\begin{smallmatrix}B\\C\end{smallmatrix}\stackrel{v}{\mapsto}\begin{smallmatrix}B\\C\end{smallmatrix}\square\begin{smallmatrix}A\\D\end{smallmatrix}$

Rotação de 180° em torno do centro $\quad\begin{smallmatrix}A\\D\end{smallmatrix}\square\begin{smallmatrix}B\\C\end{smallmatrix}\stackrel{r}{\mapsto}\begin{smallmatrix}C\\B\end{smallmatrix}\square\begin{smallmatrix}D\\A\end{smallmatrix}$

A Figura 3 mostra essas quatro simetrias do retângulo plano.

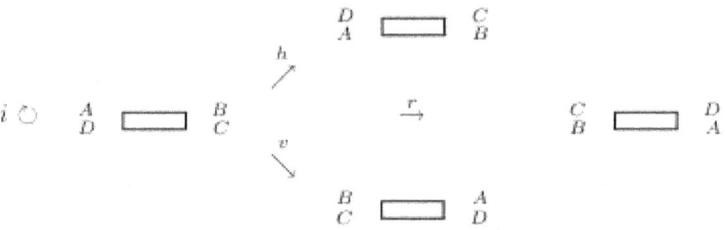

Figura 3. Simetrias do retângulo plano

Essas quatro transformações também podem ser descritas de maneira cartesiana como se segue.

(i) Identidade: $i(x, y) := (x, y)$.
(h) Reflexão sobre o eixo horizontal: $h(x, y) := (x, -y)$.
(v) Reflexão sobre o eixo vertical: $v(x, y) := (-x, y)$.
(r) Rotação de 180° em torno do centro: $r(x, y) := (-x, -y)$.

A Figura 4 mostra o comportamento das simetrias do retângulo, descritas de modo cartesiano.

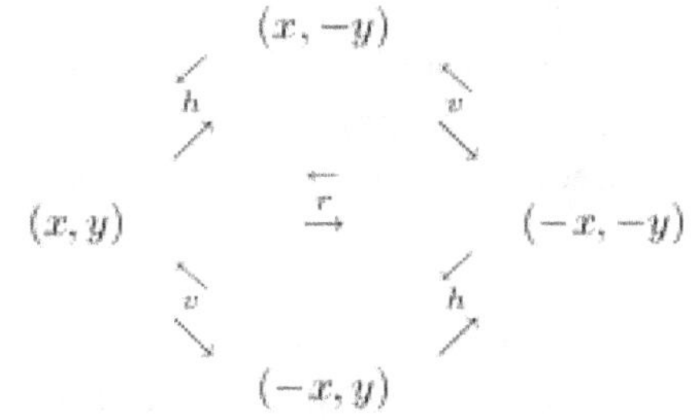

$$\begin{array}{ccc}
& (x,-y) & \\
\nearrow^h & & \searrow^v \\
(x,y) & \xleftarrow{r} & (-x,-y) \\
\searrow_v & & \nearrow_h \\
& (-x,y) &
\end{array}$$

Figura 4. Grafo (parcial) das simetrias do retângulo

O grupo de Klein dá o comportamento dessas transformações sob composição. Esse grupo de Klein é às vezes identificado com o chamado grupo diedral D_2 ([GM 64], p. 69-70).

Agora, vamos comparar os grupos de Klein e de Piaget. Esses dois grupos podem ser comparados conforme sugerido na Figura 5.

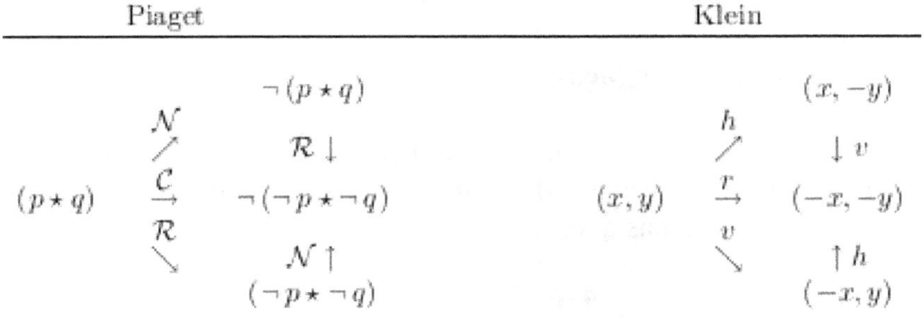

Piaget	Klein
$\begin{array}{c} \neg(p \star q) \\ \mathcal{N} \nearrow \quad \mathcal{R} \downarrow \\ (p \star q) \xrightarrow{\mathcal{C}} \neg(\neg p \star \neg q) \\ \mathcal{R} \searrow \quad \mathcal{N} \uparrow \\ (\neg p \star \neg q) \end{array}$	$\begin{array}{c} (x,-y) \\ h \nearrow \quad \downarrow v \\ (x,y) \xrightarrow{r} (-x,-y) \\ v \searrow \quad \uparrow h \\ (-x,y) \end{array}$

Figura 5. Comparação: grupos de Klein e de Piaget

Essa comparação sugere a correspondência entre transformações na Tabela 2.

Piaget		Klein
Inversão $\mathcal{N}$	$\mapsto$	h (reflexão sobre o eixo horizontal)
Reciprocidade $\mathcal{R}$	$\mapsto$	v (reflexão sobre o eixo vertical)
Correlação $\mathcal{C}$	$\mapsto$	r (rotação de 180° em torno do centro)

Tabela 2. Correspondência entre transformações: de Klein e de Piaget

Examinando-se os grafos das Figuras 2 e 4 (ou as Figuras 1 e 3), vê-se que essa correspondência preserva a "forma" desses grafos. Portanto, os grupos de Piaget e de Klein são isomorfos[3].

Esse isomorfismo parece ter sido de considerável importância para Piaget:

> ... esse grupo permite, a partir da idade de onze ou doze anos, a construção de um conjunto de esquemas operatórios novos (proporções, duplos sistemas de referência, etc.) ([Pia 67], p. 417).

Um comentário mais detalhado parece corroborar essa importância:

> ... segundo Piaget, a conscientização desse grupo de Klein, que teria lugar na criança por volta da idade de 11 ou 12 anos, desempenharia um papel decisivo na elaboração das estruturas da inteligência, destinadas a se manifestar em matemática sob o triplo aspecto das *estruturas algébricas, das estruturas de ordem e das estruturas topológicas* ([Cha79], p. 43).

4 Outros Casos de Negação

Agora, vamos considerar o que poderia ocorrer com outros casos de negação. Vamos examinar versões das transformações de Piaget para outros casos de negação e algumas questões e conjecturas.

4.1 Transformações gerais de Piaget

Inicialmente, vamos examinar versões das transformações de Piaget para outros casos de negação.

As transformações dadas por aplicações de negação parecem ter sentido para casos mais gerais. De fato, uma fórmula sentencial (ou proposicional) $F(p_1, \ldots, p_n)$ pode ser encarada como uma função de suas letras sentenciais $p_1, \ldots, p_n$. Assim, temos as seguintes transformações.

(N) Inversão (negação externa) $\mathcal{N}: F(p_1, \ldots, p_n) \mapsto \neg F(p_1, \ldots, p_n)$
(R) Reciprocidade (negação interna) $\mathcal{R}: F(p_1, \ldots, p_n) \mapsto F(\neg p_1, \ldots, \neg p_n)$
(C) Correlação (externa e interna) $\mathcal{C}: F(p_1, \ldots, p_n) \mapsto \neg F(\neg p_1, \ldots, \neg p_n)$

---

[3] A tabela do grupo de Klein (das simetrias do retângulo) é como a do grupo de Piaget (cf. Tabela 1), trocando-se $\mathcal{N}$, $\mathcal{R}$ e $\mathcal{C}$ por h, v e r, respectivamente.

O efeito dessas três transformações sobre uma fórmula é ilustrado na Figura 6.

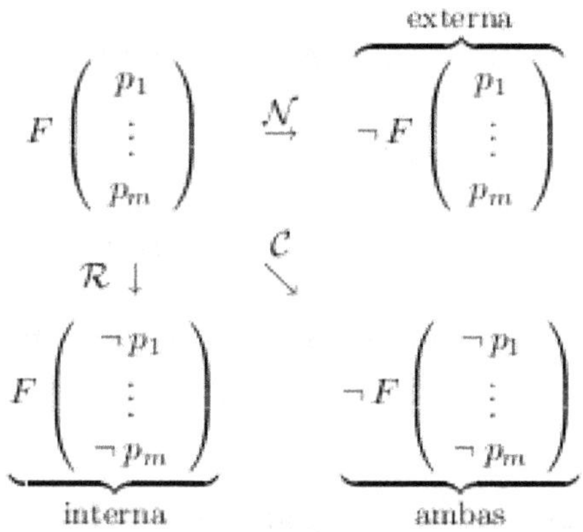

$$\underbrace{F\begin{pmatrix} p_1 \\ \vdots \\ p_m \end{pmatrix} \xrightarrow{\mathcal{N}} \overbrace{\neg F\begin{pmatrix} p_1 \\ \vdots \\ p_m \end{pmatrix}}^{\text{externa}}}_{}$$

$$\mathcal{R} \downarrow \quad \searrow^{\mathcal{C}}$$

$$\underbrace{F\begin{pmatrix} \neg p_1 \\ \vdots \\ \neg p_m \end{pmatrix}}_{\text{interna}} \quad \underbrace{\neg F\begin{pmatrix} \neg p_1 \\ \vdots \\ \neg p_m \end{pmatrix}}_{\text{ambas}}$$

Figura 6. Transformações gerais

Isso leva à propriedade geral dessas transformações mostrada na Figura 7.

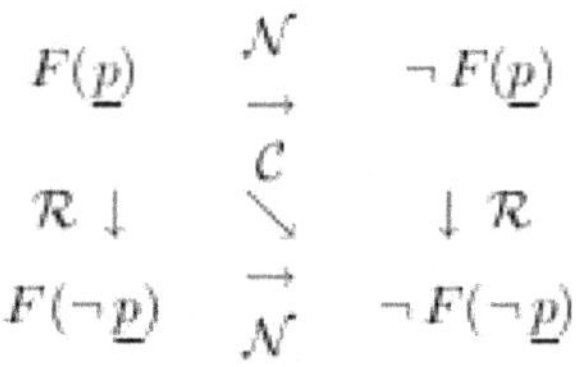

$$F(\underline{p}) \xrightarrow{\mathcal{N}} \neg F(\underline{p})$$
$$\mathcal{R} \downarrow \quad \searrow^{\mathcal{C}} \quad \downarrow \mathcal{R}$$
$$F(\neg \underline{p}) \xrightarrow{\mathcal{N}} \neg F(\neg \underline{p})$$

Figura 7. Propriedade geral das transformações

Dessa Figura 7, podemos notar algumas propriedades de tais transformações[4].

---

[4] Na Figura 7, o retângulo externo e o triângulo inferior direito, respectivamente, apresentam as formas:

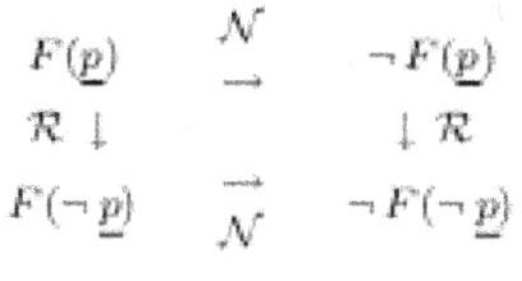

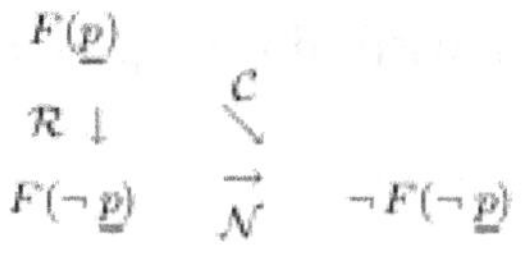

$$\begin{array}{ccc} F(\underline{p}) & \xrightarrow{\mathcal{N}} & \neg F(\underline{p}) \\ \mathcal{R} \downarrow & & \downarrow \mathcal{R} \\ F(\neg \underline{p}) & \xrightarrow{\mathcal{N}} & \neg F(\neg \underline{p}) \end{array} \qquad \begin{array}{ccc} F(\underline{p}) & & \\ \mathcal{R} \downarrow & \searrow^{\mathcal{C}} & \\ F(\neg \underline{p}) & \xrightarrow{\mathcal{N}} & \neg F(\neg \underline{p}) \end{array}$$

Lema 4.1. (Propriedades Básicas)

- A inversão $\mathcal{N}$ e a reciprocidade $\mathcal{R}$ comutam: $\mathcal{N} \cdot \mathcal{R} = \mathcal{R} \cdot \mathcal{N}$ (i. e. $\mathcal{N}[\mathcal{R}[F]] = \mathcal{R}[\mathcal{N}[F]]$).
- A correlação $\mathcal{C}$ é derivada: $\mathcal{C} = \mathcal{N} \cdot \mathcal{R}$ (i. e. $\mathcal{C}[F] = \mathcal{N}[\mathcal{R}[F]]$).

4.2 Conjecturas e questões

As considerações precedentes sugerem algumas questões e conjecturas sobre outros casos de negação.

Em particular, considerando o caso da negação intuicionista, parece razoável esperar que:

- haja mais transformações do que no caso clássico;
- nem todas as transformações sejam inversíveis.

Por outro lado, considerando o caso da negação trivalente, parece razoável esperar que:

- haja mais transformações do que no caso clássico;
- todas as transformações continuem sendo inversíveis.

Tais pontos, e outros similares, são apresentados na seguinte tabela de conjecturas.

Conjecturas	Clássica	Trivalente	Intuicionista
Valores	2	3	?
Tamanho	4	9 (?)	?
Inversíveis	SIM	SIM	NÃO (?)

A conjectura geral é que o comportamento da negação subjacente impõe restrições sobre as correspondentes transformações, determinando, em boa parte, a estrutura destas últimas.

5 Análise das Transformações de Piaget

Nesta seção, vamos examinar as conjecturas e questões anteriores (na seção 4).

Vamos também introduzir um método para obter a estrutura das transformações a partir do comportamento da negação subjacente. O plano geral é o seguinte.

1. Inicialmente, vamos reexaminar cuidadosamente o caso da negação clássica.
2. Em seguida, vamos conduzir um experimento piloto: um caso de negação trivalente.
3. Finalmente, vamos atacar um caso que parece mais complexo: o da negação intuicionista.

Lembremos que estaremos sempre considerando o efeito das transformações a menos de equivalência. O método consiste das etapas seguintes.

(F) Determina-se a estrutura sentencial: comportamento da negação sobre fórmulas.
(T) Com base na estrutura sentencial, obtém-se informação acerca da estrutura das transformações.

A conjectura geral (em 4.2) sobre as restrições que a negação subjacente impõe restrições sobre as correspondentes transformações sugere cotas.

Assim, esperamos poder refinar nossas conjecturas e esperar os seguintes resultados:

Estruturas		Clássica	Trivalente	Intuicionista
Sentencial	Tamanho n	2	3	3
Transformações	Tamanho m	4	9	$3 \leq m \leq 3^2$
	Inversíveis	Sim	Sim	Não

5.1 Lógica clássica

Inicialmente, vamos reexaminar o caso da negação clássica de maneira metódica.

A lógica clássica é bivalente e a negação troca um valor pelo outro. Trata-se do comportamento de um relógio módulo 2: seu ponteiro avança a cada 6 horas (ou a cada 30 minutos)[5]. Trata-se do grupo cíclico $\mathbb{Z}_2$ dos inteiros módulo 2, cujo diagrama (dando o comportamento do conectivo "ou exclusivo": $0 \oplus 0 = 0 = 1 \oplus 1, 0 \oplus 1 = 1 = 1 \oplus 0$) é: $\leadsto 0 \leftrightarrow 1$

(F) Estrutura sentencial clássica: comportamento da negação sobre fórmulas.

---

[5] O funcionamento de um relógio módulo 2 pode ser graficamente visualizado como:

| XII — VI | — | XII — VI |

A negação clássica sobre uma letra sentencial apresenta o comportamento do relógio módulo 2:

$$p \overset{\neg}{\leftrightarrow} \neg p$$

De $p \equiv \neg\neg p$ temos, de maneira geral, $F \equiv \neg\neg F$. Deste modo, obtemos a estrutura sentencial clássica $\mathfrak{F}_C$ dando o comportamento da negação clássica sobre fórmulas. Ela consiste de 2 elementos ($\neg^k$, para $k \in \{0, 1\}$) cujo comportamento tem a mesma estrutura Z_2, como mostra a Figura 8.

$$\neg^0 \overset{\neg}{\leftrightarrow} \neg^1$$

Figura 8. Diagrama da estrutura sentencial clássica $\mathfrak{F}_C$

(T) Estrutura das transformações clássicas

Temos as seguintes transformações clássicas (cf. 3.1):

Identidade $I : F(p) \to \neg^0 F(\neg^0 p)$ Inversão $\mathcal{N} : F(p) \to \neg^1 F(\neg^0 p)$
Reciprocidade $\mathcal{R} : F(p) \to \neg^0 F(\neg^1 p)$ Correlação $\mathcal{C} : F(p) \to \neg^1 F(\neg^1 p)$

Desse modo, temos $4 = 2 \times 2$ transformações clássicas:

$$\mathcal{N}^i \cdot \mathcal{R}^j : F(p) \to \neg^i F(\neg^j p) \text{ para } i, j \in \{0, 1\}.$$

Assim, vemos que a estrutura $\mathfrak{T}_C$ das 4 transformações clássicas é como na Figura 9 (cf. 3.2).

$$\begin{array}{ccc} \mathcal{N}^0 \cdot \mathcal{R}^0 & \overset{\mathcal{N}}{\leftrightarrow} & \mathcal{N}^1 \cdot \mathcal{R}^0 \\ \mathcal{R} \updownarrow & & \updownarrow \mathcal{R} \\ \mathcal{N}^0 \cdot \mathcal{R}^1 & \underset{\mathcal{N}}{\leftrightarrow} & \mathcal{N}^1 \cdot \mathcal{R}^1 \end{array}$$

Figura 9. Diagrama da estrutura $\mathfrak{T}_C$ das transformações clássicas

Agora, vamos examinar como se relacionam as estruturas sentencial e a das transformações. Nesse caso clássico, essas duas estruturas estão estreitamente relacionadas. Realmente, na Figura 9, podemos perceber duas cópias da estrutura sentencial $\mathfrak{F}_C$.

(→) Na horizontal: a estrutura da inversão ($\mathcal{N}^i = \mathcal{N}^i \cdot \mathcal{R}^0$, para i ∈ {0, 1}).
(↓) Na vertical: a estrutura da reciprocidade ($\mathcal{R}^j = \mathcal{N}^0 \cdot \mathcal{R}^j$, para j ∈ {0, 1}).

Assim, pode-se ver que a estrutura das transformações clássicas fica totalmente determinada pelo comportamento subjacente da negação clássica. De fato, a estrutura $\mathfrak{T}_C$ das transformações clássicas pode ser realizada por dois relógios módulo 2 em paralelo: $\mathfrak{T}_C \simeq \mathbb{Z}_2 \times \mathbb{Z}_2{}^6$.

Podemos resumir nosso exame da negação clássica na tabela seguinte:

Estrutura	Diagrama	Grupo
Sentencial cíclica $\mathfrak{F}_C$	$\rightarrow \neg^0 \overset{\neg}{\leftrightarrow} \neg^1$	cíclico $\mathbb{Z}_2$
Transformações $\mathfrak{T}_C$	$\rightarrow \mathcal{N}^0 \mathcal{R}^0 \overset{\mathcal{N}}{\leftrightarrow} \mathcal{N}^1 \mathcal{R}^0$ $\mathcal{R} \updownarrow \qquad \updownarrow \mathcal{R}$ $\mathcal{N}^0 \mathcal{R}^1 \overset{\leftrightarrow}{\mathcal{N}} \mathcal{N}^1 \mathcal{R}^1$	$\mathbb{Z}_2 \times \mathbb{Z}_2$

5.2 Lógica trivalente

Agora, passamos a nosso experimento piloto com uma negação trivalente.

Em uma versão comum de lógica multivalente, a negação age como em uma álgebra de Post multivalente: o efeito da negação é provocar o avanço dos valores até fechar o ciclo ([BS 80], p. 26). Assim, vamos considerar uma lógica trivalente cuja negação se comporta como um relógio módulo 3: seu ponteiro avança a cada 4 horas (ou a cada 20 minutos)[7]. Trata-se do grupo cíclico $\mathbb{Z}_3$ dos inteiros módulo 3, com i $+_3$ j := i + j [mod 3].

---

[6] A atribuição <i,j> ↦ $\mathcal{N}^i \mathcal{R}^j$ (para i,j ∈ {0,1}) define uma bijeção dando um isomorfismo de $\mathbb{Z}_2$ x $\mathbb{Z}_2$ sobre $\mathfrak{T}_c$.

[7] O funcionamento de um relógio módulo 3 pode ser visualizado como

Vamos examinar esse caso de negação trivalente[8]. Nesse caso, como antes, queremos determinar as estruturas sentencial e a de transformações e compará-las. Nossa expectativa, conjecturada na tabela da seção 5, é que essas estruturas tenham 3 e 9 elementos inversíveis, respectivamente.

(F) Estrutura sentencial trivalente: comportamento da negação sobre fórmulas

Nossa negação trivalente sobre uma letra sentencial apresenta o mesmo comportamento do relógio módulo 3, conforme mostra a figura seguinte:

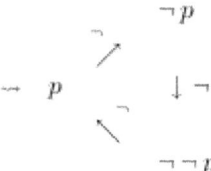

Assim, obtemos a estrutura sentencial trivalente $\mathfrak{F}_3$ dando o comportamento da negação trivalente sobre fórmulas. Ela consiste de 3 elementos ($\neg k$, para k ∈ {0, 1, 2}) cujo comportamento tem a mesma estrutura cíclica $\mathbb{Z}_3$, como mostra a Figura 10.

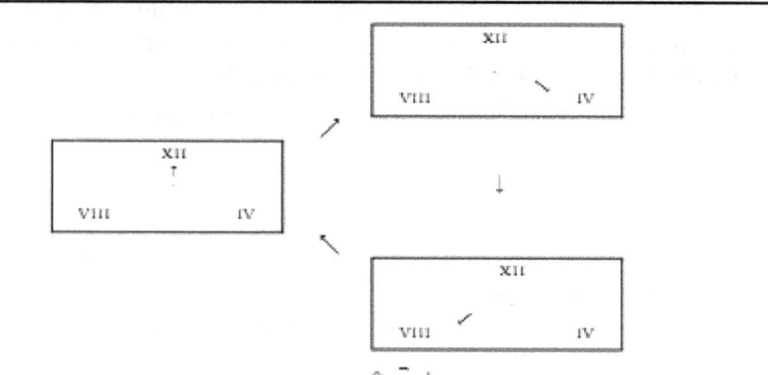

---

[8] Existem outros gêneros de negação trivalente, e.g. $0 \rightleftarrows 1$ com $\neg(1/2) = \frac{1}{2}$.

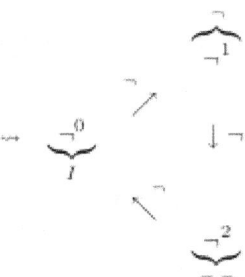

Figura 10. Diagrama da estrutura sentencial trivalente $\mathfrak{F}_3$

(T) Estrutura das transformações trivalentes
Agora, vamos determinar a estrutura das transformações trivalentes.
Considere as 9 = 3 × 3 transformações seguintes

$$\mathcal{N}^i \mathcal{R}^j : F(\underline{p}) \mapsto \neg^i F(\neg^j \underline{p}) \text{ para } i, j \in \{0, 1, 2\}.$$

Esse conjunto de transformações claramente tem as seguintes propriedades.

(∈) Contém as transformações $\mathcal{N} = \mathcal{N}^1 \mathcal{R}^0$ (inversão) e $\mathcal{R} = \mathcal{N}^0 \mathcal{R}^1$ (reciprocidade).
(·) É fechado sob composição: $(\mathcal{N}^i \mathcal{R}^j) \cdot (\mathcal{N}^k \mathcal{R}^l) = \mathcal{N}^{(i+3k)} \mathcal{R}^{(j+3l)9}$.
Essas propriedades dão cotas inferior e superior para o número m de transformações trivalentes.

(≥) Cota inferior: m ≥ 3.
(≤) Cota superior: m ≤ 3^2 = 3 × 3.

A figura abaixo indica essas possíveis 9 = 3^2 transformações trivalentes.

---

[9] Por exemplo, $(\mathcal{N}^1 \mathcal{R}^2) \cdot (\mathcal{N}^1 \mathcal{R}^2) = \mathcal{N}^{(1+31)} \mathcal{R}^{(2+32)} = \mathcal{N}^2 \mathcal{R}^1$.

$$\mathcal{N}^2\mathcal{R}^0$$

$$\mathcal{N}^0\mathcal{R}^0 \xrightarrow{\mathcal{N}} \mathcal{N}^1\mathcal{R}^0$$

$$\mathcal{N}^0\mathcal{R}^2 \quad \downarrow \mathcal{R} \quad \mathcal{N}^2\mathcal{R}^2 \quad \mathcal{R}\downarrow \quad \mathcal{N}^1\mathcal{R}^2$$

$$\mathcal{N}^0\mathcal{R}^1 \xrightarrow{\mathcal{N}} \mathcal{N}^1\mathcal{R}^1$$

$$\mathcal{N}^2\mathcal{R}^1$$

O arcabouço da estrutura dessas 9 possíveis transformações trivalentes consiste de duas cópias da estrutura sentencial F_3, a saber: a estrutura de inversão ($\mathcal{N}^i = \mathcal{N}^i\,\mathcal{R}^0$, para i ∈ {0, 1, 2}) e a estrutura de reciprocidade ($\mathcal{R}^j = \mathcal{N}^0\,\mathcal{R}^j$, para j ∈ {0, 1, 2}). Pode-se ver que esse arcabouço da estrutura das transformações trivalentes ocorre na figura acima.

Em princípio, poderia haver algumas repetições entre essas 9 transformações. Isso certamente ocorreria se a negação fosse o único conectivo presente[10]. Contudo, na presença de outros conectivos, não é muito difícil ver que todas essas 9 transformações são distintas[11].

Portanto, a estrutura $\mathfrak{T}_3$ das transformações trivalentes tem exatamente 9 = 3^2 elementos. O diagrama (parcial) da estrutura $\mathfrak{T}_3$ das transformações trivalentes aparece na Figura 11.

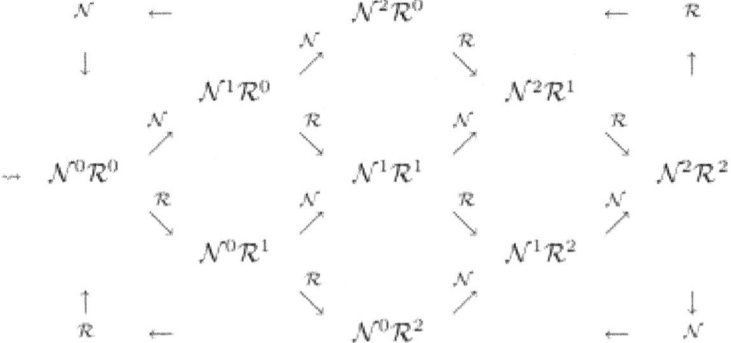

Figura 11. Diagrama (parcial) da estrutura $\mathfrak{T}_3$ das transformações trivalentes

---

[10] Neste caso, as transformações $\mathcal{N}$ e $\mathcal{R}$ se tornariam idênticas.
[11] Uma maneira sistemática de estabelecer tais distinções será indicada no caso da lógica intuicionista (em 5.3).

A partir do diagrama da estrutura $\mathfrak{T}_3$, pode-se, se desejado, determinar sua tabela[12].

Agora, vamos examinar como se relacionam as estruturas sentencial e das transformações. Podemos perceber na Figura 11 a presença de seu arcabouço de inversão e reciprocidade. Assim, pode-se ver que o comportamento subjacente de nossa negação trivalente (sobre uma letra sentencial) determina completamente a estrutura das transformações trivalentes. De fato, a estrutura $\mathfrak{T}_3$ das transformações trivalentes pode ser realizada por dois relógios módulo 3 em paralelo: $\mathfrak{T}_3 \simeq \mathbb{Z}_3 \times \mathbb{Z}_3$[13].

Podemos resumir nossa análise da negação trivalente na tabela seguinte:

Estrutura sentencial cíclica $\mathfrak{F}_3$ grupo cíciclo $\mathbb{Z}_3$
Estrutura $\mathfrak{T}_3$ das transformações grupo $\mathbb{Z}_3 \times \mathbb{Z}_3$

5.3 Lógica intuicionista

Agora, passamos a nossa análise da negação intuicionista.

Na lógica intuicionista, não temos mais a equivalência clássica entre $\neg\neg F$ e F, mas apenas entre $\neg\neg\neg F$ e $\neg F$.

(F) Estrutura sentencial intuicionista: comportamento da negação sobre fórmulas

A negação intuicionista sobre uma letra sentencial se comporta como indicado abaixo:

$$\rightarrow p \quad \overset{\rightarrow}{} \quad \neg p \quad \overset{\leftrightarrow}{} \quad \neg\neg p$$

---

[12] A tabela da estrutura $\mathfrak{T}_3$ das transformações trivalentes (com $\mathcal{C}=\mathcal{N}.\mathcal{R}$) é a seguinte:

·	I	$\mathcal{N}$	$\mathcal{R}$	$\mathcal{C}$	$\mathcal{N}^2$	$\mathcal{R}^2$	$\mathcal{C}^2$	$\mathcal{N}\mathcal{C}$	$\mathcal{R}\mathcal{C}$
I	I	$\mathcal{N}$	$\mathcal{R}$	$\mathcal{C}$	$\mathcal{N}^2$	$\mathcal{R}^2$	$\mathcal{C}^2$	$\mathcal{N}\mathcal{C}$	$\mathcal{R}\mathcal{C}$
$\mathcal{N}$	$\mathcal{N}$	$\mathcal{N}^2$	$\mathcal{C}$	$\mathcal{N}\mathcal{C}$	I	$\mathcal{R}\mathcal{C}$	$\mathcal{R}^2$	$\mathcal{R}$	$\mathcal{C}^2$
$\mathcal{R}$	$\mathcal{R}$	$\mathcal{C}$	$\mathcal{R}^2$	$\mathcal{R}\mathcal{C}$	$\mathcal{N}\mathcal{C}$	I	$\mathcal{N}^2$	$\mathcal{C}^2$	$\mathcal{N}$
$\mathcal{C}$	$\mathcal{C}$	$\mathcal{N}\mathcal{C}$	$\mathcal{R}\mathcal{C}$	$\mathcal{C}^2$	$\mathcal{R}$	$\mathcal{N}$	I	$\mathcal{R}^2$	$\mathcal{N}^2$
$\mathcal{N}^2$	$\mathcal{N}^2$	I	$\mathcal{N}\mathcal{C}$	$\mathcal{R}$	$\mathcal{N}$	$\mathcal{C}^2$	$\mathcal{R}\mathcal{C}$	$\mathcal{C}$	$\mathcal{R}^2$
$\mathcal{R}^2$	$\mathcal{R}^2$	$\mathcal{R}\mathcal{C}$	I	$\mathcal{N}$	$\mathcal{C}^2$	$\mathcal{R}$	$\mathcal{N}\mathcal{C}$	$\mathcal{N}^2$	$\mathcal{C}$
$\mathcal{C}^2$	$\mathcal{C}^2$	$\mathcal{R}^2$	$\mathcal{N}^2$	I	$\mathcal{R}\mathcal{C}$	$\mathcal{N}\mathcal{C}$	$\mathcal{C}$	$\mathcal{N}$	$\mathcal{R}$
$\mathcal{N}\mathcal{C}$	$\mathcal{N}\mathcal{C}$	$\mathcal{R}$	$\mathcal{C}^2$	$\mathcal{R}^2$	$\mathcal{C}$	$\mathcal{N}^2$	$\mathcal{N}$	$\mathcal{R}\mathcal{C}$	I
$\mathcal{R}\mathcal{C}$	$\mathcal{R}\mathcal{C}$	$\mathcal{C}^2$	$\mathcal{N}$	$\mathcal{N}^2$	$\mathcal{R}^2$	$\mathcal{C}$	$\mathcal{R}$	I	$\mathcal{N}\mathcal{C}$

[13] Por $\langle i,j \rangle \mapsto \mathcal{N}^i \mathcal{R}^j$ (para $i,j \in \{0,1,2\}$) tem-se uma bijeção dando um isomorfismo de $\mathbb{Z}_3 \times \mathbb{Z}_3$ sobre $\mathfrak{T}_3$.

O comportamento da negação intuicionista exibido na figura acima torna-se cíclico somente após um atraso unitário. Esse comportamento pode ser realizado por uma linha de atraso unitário acoplada a um relógio módulo 2. Trata-se do monóide cíclico $_1\mathfrak{C}_2$: com transiente 1 e período 2. Seu diagrama é apresentado na figura seguinte:

$$\leftharpoonup \; 0 \; \underbrace{\rightarrow}_{\text{linha de atraso}} \; 1 \; \underbrace{\leftrightarrow}_{\text{relógio módulo 2}} \; 2$$

Assim, obtemos a estrutura sentencial intuicionista $\mathfrak{F}_I$ dando o comportamento da negação intuicionista sobre fórmulas. Ela consiste de 3 elementos ($\neg^k$, para $k \in \{0, 1, 2\}$) cujo comportamento tem a mesma estrutura da figura acima, conforme mostrado na Figura 12.

$$\leftharpoonup \; \underbrace{\neg^0}_{I} \; \underbrace{\rightarrow}_{\neg} \; \underbrace{\neg^1}_{} \; \underbrace{\leftrightarrow}_{} \; \neg^2$$

Figura 12. Diagrama da estrutura sentencial intuicionista $\mathfrak{F}_I$

(T) Estrutura das transformações intuicionistas
Considere as $9 = 3 \times 3$ transformações seguintes

$$\mathcal{N}_i \, \mathcal{R}_j : F(p) \to \neg^i F(\neg^j p) \text{ para } i, j \in \{0, 1, 2\}.$$

A fim de melhor estimar o número m de transformações intuicionistas distintas, vamos considerar dois casos especiais que nos darão, como antes, um arcabouço: transformações *horizontais*: $\mathcal{N}^i \, \mathcal{R}^0$, para $i \in \{0, 1, 2\}$; e transformações *verticais*: $\mathcal{N}^0 \, \mathcal{R}^j$, para $j \in \{0, 1, 2\}$.

Vê-se facilmente (considerando uma letra sentencial) que as transformações horizontais são distintas duas a duas e analogamente para as verticais.

Lema 5.1. (Transformações Horizontais e Verticais)

($\mathcal{N}$) As transformações horizontais $\mathcal{N}^i \, \mathcal{R}^0$, com $i \in \{0, 1, 2\}$, são distintas duas a duas[14].

---

[14] De fato, $\mathcal{N}^i \mathcal{R}^0 = \mathcal{N}^k \mathcal{R}^0$ acarreta $\neg^i p \equiv \neg^k p$. Assim, a atribuição $\neg^i \mapsto \mathcal{N}^i \mathcal{R}^0$ (para $i \in \{0,1,2\}$) define uma função injetiva que imerge a estrutura sentencial $\mathfrak{F}_I$ na estrutura $\mathfrak{T}_I$ das transformações:

Estrutura sentencial $\quad \leftharpoonup \; \neg^0 \; \rightleftarrows \; \neg^1 \; \rightleftarrows \; \neg^2$
$\qquad\qquad\qquad\qquad\qquad\quad \downarrow \qquad \downarrow \qquad \downarrow$
Transformações horizontais $\leftharpoonup \; \mathcal{N}^0\mathcal{R}^0 \; \overset{\mathcal{N}}{\rightleftarrows} \; \mathcal{N}^1\mathcal{R}^0 \; \overset{\mathcal{N}}{\rightleftarrows} \; \mathcal{N}^2\mathcal{R}^0$

($\mathcal{R}$) As transformações verticais $\mathcal{N}^0\,\mathcal{R}^j$, com $j \in \{0, 1, 2\}$, são distintas duas a duas.

Essas considerações fornecem cotas para o número m de transformações intuicionistas.

($\geq$) Cota inferior: $m \geq 3$.
($\leq$) Cota superior: $m \leq 3^2 = 3 \times 3$.

Assim, o número m de transformações intuicionistas acha-se situado entre essas duas cotas: $3 \leq m \leq 3^2 = 9$. Ainda não sabemos quanto exatamente vale esse número m. Já sabemos que não há repetições entre as transformações horizontais nem entre as verticais, mas, ainda assim, poderia haver repetições entre as transformações intuicionistas[15].

Vamos esboçar a continuação dessa análise, deixando alguns detalhes para o apêndice A.

Inicialmente, pode-se ver que há duas repetições, a saber: $\mathcal{N}^1\mathcal{R}^2 = \mathcal{N}^1\,\mathcal{R}^0$ e $\mathcal{N}^2\,\mathcal{R}^2 = \mathcal{N}^2\,\mathcal{R}^0$.

Ainda poderia haver outras repetições. Para dirimir essa dúvida, vamos recorrer a uma ideia similar à já empregada antes: reduzir ao caso de uma letra sentencial (cf. Lema 5.1).

Para isso, vamos introduzir o peso de uma transformação $\mathcal{N}^i\mathcal{R}^j$ como a "soma" (em $_1\mathfrak{C}_2$) de seus expoentes i e j, i. e. i ∘ j, onde '∘' é a operação do monóide $_1\mathfrak{C}_2$ (e. g., $\mathcal{N}^1\,\mathcal{R}^2$ tem peso $1 \circ 2 = 1$). A atribuição de pesos às possíveis transformações intuicionistas é indicada na Tabela 3.

Peso				
0	$\mathcal{N}^0\,\mathcal{R}^0$			
1	$\mathcal{N}^0\,\mathcal{R}^1$	$\mathcal{N}^1\,\mathcal{R}^2$	$\mathcal{N}^1\,\mathcal{R}^0$	$\mathcal{N}^2\,\mathcal{R}^1$
2	$\mathcal{N}^0\,\mathcal{R}^2$	$\mathcal{N}^2\,\mathcal{R}^2$	$\mathcal{N}^2\,\mathcal{R}^0$	$\mathcal{N}^1\,\mathcal{R}^1$

Tabela 3. Pesos das 9 possíveis transformações intuicionistas

Podemos ver que transformações com pesos distintos são distintas. Assim, a transformação $\mathcal{N}^0\,\mathcal{R}^0$ (com peso 0) é distinta das transformações com peso 1 e das com peso 2, sendo também distintas qualquer transformação com peso 1 de qualquer uma com peso 2.

Pode-se ver que não há outras repetições. Assim, as únicas repetições são as duas indicadas acima. Portanto, pode-se concluir que a estrutura T_I das transformações intuicionistas tem exatamente $7 = 9 - 2$ elementos. A figura

---

[15] Se a negação fosse o único conetivo presente, as transformações horizontais e as verticais ficariam superpostas.

abaixo indica como essas duas repetições aparecem entre as 9 possíveis transformações intuicionistas.

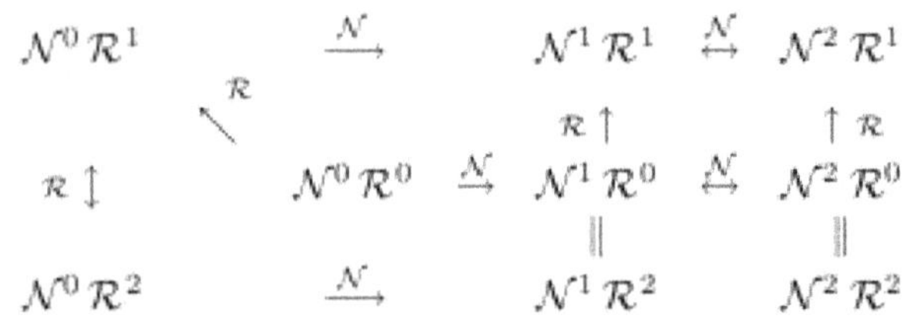

$$
\begin{array}{ccccc}
\mathcal{N}^0\mathcal{R}^1 & \xrightarrow{\mathcal{N}} & \mathcal{N}^1\mathcal{R}^1 & \xleftrightarrow{\mathcal{N}} & \mathcal{N}^2\mathcal{R}^1 \\
& \searrow{\mathcal{R}} & \mathcal{R}\uparrow & & \uparrow\mathcal{R} \\
\mathcal{R}\downarrow & & \mathcal{N}^0\mathcal{R}^0 & \xrightarrow{\mathcal{N}} & \mathcal{N}^1\mathcal{R}^0 & \xleftrightarrow{\mathcal{N}} & \mathcal{N}^2\mathcal{R}^0 \\
& & \| & & \| \\
\mathcal{N}^0\mathcal{R}^2 & \xrightarrow{\mathcal{N}} & \mathcal{N}^1\mathcal{R}^2 & & \mathcal{N}^2\mathcal{R}^2
\end{array}
$$

O diagrama da estrutura $\mathfrak{T}_I$ das transformações intuicionistas, com seus pesos, está na Figura 13.

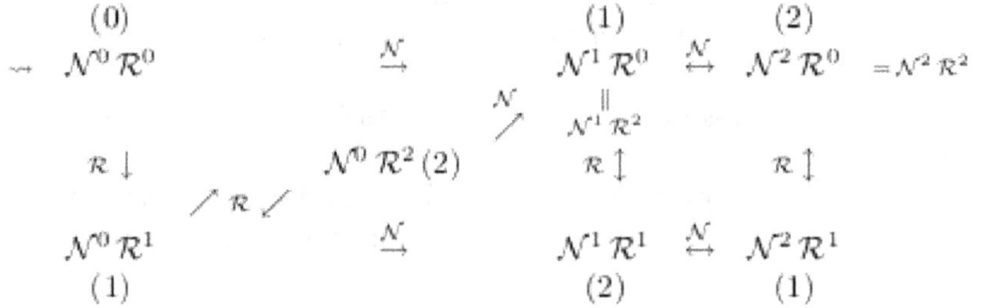

$$
\begin{array}{ccccc}
(0) & & (1) & & (2) \\
\to \mathcal{N}^0\mathcal{R}^0 & \xrightarrow{\mathcal{N}} & \mathcal{N}^1\mathcal{R}^0 & \xleftrightarrow{\mathcal{N}} & \mathcal{N}^2\mathcal{R}^0 & =\mathcal{N}^2\mathcal{R}^2 \\
& \nearrow^{\mathcal{N}} & \| & & \\
& & \mathcal{N}^1\mathcal{R}^2 & & \\
\mathcal{R}\downarrow & \mathcal{N}^0\mathcal{R}^2\,(2) & \mathcal{R}\uparrow & & \mathcal{R}\uparrow \\
\nearrow\mathcal{R}\swarrow & & & & \\
\mathcal{N}^0\mathcal{R}^1 & \xrightarrow{\mathcal{N}} & \mathcal{N}^1\mathcal{R}^1 & \xleftrightarrow{\mathcal{N}} & \mathcal{N}^2\mathcal{R}^1 \\
(1) & & (2) & & (1)
\end{array}
$$

Figura 13. Diagrama da estrutura $\mathfrak{T}_I$ das transformações intuicionistas

Desse modo, pode-se ver que a estrutura $\mathfrak{T}_I$ das transformações intuicionistas pode ser realizada pela imagem homomorfa de dois monóides $_1\mathfrak{C}_2$ em paralelo, i.e. de $_1\mathfrak{C}_2 \times {}_1\mathfrak{C}_2$. Assim, o comportamento subjacente da negação intuicionista (sobre uma letra sentencial) não determina completamente a estrutura das transformações intuicionistas, dando apenas cotas.

Como antes, a partir do diagrama da estrutura $\mathfrak{T}_I$, determina-se sua tabela[16].

Podemos resumir nossa análise da negação intuicionista na tabela seguinte:

---

[16] A tabela da estrutura $\mathfrak{T}_I$ das transformações intuicionistas (com $\mathcal{C} = \mathcal{N}.\mathcal{R}$) é a seguinte:

·	I	$\mathcal{N}$	$\mathcal{R}$	$\mathcal{C}$	$\mathcal{N}^2$	$\mathcal{R}^2$	$\mathcal{NC}$
I	I	$\mathcal{N}$	$\mathcal{R}$	$\mathcal{C}$	$\mathcal{N}^2$	$\mathcal{R}^2$	$\mathcal{NC}$
$\mathcal{N}$	$\mathcal{N}$	$\mathcal{N}^2$	$\mathcal{C}$	$\mathcal{NC}$	$\mathcal{N}$	$\mathcal{N}$	$\mathcal{C}$
$\mathcal{R}$	$\mathcal{R}$	$\mathcal{C}$	$\mathcal{R}^2$	$\mathcal{N}$	$\mathcal{NC}$	$\mathcal{R}$	$\mathcal{N}^2$
$\mathcal{C}$	$\mathcal{C}$	$\mathcal{NC}$	$\mathcal{N}$	$\mathcal{N}^2$	$\mathcal{C}$	$\mathcal{C}$	$\mathcal{N}$
$\mathcal{N}^2$	$\mathcal{N}^2$	$\mathcal{N}$	$\mathcal{NC}$	$\mathcal{C}$	$\mathcal{N}^2$	$\mathcal{N}^2$	$\mathcal{NC}$
$\mathcal{R}^2$	$\mathcal{R}^2$	$\mathcal{N}$	$\mathcal{R}$	$\mathcal{C}$	$\mathcal{N}^2$	$\mathcal{R}^2$	$\mathcal{NC}$
$\mathcal{NC}$	$\mathcal{NC}$	$\mathcal{C}$	$\mathcal{N}^2$	$\mathcal{N}$	$\mathcal{NC}$	$\mathcal{NC}$	$\mathcal{N}^2$

Estrutura	Diagrama
Sentencial $\mathfrak{F}_1$	$\leadsto \xrightarrow{\neg^0} \xrightarrow{\neg^1} \xrightarrow{\neg^2}$
Transformações $\mathfrak{T}_1$	$\begin{array}{c} \leadsto \mathcal{N}^0\mathcal{R}^0 \xrightarrow{\mathcal{N}} \mathcal{N}^1\mathcal{R}^0 \xrightarrow{\mathcal{N}} \mathcal{N}^2\mathcal{R}^0 \\ \mathcal{R}\downarrow \quad \nearrow\mathcal{N} \quad \mathcal{N}^0\mathcal{R}^2 \quad \mathcal{R}\downarrow \quad \mathcal{R}\downarrow \\ \mathcal{N}^0\mathcal{R}^1 \quad \xleftarrow{\mathcal{R}} \quad \xrightarrow{\mathcal{N}} \quad \mathcal{N}^1\mathcal{R}^1 \xrightarrow{\mathcal{N}} \mathcal{N}^2\mathcal{R}^1 \end{array}$

5.4 Sumário e comparação

Agora, vamos resumir os resultados das análises (em 5.1, 5.2 e 5.3), comparando-os.

Inicialmente, podemos ver que os resultados esperados na seção 5 foram realmente obtidos, conforme mostra a tabela seguinte.

Estruturas		Clássica	Trivalente	Intuicionista
Sentencial	Tamanho n	2	3	3
Transformações	Tamanho m	4	9	7
	Inversíveis	SIM	SIM	NÃO

A tabela seguinte apresenta os resultados das análises para facilitar comparações entre eles.

Lógica	Clássica	Trivalente	Intuicionista
Sentencial $\mathfrak{F}$			
Tamanho	2	3	3
Estrutura (cíclica)	grupo $\mathbb{Z}_2$	grupo $\mathbb{Z}_3$	monóide $_1\mathfrak{C}_2$
Diagrama	$\leadsto 0 \leftrightarrow 1$	$\leadsto 0 \nearrow^1 \searrow_2$	$\leadsto 0 \to 1 \leftrightarrow 2$
Transformações $\mathfrak{P}$			
Tamanho	$4 = 2^2$	$3 = 3^2$	$7\ (3 < 7 < 3^2)$
Estrutura	grupo $\mathbb{Z}_2 \times \mathbb{Z}_2$	grupo $\mathbb{Z}_3 \times \mathbb{Z}_3$	imagem de $_1\mathfrak{C}_2 \times {_1\mathfrak{C}_2}$

Parecem pertinentes as observações seguintes.

- Os casos das lógicas clássica e trivalente são similares. Em cada um dos casos, a estrutura das transformações fica completamente determinada pela estrutura da negação subjacente, pois a cota superior sobre o tamanho é atingida. Assim, a estrutura das transformações pode ser realizada por duas cópias em paralelo da estrutura da negação subjacente.

- O caso da lógica intuicionista é diferente dos dois primeiros. A estrutura das transformações não fica completamente determinada pela estrutura da negação subjacente, pois a cota superior sobre o tamanho não é atingida. Para realizar a estrutura das transformações intuicionistas não basta tomar duas cópias em paralelo da estrutura da negação subjacente, torna-se necessário ainda proceder a identificações.

As tabelas seguintes, comparando entre si os diagramas das estruturas sentenciais e os das transformações, permitem visualizar melhor as observações acima.

Lógica	Diagrama da estrutura sentencial
Clássica	$\rightsquigarrow \quad \neg^0 \quad \leftrightarrow \quad \neg^1$
Trivalente	$\rightsquigarrow \quad \neg^0 \quad \begin{array}{c} \nearrow \neg^1 \\ \downarrow \\ \searrow \neg^2 \end{array}$
Intuicionista	$\rightsquigarrow \quad \neg^0 \quad \rightarrow \quad \neg^1 \quad \leftrightarrow \quad \neg^2$

Lógica	Diagrama da estrutura de transformações ($\mathcal{C} := \mathcal{NR}$)
Clássica	$\rightarrowtail I \overset{\mathcal{N}}{\underset{\leftrightarrow}{}} \mathcal{N}$ $\mathcal{R} \updownarrow \qquad \updownarrow \mathcal{R}$ $\mathcal{R} \underset{\mathcal{N}}{\overset{\leftrightarrow}{}} \mathcal{C}$
Trivalente (parcial)	(diagrama)
Intuicionista	(diagrama)

Também pode-se comparar as estruturas das transformações por seus pesos (cf. apêndice A).

6 Obtendo Transformações a partir da Negação

Agora, vamos esboçar uma versão mais geral das ideias anteriores.

Indicaremos um método para construir e analisar estruturas de transformações. Um tal método envolve estruturas e etapas como se segue (cf. 4.2).

As estruturas envolvidas são as seguintes.

(p) Estrutura $\mathfrak{P}$ do comportamento de negação sobre letra sentencial: composições $\neg^k p$ de negação sobre letra sentencial. Seu aspecto é como indicado na figura abaixo:

$$\rightarrowtail p \overset{\neg}{\rightarrow} \neg p \overset{\neg}{\rightarrow} \cdots$$

(F) Estrutura $\mathfrak{F}$ do comportamento de negação sobre fórmula sentencial: composições $\neg^k$ de negação. Seu aspecto, para o caso de n composições, é como indicado na figura abaixo:

$$\rightarrow \neg^0 \xrightarrow{\neg} \neg^1 \xrightarrow{\neg} \ldots \xrightarrow{\neg} \neg^n$$

(T) Estrutura $\mathfrak{T}$ das m transformações sobre fórmulas sentenciais: $\mathcal{N}^i \mathcal{R}^j$. Seu aspecto geral é como indicado na figura abaixo:

$$\begin{array}{ccccc}
\rightarrow \mathcal{N}^0 \cdot \mathcal{R}^0 & \xrightarrow{\mathcal{N}} & \mathcal{N}^1 \cdot \mathcal{R}^0 & \xrightarrow{\mathcal{N}} & \ldots \\
\mathcal{R} \downarrow & & \downarrow \mathcal{R} & & \\
\mathcal{N}^0 \cdot \mathcal{R}^1 & \xrightarrow{\mathcal{N}} & \mathcal{N}^1 \cdot \mathcal{R}^1 & \xrightarrow{\mathcal{N}} & \ldots \\
\mathcal{R} \downarrow & & \downarrow \mathcal{R} & & \\
\vdots & & \vdots & &
\end{array}$$

As etapas envolvidas são as seguintes.

1. Determina-se a estrutura $\mathfrak{P}$ do comportamento da negação sobre letra sentencial.
2. Assim, obtém-se a estrutura sentencial $\mathfrak{F}$ do comportamento da negação sobre fórmulas.
3. Com base na estrutura sentencial $\mathfrak{F}$, obtém-se informação sobre a estrutura $\mathfrak{T}$ das transformações.

As conexões entre essas estruturas são como se segue.

- As estruturas do comportamento da negação são isomorfas: $\mathfrak{F} \simeq \mathfrak{P}$.
- A estrutura sentencial $\mathfrak{F}$ fornece cotas sobre a estrutura $\mathfrak{T}$ das transformações.
  ($\geq$) Inferior: $m \geq n$, pois a estrutura $\mathfrak{F}$ pode ser imersa na estrutura $\mathfrak{T}$.
  ($\leq$) Superior: $m \leq n^2$, pois a estrutura $\mathfrak{T}$ é imagem homomorfa do produto direto $\mathfrak{F} \times \mathfrak{F}$.

7 Conclusão

Apresentamos agora algumas considerações finais.

Examinamos aqui algumas ideias sobre o papel de diagramas na visualização. Após algumas observações gerais sobre diagramas, estudamos um caso específico de visualização da negação.

Começamos na seção 2 com algumas observações gerais sobre diagramas e figuras, ressaltando sua importância e utilidade na ciência e na vida prática. Demos início ao estudo de caso na seção 3 revendo as ideias usadas por Jean Piaget para estudar o comportamento da negação clássica e seus resultados. Esse enfoque de Piaget sugeriu algumas generalizações, como considerar outros casos de negação e o que poderia ocorrer nesses casos, conforme indicado na seção 4. Isso levou a algumas conjecturas e questões examinadas na seção 5, onde analisamos metodicamente a negação clássica (em 5.1), um caso de negação trivalente (em 5.2) e a negação intuicionista (em 5.3), comparando os resultados (em 5.4) e deixando alguns detalhes para o apêndice. Na seção 6 esboçamos uma versão mais geral dessas ideias bem como um método para analisar tais estruturas.

As observações na seção 2 referem-se a por que (razão), onde (realização), como (representação) e para que (uso) de diagramas e figuras. Elas ressaltam sua importância e utilidade, tanto na vida prática (construção de casas, deslocamentos em metrô, caça, etc.), quanto em vários ramos da ciência (Química Orgânica, Autômatos e Linguagens, Teoria de Categorias, Mecânica, Eletricidade, etc.).

O estudo de casos específicos de visualização da negação (nas seções de 3 a 6) serviu para ilustrar alguns aspectos do emprego de diagramas. Dentre esses, cabe ressaltar os seguintes.

- Instrumento de cálculo: diagramas permitem efetuar cálculos de modo simples, conforme mencionado na seção 2 (carta de Smith) e ilustrado nas seções 3 e 5 por tabelas e diagramas (e. g. Tabela 1 em 3.2 e Figura 9 em 5.1).
- Poder heurístico: conjecturas e enfoques para certas questões [Pol 45].
  - O exame (na seção 3) do caso clássico considerado por Jean Piaget sugeriu generalizações e questões na seção 4, bem como conjecturas na seção 5.
  - Os casos examinados na seção 5 vieram a sugerir, na seção 6, um método para analisar tais estruturas.

Deve-se também enfatizar que o caso da negação intuicionista (em 5.3), se bem que não completamente resolvido por diagramas, foi por eles bem encamimhado.

Assim, cabe talvez concluir dizendo que diagramas são convenientes, úteis e poderosos.

Apêndice

A Estrutura das Transformações: alguns detalhes

Neste apêndice damos mais alguns detalhes complementando a análise da negação intuicionista em 5.3.

Inicialmente, vamos ver as duas repetições $\mathcal{N}^1 \mathcal{R}^2 = \mathcal{N}^1 \mathcal{R}^0$ e $\mathcal{N}^2 \mathcal{R}^2 = \mathcal{N}^2 \mathcal{R}^0$.

Proposição 1. (Transformações Idênticas)

1. As transformações intuicionistas $\mathcal{N}^1 \mathcal{R}^2$ e $\mathcal{N}^1 \mathcal{R}^0$ são iguais: $\mathcal{N}^1 \mathcal{R}^2 = \mathcal{N}^1 \mathcal{R}^0$ [17].
2. As transformações intuicionistas $\mathcal{N}^2 \mathcal{R}^2$ e $\mathcal{N}^2 \mathcal{R}^0$ são iguais: $\mathcal{N}^2 \mathcal{R}^2 = \mathcal{N}^2 \mathcal{R}^0$ [18].

A tabela do monóide cíciclo $_1\mathfrak{C}_2$ é como abaixo:

·	0	1	2
0	0	1	2
1	1	2	1
2	2	1	2

A atribuição de pesos (0, 1 e 2) às possíveis transformações intuicionistas é indicada na figura abaixo.

---

[17] Decorre de equivalências conhecidas da lógica sentencial intuicionista ([vDa04], p.168,169): sabe-se que a dupla negação se distribui sobre um conetivo binário • distinto da disjunção ∨ (¬²(G•H) ≡ (¬²G•¬²H)) e vale a lei de De Morgan ¬(G∨H) ≡ (¬G ∧ ¬H). Assim, mostra-se, por indução, a equivalência ¬$\mathcal{R}^2[F] \equiv \neg F$.

[18] Decorre da primeira igualdade: $\mathcal{N}^1\mathcal{R}^2 = \mathcal{N}^1\mathcal{R}^0$ acarreta $\mathcal{N}^2\mathcal{R}^2 = \mathcal{N}^2\mathcal{R}^0$.

$$\mathcal{N}^0\mathcal{R}^0(0) \xrightarrow{\mathcal{N}} \mathcal{N}^1\mathcal{R}^0(1) \xrightarrow{\mathcal{N}} \mathcal{N}^2\mathcal{R}^0(2)$$
$$\mathcal{R}\downarrow \qquad\qquad \mathcal{R}\downarrow \qquad\qquad \mathcal{R}\downarrow$$
$$\mathcal{N}^0\mathcal{R}^1(1) \xrightarrow{\mathcal{N}} \mathcal{N}^1\mathcal{R}^1(2) \xrightarrow{\mathcal{N}} \mathcal{N}^2\mathcal{R}^1(1)$$
$$\mathcal{R}\updownarrow \qquad\qquad \mathcal{R}\updownarrow \qquad\qquad \mathcal{R}\updownarrow$$
$$\mathcal{N}^0\mathcal{R}^2(2) \xrightarrow{\mathcal{N}} \mathcal{N}^1\mathcal{R}^2(1) \xrightarrow{\mathcal{N}} \mathcal{N}^2\mathcal{R}^2(2)$$

Vê-se (como no lema 5.1) que transformações com pesos distintos são distintas.

Lema 1. Transformações com pesos distintos são distintas: se i ∘ j ≠ k ∘ l então $\mathcal{N}^i\mathcal{R}^j \neq \mathcal{N}^k\mathcal{R}^l$ [19].

A tabela seguinte mostra exemplos de resultados das transformações intuicionistas classificadas por pesos.

Peso	Transformações		
0	$\mathcal{N}^0\mathcal{R}^0$		
	$(p \vee q)$		
1	$\mathcal{N}^0\mathcal{R}^1$	$\mathcal{N}^1\mathcal{R}^2 = \mathcal{N}^1\mathcal{R}^0$	$\mathcal{N}^2\mathcal{R}^1$
	$(\neg p \vee \neg q)$	$\neg(\neg^2 p \vee \neg^2 q) \equiv \neg(p \vee q)$	$\neg^2(\neg p \vee \neg q)$
2	$\mathcal{N}^0\mathcal{R}^2$	$\mathcal{N}^2\mathcal{R}^2 = \mathcal{N}^2\mathcal{R}^0$	$\mathcal{N}^1\mathcal{R}1$
	$(\neg^2 p \vee \neg^2 q)$	$\neg^2(\neg^2 p \vee \neg^2 q) \equiv \neg^2(p \vee q)$	$\neg(\neg p \vee \neg q)$

Com esses exemplos, pode-se ver que não há outras transformações intuicionistas iguais além das indicadas. Alguns pares, como ¬ (p ∨ q) e (¬ p ∨ ¬ q), não são nem classicamente equivalentes. Outros pares, como $\neg^2$ (p ∨ q) e ($\neg^2$ p ∨ $\neg^2$ q), apesar de classicamente equivalentes, não são intuicionisticamente equivalentes.

Não precisamos examinar todos os pares de transformações. Por um lado, como já vimos, só podem ser iguais transformações com o mesmo peso. Por outro lado, repetições nas linhas de peso 1 e 2 estão conectadas, conforme indicado a seguir.

$$\begin{array}{lllll}
\text{Peso 1} & \mathcal{N}^0\mathcal{R}^1 = \mathcal{N}^1\mathcal{R}^2 & \mathcal{N}^1\mathcal{R}^1 = \mathcal{N}^2\mathcal{R}^1 & \mathcal{N}^1\mathcal{R}^2 = \mathcal{N}^2\mathcal{R}^1 \\
\updownarrow \mathcal{R} & \updownarrow & \updownarrow & \updownarrow \\
\text{Peso 2} & \mathcal{N}^0\mathcal{R}^2 = \mathcal{N}^1\mathcal{R}^1 & \mathcal{N}^0\mathcal{R}^2 = \mathcal{N}^2\mathcal{R}^1 & \mathcal{N}^1\mathcal{R}^1 = \mathcal{N}^2\mathcal{R}^2
\end{array}$$

Desse modo, vê-se que temos as seguintes transformações distintas.

(0) A transformação com peso 0: $\mathcal{N}^0 \mathcal{R}^0$.

---

[19] De fato, $\mathcal{N}^i\mathcal{R}^j=\mathcal{N}^k\mathcal{R}^l$ acarreta $\neg^i\neg^j p \equiv \neg^k\neg^l p$, logo i∘j = k∘l.

(1) Três transformações com peso 1: $\mathcal{N}^0 \mathcal{R}^1$, $\mathcal{N}^1 \mathcal{R}^0 = \mathcal{N}^1 \mathcal{R}^2$ e $\mathcal{N}^2 \mathcal{R}^1$.
(2) Três transformações com peso 2: $\mathcal{N}^0 \mathcal{R}^2$, $\mathcal{N}^2 \mathcal{R}^0 = \mathcal{N}^2 \mathcal{R}^2$ e $\mathcal{N}^1 \mathcal{R}^1$.

Assim sendo, o diagrama das 7 transformações intuicionistas é como mostrado na Figura 13 em 5.3. Pode ser interessante comparar a distribuição por pesos das transformações intuicionistas com a da nossa lógica trivalente (em 5.2).

Para nossa lógica trivalente, o peso de $\mathcal{N}^i \mathcal{R}^j$ é i$+_3$ j, dando a seguinte distribuição por pesos[20].

(0) Com peso 0: 3 transformações ($\mathcal{N}^0 \mathcal{R}^0$, $\mathcal{N}^1 \mathcal{R}^2$ e $\mathcal{N}^2 \mathcal{R}^1$).
(1) Com peso 1: 3 transformações ($\mathcal{N}^1 \mathcal{R}^0$, $\mathcal{N}^2 \mathcal{R}^2$ e $\mathcal{N}^0 \mathcal{R}^1$).
(2) Com peso 2: 3 transformações ($\mathcal{N}^2 \mathcal{R}^0$, $\mathcal{N}^1 \mathcal{R}^1$ e $\mathcal{N}^0 \mathcal{R}^2$).

Desse modo, temos as seguintes distribuições por pesos.

Lógica	Total	Peso 0	Peso 1	Peso 2
Intuicionista	7	1	3	3
Trivalente	9	3	3	3

REFERÊNCIAS BIBLIOGRÁFICAS

[BS 80] Burris, Stanley & Sankappanavar, G. - A Course in Universal Algebra. New York: Springer-Verlag (Graduate Texts in Mathematics 78), 1980.
[Cha 79] Chavineau, Jean - La logique moderne (2e édition). Paris: PUF (Coll. "Que sais-je?" 745), 1979.
[GM 64] Grossman, Israel & Magnus, Wilhem - Groups and their Graphs. New York: Random House (New Mathematical Library 14), 1964.
[PW 66] Paley, Hiram & Weichsel, Paul M. - A First Course in Abstract Algebra. New York: Holt, Rhinehart & Winston, Inc., 1966.
[Pia 67] Piaget, Jean (ed.) - Logique et Connaissance Scientifique. Paris: Gallimard (Coll. "Encyclopédie de la Pléiade" XXII), 1967.
[Pia 71] Piaget, Jean - Structuralism. New York: Harper & Row, 1971. (Tradução de Piaget, Jean - Le Structuralisme. Paris: PUF, 1968.)

---

[20] Para a lógica clássica, o peso de $\mathcal{N}^i \mathcal{R}^j$ é i $+_2$ j, o que dá a distribuição: com peso 0, 2 transformações ($\mathcal{N}^0 \mathcal{R}^0$ e $\mathcal{N}^1 \mathcal{R}^1$) e com peso 1, 2 transformações: ($\mathcal{N}^1 \mathcal{R}^0$ e $\mathcal{N}^0 \mathcal{R}^1$).

[Pol 45] Polya, G. - How to Solve it: a new aspect of the mathematical method. Princeton: Princeton Univ. Press, 1945 (2nd edition 1956, repr. 1971).

[vDa 04] van Dalen, Dirk - Logic and Structure (2nd edition). Berlin: Springer-Verlag, 1989 (3rd printing).

www.ingramcontent.com/pod-product-compliance
Lightning Source LLC
Chambersburg PA
CBHW050758160426
43192CB00010B/1562